Enjeux & Repères

1re STMG

Économie

W0238967

Karine GAUTIER
Certifiée d'économie et gestion
Académie de Grenoble

Anas KHANEBOUBI
Professeur de sciences économiques et sociales
Académie de Créteil

Delphine LAHAYE
Certifiée d'économie et gestion
Académie de Reims

Gaëtan MEURET
Agrégé d'économie et gestion
Académie de Reims

Fabrice PELLERIN
Agrégé d'économie et gestion
Académie d'Aix-Marseille

Céline THÉRIOT
Agrégée d'économie et gestion
Académie de Rouen

Marion VIEU
Maîtresse de conférences en économie et gestion
Académie d'Aix-Marseille

hachette
TECHNIQUE

Nous remercions tous les enseignants qui ont bien voulu contribuer à la conception de cet ouvrage.

Édition : Géraldine Noiret
Couverture : Nicolas Piroux
Maquette : Frédéric Jély
Réalisation : Christine Bossard, Isabelle Caraës
Iconographie : Marie-Christine Petit
Illustrations : Natacha Muller

www.hachette-education.com

PAPIER À BASE DE FIBRES CERTIFIÉES

hachette s'engage pour l'environnement en réduisant l'empreinte carbone de ses livres. Celle de cet exemplaire est de :
0,750 kg éq. CO_2
Rendez-vous sur www.hachette-durable.fr

ISBN 978-2-01-704182-5

Le manuel Hachette

Un manuel papier ou numérique enrichi d'une multitude de ressources !

GRATUIT

	PROF Le site Hachette Éducation hachette-education.com	PROF Le manuel numérique[1] jeteste.fr/5441309	PROF + ÉLÈVES Les codes à flasher lycee.hachette-education.com/enjeux/eco1re	PROF L'Actu-box[1] jeteste.fr/5441309
Le livre du professeur	✓			
Les synthèses schématiques et rédigées	✓			
Des podcasts		✓	✓	
Des liens vidéo		✓	✓	
Des contenus supplémentaires				✓

(1) Offert pour l'enseignant 5 ans si 100 % de la classe est équipée en manuels papier, 1 an si 100 % de la classe est équipée en manuels numériques.

LES POINTS FORTS DE L'OUVRAGE

Nouveauté : un **sommaire des ressources numériques** explicatif et précis.

Les nouvelles **notions du programme** d'économie.

Une **double ouverture de chapitre** pour entrer soit par un document visuel, soit par une vidéo.

Des **coups de pouce** pour bien comprendre et des **liens** vers les autres disciplines STMG pour donner du sens à ces enseignements.

Un **questionnement** et des **documents variés** pour guider l'élève vers la proposition de solutions adaptées et l'amener à construire une argumentation économique.

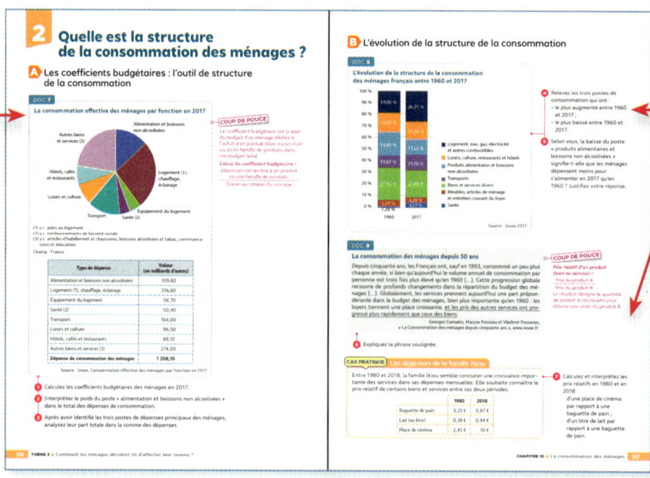

Des **activités** pour vérifier l'**acquisition des connaissances**…

Un **test de connaissances** sous forme de vrai/faux ou de QCM.

Une **activité** pour mobiliser ses arguments.

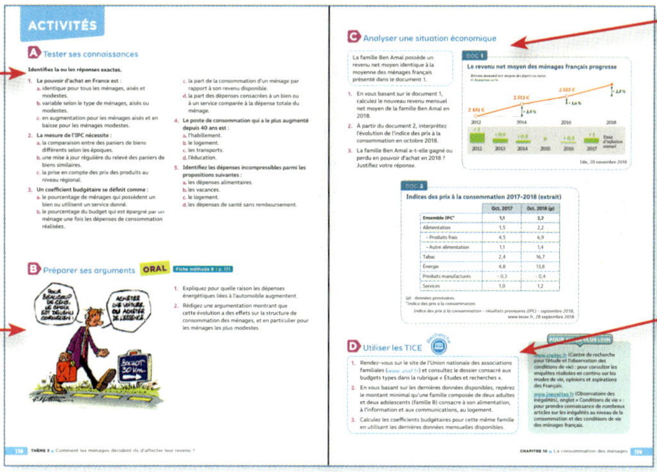

Une **activité d'analyse** pour appliquer ses connaissances à une situation économique concrète.

Des questions faisant appel aux **TICE**.

Un **ensemble documentaire** pour s'interroger sur les enjeux économiques actuels.

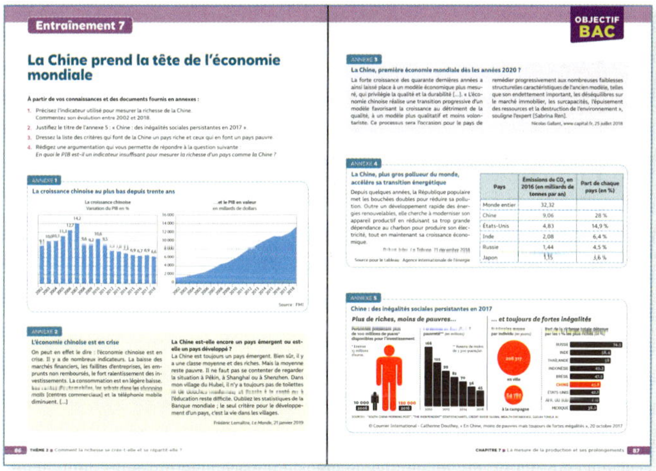

Une **synthèse schématique** pour mémoriser l'essentiel. À écouter en podcast et à télécharger sous différents formats.

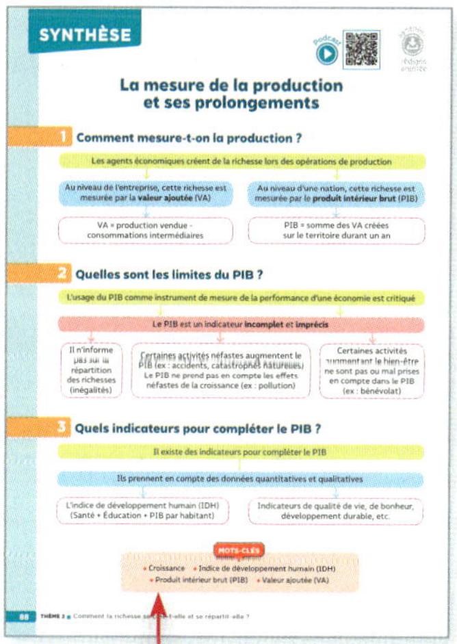

Les mots-clés du chapitre.

Des **fiches méthode** en appui du manuel pour préparer l'épreuve.

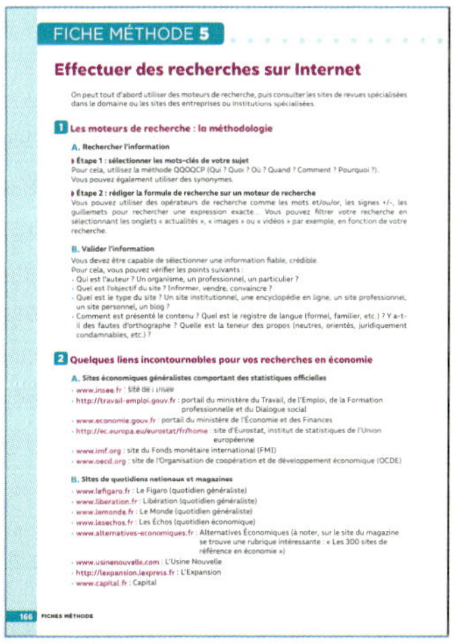

Un **lexique** qui propose un vocabulaire économique choisi.

SOMMAIRE

SOMMAIRE DES RESSOURCES NUMÉRIQUES

SOMMAIRE DES RESSOURCES NUMÉRIQUES

THÈME 3
Comment les ménages décident-ils d'affecter leur revenu ?

THÈME 4
Quels modes de financement de l'activité économique ?

THÈME 5
Les marchés des biens et services sont-ils concurrentiels ?

CHAPITRE 1

THÈME 1 : Quelles sont les grandes questions économiques et leurs enjeux actuels ?

Les agents économiques et les différents types de biens et services

NOTIONS DU PROGRAMME

- Les différents agents économiques et leur fonction principale
- Les différents types de biens et services
- Les contraintes économiques
- L'arbitrage entre les différentes activités et les choix économiques

PLAN DU CHAPITRE

1. Les biens et services ont-ils tous la même nature ?
2. La consommation des agents économiques est-elle sans contrainte ?
3. Les différentes productions des agents économiques se font-elles sans contrainte ?

Découvrir

L'INSTANTANÉ

Expliquez en quoi ces deux photos se distinguent.

EN DIRECT

Le Black Friday va-t-il tuer les soldes ?
(1'34'')

Vidéo

Montrez pourquoi les individus sont plus nombreux à vouloir consommer durant les soldes qu'à un autre moment de l'année.

1 Les biens et services ont-ils tous la même nature ?

A Les biens et services : définitions

DOC. 1

Des biens et des services de différentes natures

COUP DE POUCE

Bien : création matérielle par le travail des individus et des entreprises. Le bien peut être **durable** ou **non durable** (détruit lors de la première utilisation).

Service : activité humaine immatérielle qui rend service à d'autres individus. Le service peut être **gratuit** ou **payant** (marchand).

1. Identifiez les différents types de biens et services sur les photos. Sont-ils tous à vendre ?
2. Classez les biens à l'aide du tableau suivant.

Biens		Services	
Biens durables	Biens non durables	Services marchands	Services non marchands

DOC. 2

La notion de bien

Si un bien est défini comme ce qui est utile, apte à satisfaire des besoins humains, un bien économique doit en plus être rare (sinon il s'agit d'un bien libre et gratuit) et produit par une activité humaine (sinon il s'agit d'un bien naturel) – l'air atmosphérique constituant un exemple de bien non économique, à la fois libre et naturel.

Marc Pénin, « Bien économique », www.universalis.fr

3. Définissez un bien libre. Donnez des exemples.
4. Identifiez les deux caractéristiques que doit posséder un bien au sens économique.
5. Expliquez l'utilité des biens libres et des biens économiques.

B Choix et rareté des biens

DOC. 3

La rareté implique le choix

Le fondement de tout raisonnement économique se trouve dans une simple constatation : alors que les moyens disponibles sont limités, les besoins humains sont au contraire multiples et illimités. De la confrontation entre ces deux faits surgit le problème : si les besoins éprouvés par les hommes dépassent ce que les moyens disponibles leur permettent d'obtenir, il est impossible de les satisfaire tous complètement : il faut choisir. Pour chaque homme, des choix individuels doivent répondre à la question : à quels besoins consacrer mes ressources limitées et dans quelle mesure ? Au plan de la société, ce sont des choix collectifs semblables (formellement exprimés ou spontanément effectués) qui déterminent à qui les biens disponibles sont attribués. De cette nécessité d'« économiser » les moyens découle l'existence d'une science qui puisse dire comment réaliser la meilleure combinaison des ressources limitées pour réaliser les objectifs désirés.

Alexis Jacquemin, Henry Tulkens, Paul Mercier, *Fondements d'économie politique*, De Boeck, 2000

6 Constituez une liste de choses que vous souhaiteriez avoir. Pouvez-vous toutes les acheter ?

7 Identifiez les besoins les plus prioritaires des individus.

DOC. 4

Bientôt plus de jus d'orange au petit déjeuner ?

Une bactérie importée d'Asie va-t-elle nous priver de jus d'orange, complément indispensable du petit-déjeuner pour la plupart d'entre nous ? C'est la question qui se pose à l'heure où l'on constate une production en chute libre, tant au Brésil qu'en Floride considérée comme la deuxième région du monde pour la commercialisation de cet agrume. Le Brésil et la Floride pèsent en effet à eux deux plus de 85 % de la production mondiale de jus d'orange.

Tout cela est la faute du « dragon jaune » qui s'attaque aux agrumes depuis quelques années déjà, [...] faisant chuter comme jamais la production. Mais que sont ces bactéries mortelles pour les oranges ? Des agents pathogènes transmis par deux espèces d'insectes de la famille des *Psyllidæ* proches des pucerons. Jusqu'alors, cet insecte suceur ne sévissait qu'en Asie et en Afrique, avant qu'il ne gagne le continent américain où le phénomène a été observé dès 2005. [...] Les arbres malades ont un retard de croissance, les fruits deviennent vite amers et tombent prématurément.

Pour l'heure, il n'existe toujours pas de traitement préventif et curatif. [...] Alors, ne soyons pas étonnés si le prix des jus d'orange [est condamné] à grimper.

J.-M. D., *La Dépêche*, 10 août 2016

8 Identifiez les plus gros producteurs d'oranges dans le monde. Ces producteurs vendent-ils toutes leurs oranges sur place ?

9 Déterminez la conséquence de la rareté des oranges sur la revente aux consommateurs.

10 Relevez dans cette vidéo les contraintes auxquelles font face les producteurs d'oranges dans le monde.

11 Relevez les solutions trouvées par les revendeurs français de jus d'orange suite aux problèmes d'approvisionnement en oranges d'Amérique.

Pourquoi craint-on une pénurie de jus d'orange ? (0'57")

Vidéo

2 La consommation des agents économiques est-elle sans contrainte ?

A Le consommateur, un agent économique

DOC. 5

Qu'est-ce qu'un ménage ?

Le ménage ne doit pas être confondu avec la famille : la seconde est définie par un lien de parenté, le premier par une communauté d'habitat et de dépense. Une même famille peut être dispersée entre plusieurs lieux d'habitat, alors qu'un ménage, par définition, ne l'est pas. Le ménage est une unité de dépense de consommation (puisque ses membres mettent une partie au moins de leurs revenus en commun et qu'ils partagent le même toit). Il existe deux types de ménages : les ménages ordinaires, composés d'une ou plusieurs personnes liées par un lien de parenté ou un lien affectif, et les ménages collectifs, composés d'un ensemble de personnes vivant en collectivité (caserne, prison, couvent, pensionnat…).

Dictionnaire Alternatives économiques, www.alternatives-economiques.fr

1. Identifiez la différence entre un ménage et une famille.
2. Déterminez si une personne vivant seule constitue un ménage.
3. Montrez comment les ménages utilisent leurs revenus.

CAS PRATIQUE Comment gérer son budget pour consommer et épargner ?

Alice touche un revenu de 2 300 euros par mois et vit à Paris. Tous les mois, elle peut faire le choix de dépenser son revenu dans les catégories suivantes :

Facture d'eau et d'électricité	120 €	**Shopping**	90 €
Voyage	200 €	**Assurance habitation**	30 €
Abonnement Internet	30 €	**Cinéma**	20 €
Alimentation	600 €	**Activités sportives**	60 €
Sorties le week-end	400 €	**Loyer**	750 €

4. Calculez le total des dépenses mensuelles.
5. Identifiez quelles devraient être les dépenses prioritaires.
6. Expliquez ce que devrait faire Alice si elle veut épargner afin d'acheter un appartement plus tard.

COUP DE POUCE

Les contraintes pour le consommateur : ne pas avoir suffisamment de revenus, de temps ou d'information pour acheter ce dont on a besoin.

L'arbitrage pour le consommateur : les contraintes forcent les individus à faire des choix dans leur consommation et à hiérarchiser leurs besoins.

B Le consommateur doit faire des choix sous différentes contraintes

DOC. 6

L'utilisation des biens se fait souvent sous contrainte

Qu'est-ce qu'avoir « accès à l'eau » ?

Le chiffre de 650 millions d'hommes n'ayant pas accès à l'eau potable ne dévoile qu'une partie des inégalités.

Avoir un « accès à l'eau » (*improved water access*) signifie, pour un quart de l'humanité, accéder seulement aux standards minimaux, généralement définis comme 25 litres par personne et par jour à moins de 200 mètres du lieu d'habitation. En d'autres termes, il suffit qu'une fontaine distribue de l'eau traitée, *a minima* quelques heures par jour, dans un rayon de 200 mètres pour que l'on considère qu'il y a un « accès à l'eau ».

En réalité, seul un tiers de l'humanité tout au plus a accès à ce que l'on considère en France comme la norme : une eau potable disponible en permanence, sans restriction de débit et avec une pression suffisante.

De même pour l'assainissement : on définit comme accès « amélioré » tout système meilleur que les latrines en plein air sans système d'aération ou de collecte.

À l'échelle mondiale, plus du tiers de l'humanité ne dispose même pas de ces améliorations minimales, un tiers s'en contente et moins d'un tiers à accès aux standards occidentaux.

David Blanchon, *Atlas mondial de l'eau*, © Éditions Autrement

7 Listez les usages de l'eau par ordre de priorité pour les individus, en France et au Soudan.

8 Montrez que les coûts en temps et en argent pour s'approvisionner en eau peuvent être forts quand les individus ont un accès à l'eau difficile.

9 Expliquez en quoi la rareté de l'eau impose de faire des arbitrages dans l'utilisation de cette ressource.

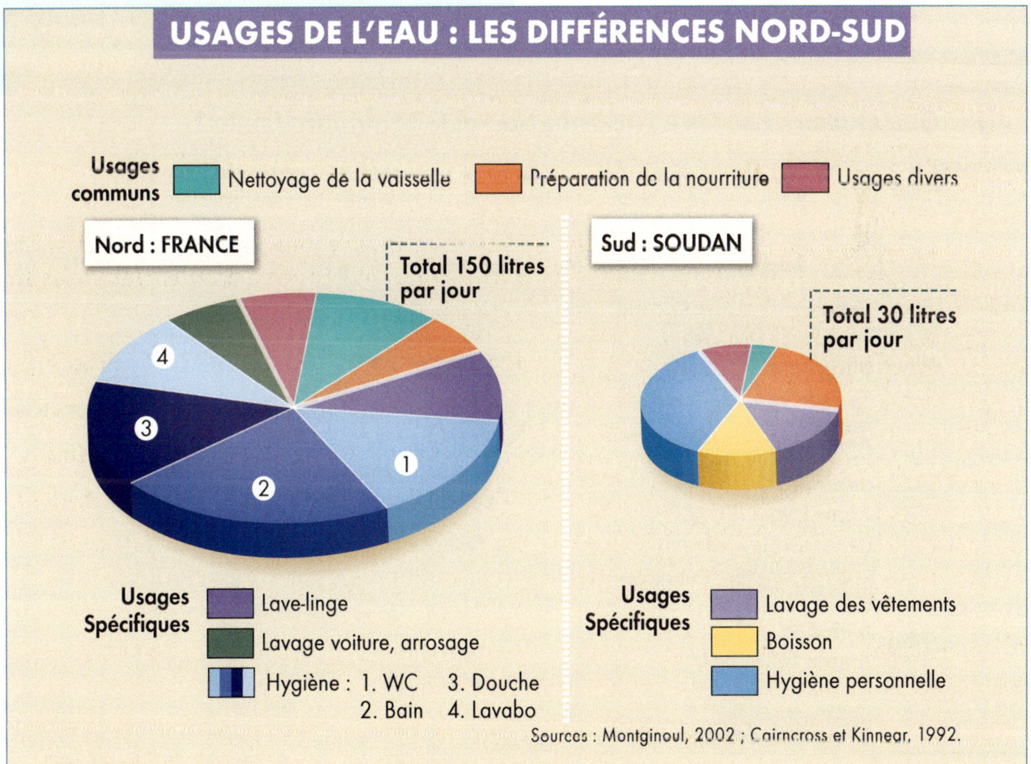

David Blanchon, *Atlas mondial de l'eau*, cartographie Aurélie Boissière, © Éditions Autrement

DOC. 7

Le pouvoir d'achat : une contrainte pour les consommateurs

Après plusieurs années de vaches maigres, particulièrement marquées par la période d'austérité fiscale de 2011 à 2013, le pouvoir d'achat a connu une amélioration significative en 2016 et 2017. Si le pouvoir d'achat par ménage affichait encore en 2017 un niveau inférieur de 800 euros à celui de 2010, la dynamique de ces deux dernières années laissait entrevoir un rattrapage des pertes accumulées durant la crise. Mais le début d'année 2018 a marqué une rupture dans les évolutions récentes. Le pouvoir d'achat a connu une forte contraction au 1er trimestre (– 0,6 %), enregistrant sa plus forte baisse trimestrielle depuis la fin 2012. Si une partie de la chute est liée à la hausse des prix du pétrole, elle est surtout la conséquence d'arbitrages budgétaires qui ont conduit à un choc fiscal en début d'année. L'augmentation des taxes sur les hydrocarbures et le tabac ainsi que la hausse de la contribution sociale généralisée (CSG) partiellement compensée par les baisses de cotisations sociales salariales ont réduit, à eux seuls, le pouvoir d'achat de 0,7 % sur le 1er trimestre.

Mathieu Plane, « Qu'est-ce qui plombe le pouvoir d'achat ? », www.alternatives-économiques.fr, 20 septembre 2018

COUP DE POUCE

Le revenu d'un individu ne permet pas à lui seul de savoir quelle quantité de biens et services il peut obtenir. Il faut tenir compte du **coût de la vie**.

Le coût de la vie : niveau des prix des biens et services. Il varie dans le temps.

Le pouvoir d'achat d'un individu = son revenu **réel** (la quantité de biens et services qu'il peut réellement acheter).

10 Expliquez quelle est l'influence d'une hausse des prix du tabac et des hydrocarbures sur la consommation des individus.

11 Montrez en quoi le pouvoir d'achat est important pour le consommateur.

DOC. 8

UFC-Que choisir : l'accès à l'information est-il toujours facile ?

★★★ Très bon | ★★ Bon | ★ Moyen | ■ Médiocre | ■■ Mauvais | n.a. Non applicable

	Produit	Appréciation	Prix
☐	 **Epson Workforce Pro WF-M5190DW** Jet d'encre monochrome - Wi-fi AVIS DU TESTEUR FICHE PRODUIT	16,2 /20 ★★★	> à partir de 181,99 € (8 offres)
☐	 **Samsung Xpress M2835DW** Laser monochrome - Wi-fi AVIS DU TESTEUR FICHE PRODUIT	15,8 /20 ★★	> à partir de 129,99 € (10 offres)
☐	 **Samsung Xpress M2825ND** Laser monochrome AVIS DU TESTEUR FICHE PRODUIT	15,6 /20 ★★	> à partir de 165,09 € (8 offres)

www.quechoisir.org

12 Décrivez ce que vous voyez dans les différentes rubriques.

13 Recherchez des informations sur la meilleure façon de choisir une imprimante.

14 Expliquez en quoi ce genre de site Internet est nécessaire pour faciliter l'accès à des informations pour le consommateur.

3 Les différentes productions des agents économiques se font-elles sans contrainte ?

A Les entreprises : un lieu de production sous contrainte

DOC. 9

Les énergies renouvelables : des coûts de plus en plus compétitifs

La chute des coûts du solaire et de l'éolien a conduit à une multiplication des titres de presse annonçant que ces sources étaient désormais meilleur marché que le charbon ou le gaz naturel. [...]

Cependant, le coût d'un kWh solaire ou éolien n'est pas strictement comparable à son homologue conventionnel. Ces technologies renouvelables souffrent d'un problème d'intermittence : en l'absence de soleil ou de vent, panneaux solaires et éoliennes ne produisent pas. La géothermie et les barrages ne souffrent pas de ce handicap, mais leur potentiel de développement est en revanche très limité.

Cette caractéristique de l'électricité solaire et éolienne impose de modifier en profondeur la structure du réseau électrique. Historiquement, les centrales thermiques permettaient d'ajuster la production électrique aux fluctuations de la demande.

Gissela Landa, Paul Malliet et Aurélien Saussay, « Les renouvelables ont le vent en poupe », *Alternatives Économiques,* hors-série n° 114, janv.-févr. 2018

COUP DE POUCE

La contrainte économique pour le producteur : tout ce qui le contraint dans sa production. Exemple : la rareté d'une ressource ou un prix d'achat élevé pour des matières premières.

L'arbitrage pour le producteur : pour maximiser ses profits, le producteur doit faire des choix dans sa production en fonction du coût des ressources (matières premières, main-d'œuvre, machines) ou en fonction de leur disponibilité.

1. Montrez que la disponibilité du soleil et du vent est une contrainte économique pour les producteurs d'énergie renouvelable.
2. Expliquez pourquoi les coûts de production sont importants pour les producteurs d'énergie renouvelable.

DOC. 10

Des réserves de matières premières limitées

Les réserves mondiales prouvées d'hydrocarbures et de charbons

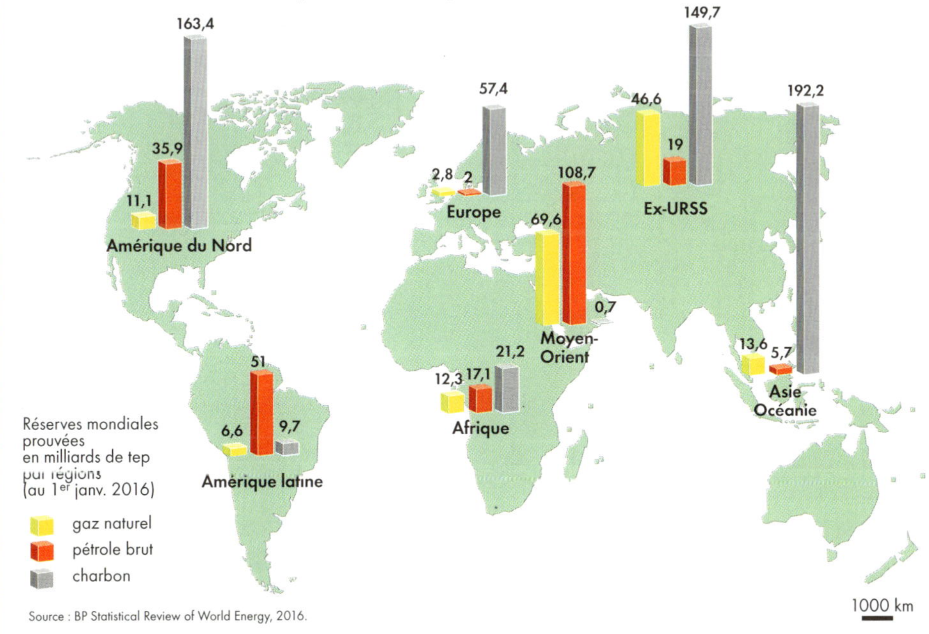

B. Barré, B. Merenne-Schoumaker, *Atlas des énergies mondiales : quels choix pour demain*, cartographie Anne Bailly, © Éditions Autrement, 2017

3. Classez par ordre croissant les pays qui ont le plus de ressources en hydrocarbures et en charbon.
4. Montrez que l'accès aux hydrocarbures pour les consommateurs et les producteurs européens peut être une contrainte.

B Le secteur public : une production au service des individus

DOC. 11

Le rôle de l'État

www.performance-publique.budget.gouv.fr

5 Relevez les principales dépenses de l'État.

6 Identifiez d'où proviennent, essentiellement, les recettes de l'État.

DOC. **12**

Le rôle des collectivités territoriales

Les dépenses prévues par la région Île-de-France en 2016

LE BUDGET 2016, CÔTÉ DÉPENSES

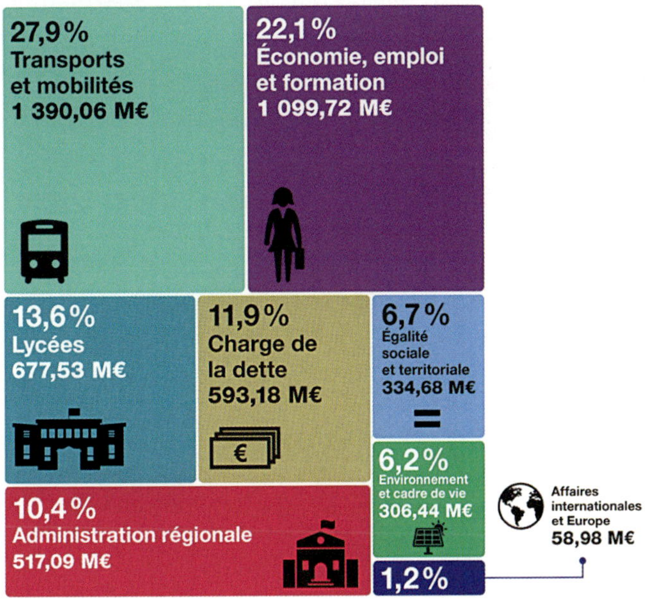

© Région Île-de-France

7 Analysez le document 12.

8 Montrez que la région Île-de-France a un fort impact sur la vie quotidienne de ses habitants.

DOC. **13**

La Sécurité sociale : une administration publique très importante

La « Sécu » poursuit son retour à l'équilibre

SOLDES DU RÉGIME GÉNÉRAL DE LA SÉCURITÉ SOCIALE ET DU FONDS DE SOLIDARITÉ VIEILLESSE (FSV), EN MILLIARDS D'EUROS

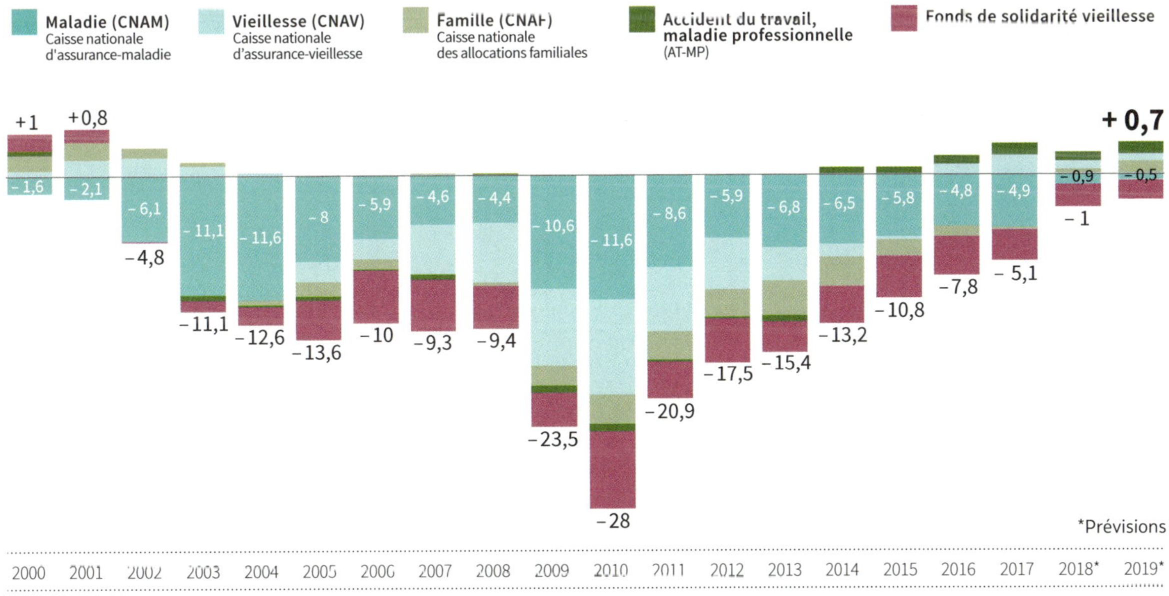

Le Monde infographie, 25 septembre 2017

9 Sachant que le budget de la Sécurité sociale est d'environ 500 milliards par an, donnez la signification du diagramme pour les années 2010 et 2019.

10 Montrez que la Sécurité sociale est importante pour les individus.

ACTIVITÉS

A Tester ses connaissances

Indiquez si chacune des affirmations suivantes est vraie ou fausse en justifiant votre réponse.

1. Les individus désirent plus de biens et services qu'ils ne pourraient en avoir.
2. Les ressources naturelles existent en quantités illimitées.
3. La plupart des biens que nous consommons sont en quantités limitées.
4. Plus un bien est rare plus son prix a tendance à augmenter.
5. Les individus n'ont aucune contrainte économique pour consommer.
6. Les entreprises peuvent choisir n'importe quel prix pour les biens et services qu'elles ont à vendre.
7. Les entreprises doivent arbitrer entre différentes ressources et matières premières pour produire plus efficacement.

B Préparer ses arguments ORAL Fiche méthode 8 > p. 171

1. Analysez l'évolution de la demande mondiale en blé dur.
2. Identifiez le problème économique en matière de blé dur.
3. Quelle cause pouvez-vous suggérer pour expliquer ce problème ?

Production et consommation de blé dur dans le monde
En millions de tonnes

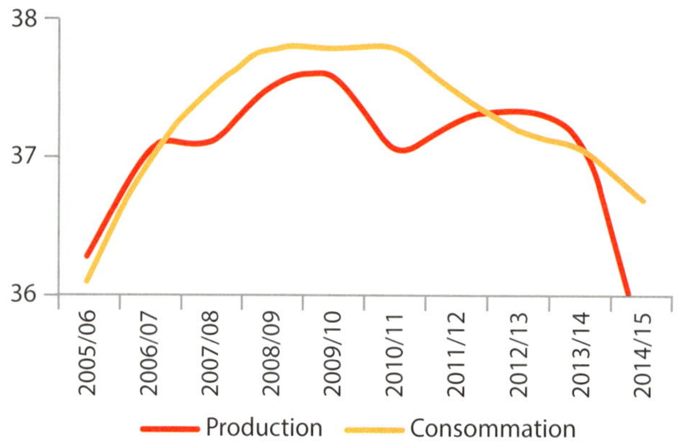

Surfaces mondiales de blé dur
En milliers d'hectares

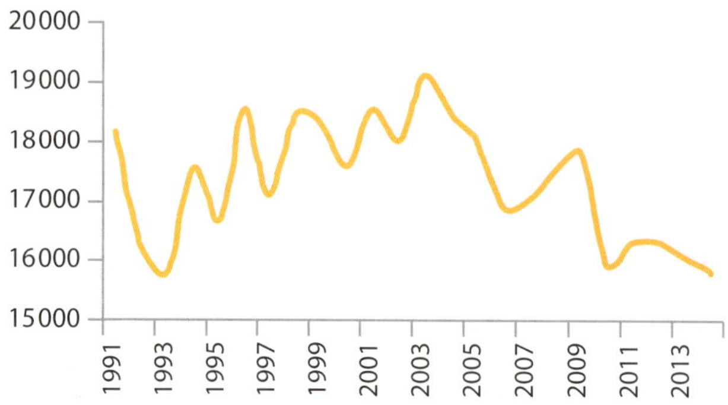

Source : Conseil international des céréales
Hélène Sauvage, www.cultivar.fr, 14 juillet 2015

C Analyser une situation économique

DOC. 1

Quand une entreprise embauche et l'autre gèle l'emploi

Un bénéfice net triplé en 2014 et une forte augmentation de sa productivité… Et voilà les bons résultats du groupe automobile Renault qui se concrétiseront cette année par 1 000 embauches en CDI, en France, et autant de contrats d'apprentissage.

[…] « Nous avons atteint tous les objectifs annoncés pour 2014 […] », s'est félicité le PDG du groupe Carlos Ghosn. […]

Malgré les incertitudes économiques dans de nombreux pays, la marque au losange estime que la demande automobile mondiale devrait poursuivre sa croissance en 2015 (+ 2 %). « Le marché européen devrait également connaître une légère hausse de 2 % […]. »

Renault table ainsi sur une nouvelle augmentation de ses immatriculations et [de] son chiffre d'affaires pour 2015 […].

Annonce inverse en revanche chez Total qui, après la forte baisse de ses résultats 2014 liée à la faiblesse des cours du pétrole, engage une cure drastique pour faire des coupes sombres dans ses coûts, investissements et… effectifs cette année.

Si le groupe indique qu'il n'y aura pas de plan de départs volontaires, il compte réduire de 2 000 personnes ses effectifs dans le monde en 2015 (sur environ 100 000), essentiellement par le biais d'un gel des embauches et de départs non remplacés […].

Un plan de restructuration du raffinage en France sera par ailleurs présenté au printemps, après l'annonce hier de la suppression de 180 des 580 postes de la raffinerie anglaise de Lindsey, dont la capacité de raffinage sera réduite de moitié, soit 5 millions de tonnes par an.

[Le] secteur demeure en surcapacité chronique face à une consommation de carburants en baisse sur le Vieux Continent.

« Cette tendance lourde ne va pas s'inverser », a prévenu le directeur général Patrick Pouyanné, qui a pris les rênes du groupe […]. Total a vu son résultat net chuter de 62 % à 4,24 milliards de dollars pour un chiffre d'affaires en repli de 6 % à 236,12 milliards. […]

La Dépêche, 13 février 2015

1. Pour chaque entreprise citée dans le texte ci-dessus, résumez les décisions prises en matière d'emploi.
2. Expliquez les raisons de ces choix pour Renault et Total. Vous pourrez illustrer votre réponse par des chiffres.
3. Montrez que les résultats des entreprises ont des conséquences sur leurs choix en matière d'emploi.

D Utiliser les TICE

Recherche

1. Recherchez sur le site Internet de l'Organisation des Nations Unies pour l'alimentation et l'agriculture (www.fao.org) des statistiques récentes concernant :
   - l'évolution de la production de céréales (blé, riz…) en Europe, au Brésil et en Égypte ;
   - l'évolution des exportations et des importations de céréales en Europe, au Brésil et en Égypte.
2. Présentez dans un court développement les évolutions de ces dernières années pour ces différents pays et comparez-les.

POUR ALLER PLUS LOIN

www.banquemondiale.org : pour trouver des statistiques sur l'économie mondiale.

www.developpement-durable.gouv.fr : pour en apprendre plus sur le problème de la pénurie et de l'épuisement des ressources.

Entraînement 1

Production, répartition, dépense

À partir de vos connaissances et des documents fournis en annexes :

1. Identifiez les choix économiques posés par la gestion de l'eau au Kenya.
2. Après avoir analysé l'évolution des besoins et des ressources en eau dans le monde, indiquez les conséquences sur la croissance.
3. Présentez les solutions préconisées par le rapport de l'ONU pour faire face au déficit en eau dans la planète.
4. Rédigez une argumentation qui vous permette de répondre à la question suivante : *L'eau est-elle une ressource économique ?*

ANNEXE **1**

Au Kenya, la France agit contre la pénurie d'eau potable

L'Agence française de développement a pris en charge la rénovation d'un énorme tuyau long de 40 km, ce qui a permis d'alimenter certains quartiers de la ville de Mombasa.

À l'abri de quelques roches sur le site de Marere, l'eau jaillit. Tranquillement. De l'eau qui prend sa source dans les collines du parc national Shimba Hills et file, dans un pipeline flambant neuf, alimenter certains quartiers de la ville de Mombasa, au Kenya. Un petit trésor dans ce grand pays d'Afrique de l'Est où l'accès à l'eau est un problème majeur pour une immense partie de la population. Bien souvent, il s'agit moins d'un problème de ressource que d'un problème d'infrastructures vieillissantes, détériorées ou tout simplement inexistantes. Dans la ville côtière qui compte environ un million d'habitants, la quête de l'or bleu est constante.

[...] En attendant, les choix à faire sont incessants. Vaut-il mieux alimenter les quartiers pauvres ou la zone industrielle ? Les zones d'habitation ou celles des grands hôtels, sources importantes de devises pour le pays ? [...].

Mais comment partager la pénurie ?

[Les] habitants du quartier très pauvre de Likoni [...] font partie des destinataires de l'eau venue de Marere. [...]

Le prix public est aussi un atout : « 2 schillings pour 20 litres, contre 30 ou 50 lorsqu'elle est achetée aux porteurs. »

Marielle Court, *Le Figaro*, 22 mars 2015

ANNEXE **2**

Un gros déficit en eau menace la planète

Ce n'est pas la quantité d'eau douce dans le monde qui fait défaut, elle est toujours la même. Le problème tient plutôt en sa gestion de plus en plus défaillante, alors que la population augmente (9,1 milliards en 2050, dont 2,4 milliards en Afrique subsaharienne) et que la pression agricole et industrielle est toujours plus importante. « Si rien ne change, la planète devrait faire face à un déficit global en eau de 40 % d'ici à 2030 », souligne l'ONU dans un rapport publié à la faveur de la Journée mondiale de l'eau (22 mars) alors qu'on estime aujourd'hui à 20 % le nombre de nappes phréatiques surexploitées.

Quant à la demande mondiale d'eau provenant de l'industrie, elle devrait augmenter de 400 % entre 2000 et 2050. [...]

Entre nécessaire développement économique et accès à l'eau des populations, ces dernières ne sont pas toujours gagnantes. Il reste 748 millions de personnes qui n'ont aucun accès à « une source d'eau améliorée », [...] et 2 milliards de personnes qui y accèdent, sans que l'eau ne soit propre à la consommation.

L'ONU estime pourtant qu'il existe de réelles marges de progrès. La première vise une gestion durable de la ressource, « ce qui suppose de ne pas utiliser plus d'eau que nous n'en avons », résume Richard Connor, auteur principal du rapport. Une hausse des investissements et un meilleur soutien financier permettront de sortir des spirales infernales.

Marielle Court, *Le Figaro*, 22 mars 2015

ANNEXE **3**

Qui consomme le plus d'eau ?

D'ici 2050, la demande en eau devrait augmenter de 55 %, non seulement sous la pression d'une population croissante (la Terre comptera alors 9,5 milliards de personnes), mais aussi parce que la consommation s'envole. Les besoins de l'industrie devraient exploser de 400 % d'ici-là. Quant au secteur agricole, ses prélèvements actuels ne sont pas soutenables, estiment les experts. Entre 1961 et 2009, les terres cultivées se sont étendues de 12 %, tandis que les superficies irriguées augmentaient de 117 %.

Laetitia Van Eeckhout, *Le Monde*, 3 mai 2016

Consommation d'eau par secteurs et par ensemble

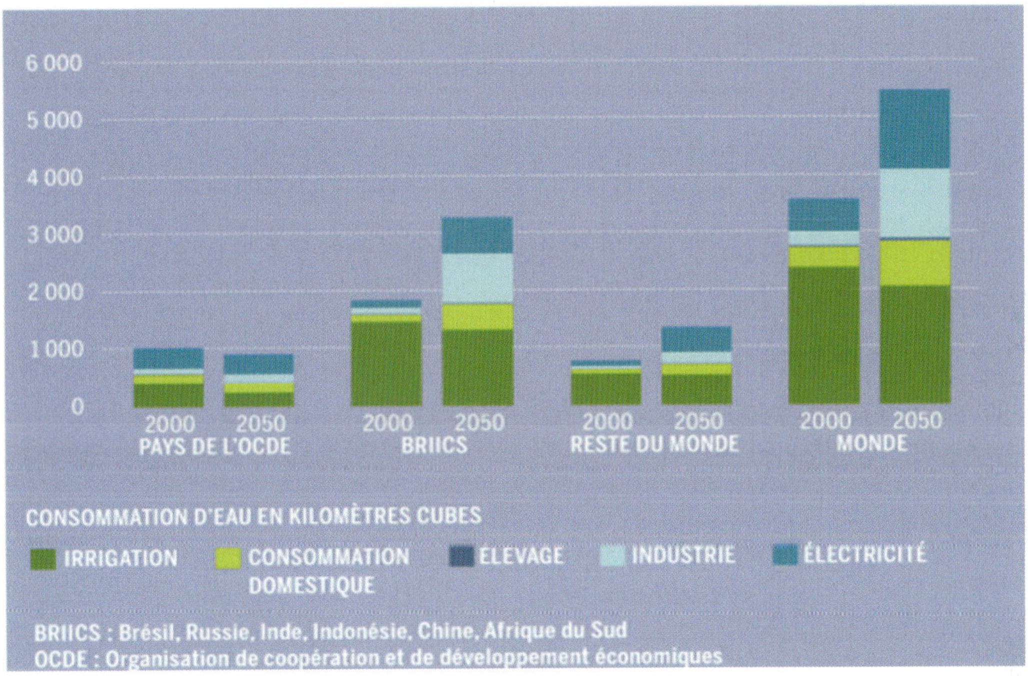

Consommation d'eau par secteurs et par ensemble de pays
Rapport ONU-Eau

ANNEXE **4**

La raréfaction des ressources en eau menace la croissance

Dans un rapport publié, mardi 3 mai, la Banque mondiale vient [...] insister sur la « redoutable menace » que constitue la raréfaction des ressources en eaux exacerbée par le changement climatique, sur la croissance économique et la stabilité dans le monde. Au point que certaines régions pourraient accuser un recul de leur PIB de l'ordre de 6 %.

Sous les effets combinés de la croissance démographique, de l'augmentation des revenus et l'expansion des villes, la demande en eau va connaître une hausse exponentielle, tandis que la ressource en « or bleu » sera de plus en plus irrégulière et incertaine. Selon la Convention des Nations unies sur la lutte contre la désertification (UNCCD), d'ici à 2025, 1,8 milliard de personnes vivront dans des pays ou des régions où la pénurie d'eau sera absolue et les deux tiers de la population mondiale (5,3 milliards de personnes) pourraient vivre dans des conditions de stress hydrique. [...]

Comparés aux niveaux de 2015, les volumes d'eau disponibles dans les villes, s'alarme notamment la Banque mondiale, pourraient chuter des deux tiers d'ici à 2050, en raison de la diminution des ressources et de la concurrence croissante entre les différents usages [...].

Laetitia Van Eeckhout, *Le Monde*, 3 mai 2016

SYNTHÈSE

Podcast

Synthèse
· rédigée
· animée

Les agents économiques et les différents types de biens et services

1 Les biens et services ont-ils tous la même nature ?

Les biens et services économiques sont de différentes natures, et ils peuvent être rares.

↓

Les biens et services produits par l'activité humaine le sont en quantité limitée et avec des ressources limitées.

↓

Dès lors, les individus et les groupes d'individus doivent s'organiser pour faire face à la rareté.

2 La consommation des agents économiques est-elle sans contrainte ?

Le consommateur est un agent économique qui cherche à satisfaire ses besoins.

Le consommateur gère la satisfaction de ses besoins sous **contraintes**.
- Manque de temps
- Manque d'information
- Revenu limité

→ Le consommateur doit faire des choix et établir des priorités dans sa **consommation**.

3 Les différentes productions des agents économiques se font-elles sans contrainte ?

Le producteur est un agent économique qui produit des richesses

Les **groupes d'individus** se regroupent afin :
- d'organiser la production ;
- d'arbitrer entre diverses activités.

Les producteurs **privés** : entreprises
→ souhaitent faire des profits.

Les producteurs **publics** : par exemple l'État
→ fournissent des services gratuits aux individus.

La production se fait sous la **contrainte** de ressources (matières premières, main-d'œuvre ou machines) :
- coûteuses ;
- en quantité limité.

MOTS-CLÉS

- Agents économiques
- Arbitrage
- Besoins
- Biens et services
- Choix économiques
- Contraintes
- Satisfaction

CHAPITRE 2

THÈME 1 : Quelles sont les grandes questions économiques et leurs enjeux actuels ?

Les décisions du consommateur

NOTIONS DU PROGRAMME

- Les préférences et choix économiques
- Les coûts d'opportunité
- Les préférences individuelles
- La rationalité et l'utilité individuelles
- La maximisation et le raisonnement à la marge
- La rareté, la valeur, l'utilité marginale
- La contrainte budgétaire

PLAN DU CHAPITRE

1. Qu'est-ce que la rationalité du consommateur ?
2. Comment maximiser sa satisfaction individuelle en fonction de l'utilité marginale ?

Découvrir

L'INSTANTANÉ

Prenez au moins trois mots de ce nuage pour faire une phrase justifiant l'achat d'un smartphone de gamme intermédiaire.

EN DIRECT

IPhone XS et XS Max : prise en main par UFC-Que Choisir (3'23")

Vidéo

Montrez que l'association de consommateurs « UFC-Que Choisir » réalise des évaluations de biens tels que l'iPhone pour informer les consommateurs.

1 Qu'est-ce que la rationalité du consommateur ?

A Les préférences et l'utilité individuelle du consommateur

DOC. 1

Les préférences varient en fonction des individus

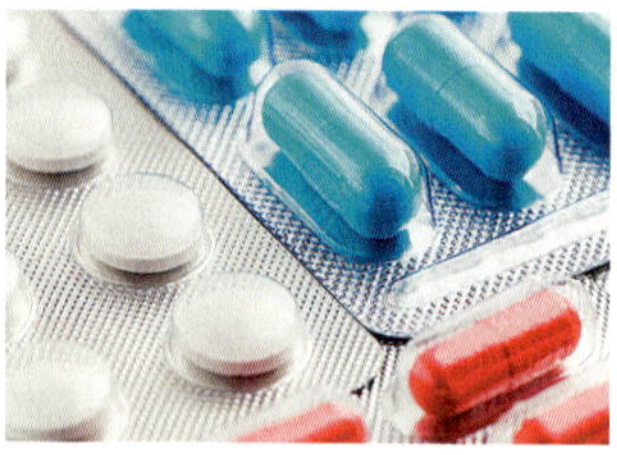

COUP DE POUCE

Les individus ont des **préférences individuelles** et font des **choix économiques** en fonction de ces préférences, ainsi certains pourraient consommer davantage d'un bien que d'autres.

1. Classez ces biens, du bien que vous préféreriez au bien que vous aimeriez le moins.
2. Relevez chez vos camarades si les biens ont tous été classés dans le même ordre. Qu'en déduisez-vous ?
3. Montrez que selon la situation d'un ménage (en termes de santé, par exemple), l'ordre des préférences peut changer et donc la consommation aussi.

DOC. 2

L'utilité individuelle et la consommation

COUP DE POUCE

On appelle **utilité individuelle** la satisfaction que ressent un consommateur lorsqu'il consomme des biens et services. La théorie de l'utilité suppose que plus un individu consomme des biens et services divers, plus il est satisfait.

4. Décrivez les personnes présentes sur l'affiche.
5. Montrez que les publicités supposent que plus un individu consomme plus il est satisfait.
6. Pensez-vous que l'utilité individuelle d'une personne (sa satisfaction) augmente toujours lorsqu'elle consomme plus de biens ?

B Des arbitrages en fonction des contraintes budgétaires et des préférences

DOC. 3

Les grands postes de consommation

▶ **Répartition de la consommation marchande des ménages par fonction en 2014, en %**

	Allemagne	Espagne	France	Italie	Roy.-Uni
Alimentation et boissons non alcoolisées	10,5	13,0	13,3	14,3	8,4
Boissons alcoolisées et tabac	3,3	4,0	3,5	4,1	3,9
Articles d'habillement et chaussures	4,9	4,4	3,9	6,3	5,7
Logement, chauffage, éclairage	24,0	23,8	26,3	23,8	25,6
Equipement du logement	6,6	4,1	5,0	6,2	4,7
Santé	5,4	4,2	4,2	3,4	1,8
Transports	14,4	11,5	12,9	12,0	14,0
Communications	2,7	2,6	2,6	2,3	2,0
Loisirs et culture	8,9	6,8	8,4	6,7	9,8
Education	0,8	1,8	0,9	1,0	1,6
Hôtels, cafés et restaurants	5,3	14,5	6,7	9,9	9,6
Autres biens et services	13,2	9,3	12,3	10,0	12,9

Source : Eurostat

« Les chiffres 2019 », *Alternatives économiques*, hors-série n°115, octobre 2018

7 Identifiez dans un tableau les trois plus grosses dépenses pour chaque pays et les trois plus petites.

8 Montrez que les préférences peuvent varier entre les pays. Ces différences sont-elles grandes ?

DOC. 4

Faire des choix de consommation sous une contrainte budgétaire

Loyer, prêt, énergie, assurances… les dépenses « pré-engagées » expliquent cette sensation de baisse du pouvoir d'achat. […]

Le pouvoir d'achat se calcule en comparant le niveau des prix et le revenu brut disponible, (c'est-à-dire les salaires et prestations sociales, dont on déduit les impôts directs et indirects). Il correspond à la somme d'argent qu'un individu peut utiliser pour consommer. Mais, en réalité, cet argent n'est pas entièrement « disponible », puisque les ménages ont un volet de dépenses dites « pré-engagées » ou contraintes, qui correspondent à des contrats difficilement négociables à court terme : les loyers ou remboursements de prêts, les assurances, les abonnements d'électricité, gaz ou téléphonie, les assurances et mutuelles, etc.

Or, ces dépenses, qui correspondent à des prélèvements ou des factures régulières, ont beaucoup augmenté en proportion des revenus, puisqu'elles ont été multipliées par 2,5 depuis les années 1960, et « bloquent », désormais, près de 30 % du budget, ce qui ne laisse, en moyenne, que 70 % de dépenses dites « arbitrables », sur lesquelles les ménages ont le sentiment d'avoir prise. […]

Durand Anne-Aël, « Que reste-t-il après avoir payé les factures ? Les dépenses contraintes minent le pouvoir d'achat », *Le Monde*, novembre 2018

COUP DE POUCE

La **contrainte budgétaire** correspond à la quantité limitée de biens et services qu'un individu peut acheter en fonction de son revenu.

9 Montrez que les individus ne peuvent pas dépenser tout leur revenu comme ils l'entendent.

10 Compte tenu de la contrainte budgétaire et une fois les dépenses « pré-engagées » effectuées, expliquez comment les ménages vont choisir les biens et services qu'ils consommeront.

DOC. 5

Une analyse « coût-avantage» afin de renforcer sa satisfaction

Mettre en concurrence sur une même page plusieurs moyens de transports pour un même trajet. C'est ce que proposent les comparateurs de transports multimodaux.

Comment bien préparer son voyage sans passer des heures à naviguer de sites en sites voire de comparateurs en comparateurs ? C'est le problème auquel répondent les sites de comparateurs de transports multimodaux. À la différence des Kayak, Momondo ou encore Easy Voyage, ces comparateurs d'un autre genre ne confrontent pas seulement des vols aériens, mais toutes les manières d'effectuer son trajet. Que ce soit pour réserver un voyage en TGV, un trajet en car, une escapade en covoiturage, ou un vol, l'internaute retrouve sur une seule et même interface tous les différents moyens de locomotion pour parvenir à sa destination. Une méthode plus pratique qui permet donc de mettre en concurrence différentes manières de voyager. [...]

Pierrat Florian, « Comparateur de transports : l'autre outil pour préparer ses vacances », *Le Figaro*, 31 mars 2017

11 Expliquez ce que permet de faire les comparateurs dont il est question dans ce document.

12 Relevez dans un tableau les coûts et les avantages que l'on peut associer à ces différents moyens de voyager : voiture individuelle, train, bus, covoiturage, avion.

13 Montrez qu'il est rationnel de choisir une manière de voyager plutôt qu'une autre selon que l'on a un revenu élevé ou des préférences individuelles particulières.

DOC. 6

Accroître son utilité individuelle grâce à ses choix de consommation

Des œufs trop petits pour la grande distribution, des yaourts très proches de la fin de vie, des tomates jugées trop moches pour être sur vos étals. Des produits sains qui auraient normalement fini à la poubelle ; mais cette épicerie de Melesse (Ille-et-Vilaine), près de Rennes, a décidé de les revendre. Une initiative saluée par les clients. « On va éviter à ces produits de terminer à la benne ou je ne sais où », estime l'un d'entre eux. Éviter le gaspillage alimentaire, cette épicerie en a fait son fonds de commerce.

[...] Des crêpes que l'industriel revend 30 % moins cher qu'à la grande distribution traditionnelle. En plus de l'industrie, les petits producteurs locaux alimentent également l'épicerie. À la « Chèvrerie du désert », la production de fromage est trop importante par rapport à la demande de ses clients classiques. Il a donc également décidé de diminuer sa marge en revendant à l'épicerie anti-gaspi. [...]

Dans les rayons de l'épicerie, ses fromages sont donc vendus 2,90 euros contre 3,75 euros en grande surface. Un concept qui séduit : après seulement une semaine d'ouverture, l'enseigne prévoit déjà d'implanter deux nouveaux magasins sur la côte Atlantique.

France 2, « Consommation : une épicerie anti-gaspillage », www.francetvinfo.fr, 16 mai 2018

14 Identifiez les avantages et les inconvénients pour les consommateurs qui vont dans cette épicerie.

15 Montrez que les individus fréquentant cette épicerie peuvent faire un calcul coûts/avantages pour choisir les biens et services qu'ils consomment.

2 Comment maximiser sa satisfaction individuelle en fonction de l'utilité marginale ?

A Le consommateur et son utilité marginale

DOC. 7

L'utilité marginale ou la satisfaction apportée par une unité consommée supplémentaire

Extrait de *Economix*, Dan E. Burr, Michael Goldwin, traduit de l'anglais (États-Unis) par Hélène Dauniol-Renaud, © Éditions des Arènes, Paris, 2017

1 Analysez la deuxième case de cette bande dessinée.

2 Analysez la troisième case de la bande dessinée et comparez-la avec la deuxième.

DOC. 8

Rationalité et utilité marginale

Vous êtes un grand amateur de chocolat, et tant que consommer du chocolat vous donne de la satisfaction, vous êtes prêt à consacrer une très grande partie de votre revenu dans du chocolat. De plus, on suppose que l'on peut attribuer un chiffre à votre satisfaction individuelle qui représente votre niveau de satisfaction : plus ce chiffre est élevé plus vous êtes satisfait.

3
- Si la première tablette de chocolat que vous achetez fait augmenter votre satisfaction de 20, est-ce que vous achetez cette tablette ?
- Si la deuxième tablette fait augmenter votre satisfaction de 17, allez-vous acheter cette deuxième tablette ?
- Si la troisième tablette fait augmenter votre satisfaction de 12, allez-vous acheter cette troisième tablette ?

4 Expliquez pourquoi la satisfaction baisse un peu plus à chaque fois qu'on achète une tablette supplémentaire (on parle d'utilité marginale décroissante).

5 Si la septième tablette n'apporte aucune satisfaction supplémentaire, seriez-vous prêt à continuer à dépenser votre revenu pour acheter cette septième tablette ?

6 Montrez que le consommateur rationnel compare à chaque fois la satisfaction que lui apporterait une tablette de chocolat supplémentaire avec le coût de cette dernière. D'après cette comparaison, quand le consommateur va-t-il s'arrêter ?

COUP DE POUCE

L'**utilité marginale** représente la valeur d'un bien supplémentaire pour un individu. L'utilité marginale est décroissante, c'est-à-dire qu'elle diminue à mesure que notre consommation de biens et services augmente.

Le fait de **comparer le coût et le bénéfice** d'une décision de consommation, pour décider si on consomme ou non d'un bien ou un service, s'appelle **arbitrer** selon ses préférences et en fonction de sa contrainte budgétaire.

DOC. 9

Analyser un document en utilisant la notion d'utilité marginale

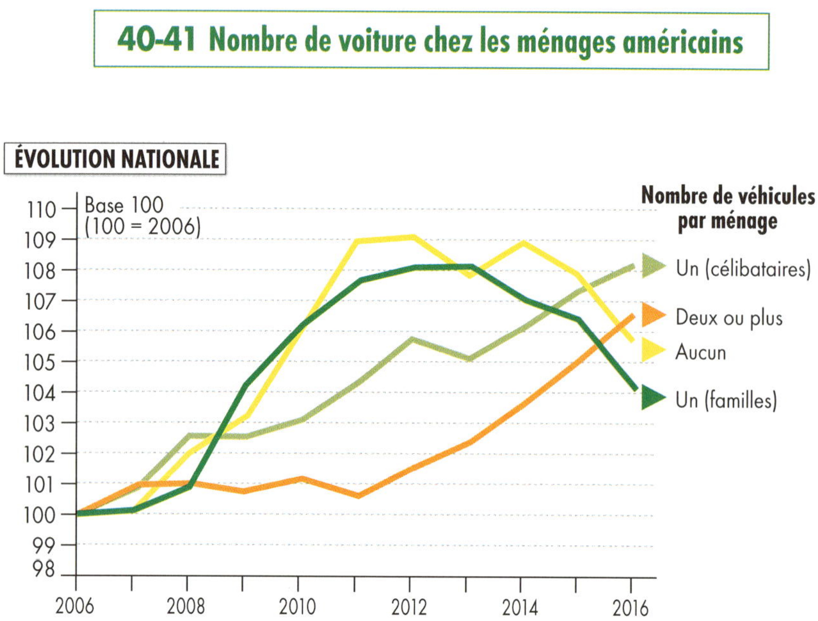

J.-F. Doulet, *Atlas de l'automobile*, cartographie Aurélie Boissière, © Éditions Autrement

7 Montrez quelle est l'évolution du nombre de voitures par ménage aux États-Unis.

8 Montrez que l'utilité marginale procurée par l'acquisition d'une deuxième voiture a dû progresser aux États-Unis entre 2006 et 2016.

B Le consommateur : un agent rationnel qui veut maximiser son utilité

DOC. 10

Choisir entre plusieurs options implique un coût d'opportunité

À Perpignan, au Havre, à Limoges, Reims et Lille, une acquisition se rentabilise en moins de deux ans, selon une étude du courtier Meilleurtaux.

« Acheter ou continuer à louer ? », la question taraude un grand nombre de locataires. Pour les aider à se décider, le courtier en produits financiers sur Internet Meilleurtaux.com a passé en revue, fin 2017, les marchés immobiliers des 36 plus grandes villes de France. Il a analysé en détail les conditions pour acheter ou louer une surface de 70 m² dans chacune de ces agglomérations.

Le comparatif a tenu compte, pour l'achat : du prix au mètre carré, des taux d'intérêt de l'emprunt et de la taxe foncière ; pour la location : du montant des loyers et du rendement de l'argent placé qui aurait été consacré à l'apport personnel en cas d'achat. Conclusion : en France, une acquisition est rentabilisée en moyenne au bout de trois ans.

Porier Jérome,
« Quand acheter vaut mieux que louer »,
Le Monde, avril 2018

9. Selon le document, déduisez si l'utilité marginale des consommateurs serait maximale quand ils achètent ou quand ils louent un logement.
10. Identifiez les avantages et les inconvénients des deux possibilités.
11. Montrez que choisir entre louer et acheter un appartement implique un coût d'opportunité pour les individus.

COUP DE POUCE

Le coût d'opportunité apparaît lorsqu'un individu doit choisir entre plusieurs options, en effet choisir une option plutôt qu'une autre a un « coût » : renoncer aux avantages (aux opportunités) que les autres options auraient pu apporter à l'individu.

DOC. 11

Extrait du site Internet www.jeuxvideo.com

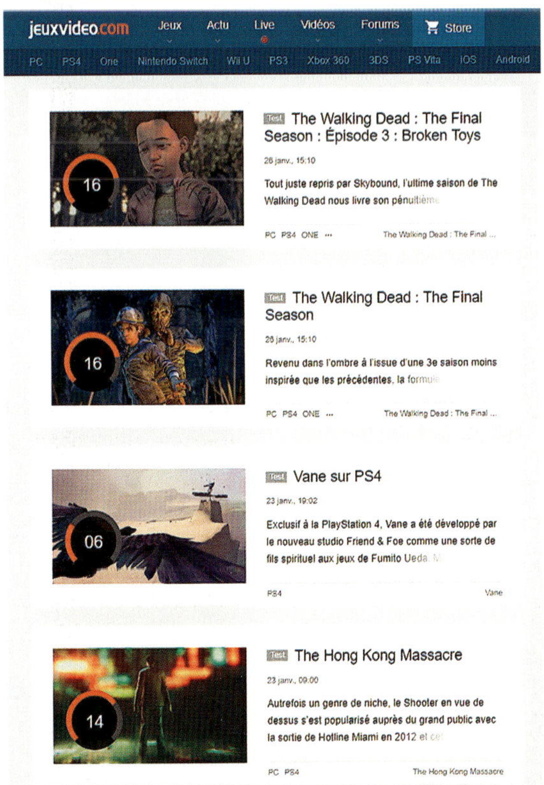

www.jeuxvideo.com, 2019

COUP DE POUCE

Les consommateurs sont **rationnels** car ils souhaitent maximiser leur satisfaction en tenant compte de leur contrainte budgétaire et de l'utilité marginale des biens et services qu'ils voudraient consommer.

12. Identifiez sur la photo le jeu que la plupart des consommateurs ne choisiraient pas, justifiez.
13. Expliquez pourquoi un consommateur rationnel choisirait les jeux les mieux notés.

ACTIVITÉS

A Tester ses connaissances

Indiquez si chacune des affirmations suivantes est vraie ou fausse en justifiant votre réponse.

1. Les individus font des choix économiques.
2. Plus les individus consomment, plus ils sont satisfaits.
3. Les individus consomment tous les biens qu'ils souhaitent posséder sans aucune limite.
4. Les individus choisissent les biens et les services qu'ils consomment au hasard.
5. Les individus font un calcul coût/avantage pour choisir les biens et services qu'ils souhaitent consommer.
6. Les consommateurs n'ont pas d'utilité individuelle.
7. Quand un consommateur fait un choix, il n'y a pas de coût d'opportunité.
8. Un consommateur rationnel cherche à maximiser sa satisfaction.
9. Il est rationnel pour un individu de consommer un bien qui ne lui apporte aucune utilité marginale.
10. Le consommateur rationnel tient compte de sa contrainte budgétaire et de son bien-être pour faire des choix de consommation.

B Préparer ses arguments

ORAL

Fiche méthode 8 › p. 171

DOC. **1**

Les consommateurs ne peuvent pas consommer tout ce qu'ils voudraient

« Je travaille 12 heures par jour, six jours sur sept et pourtant à la fin du mois, sur les 5 000 € de chiffre d'affaires que j'engrange, il me reste moins de 500 €, une fois toutes mes dépenses payées, assure ce chauffeur autoentrepreneur. J'ai l'impression de bosser pour rien ! Pratiquement tout passe dans mon crédit voiture, mes deux assurances auto, mon loyer de 700 €, les assurances pour la maison et mon boulot, les amendes de stationnement, le gazole. Trois quarts dans des charges ! Et puis, à la fin, ce qui me reste est donc insuffisant pour me payer des loisirs ou un resto ! Cela fait trois ans que je n'ai pas pris un jour de vacances ».

Vincent Mongaillard, Bertrand Fizel, Christine Mateus et Julie Rimbert, « Vivre en France avec 2000 euros : ils racontent leurs fins de mois difficile », *Le Parisien*, novembre 2018

1. Identifiez la notion dont il est question dans ce document.
2. Montrez que les individus ne choisissent pas les biens et services qu'ils consomment au hasard.

C Chercher un emploi

Recherche

Recherchez des offres d'emploi sur le site www.pole-emploi.fr :

- d'ouvrier à Paris, Montpellier et Rennes ;
- de technicien supérieur dans les mêmes villes ;
- de cadres dans les mêmes villes.

1. Déterminez dans chacune de ces situations pour 2 offres d'emploi que vous aurez choisies les conditions de travail proposées aux individus : salaires, type de contrat, temps de travail.
2. Que remarquez-vous ?

D Analyser une situation économique

DOC. 1

Des préférences européennes diverses pour l'automobile

34-35 Le diesel en Europe

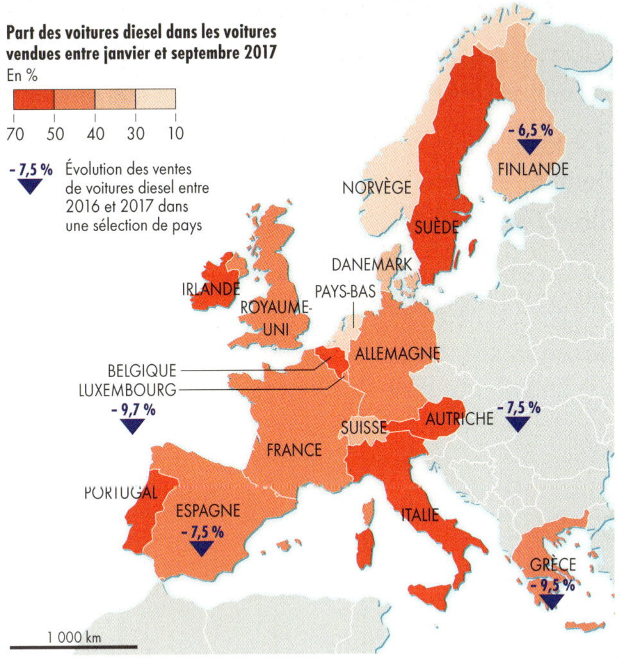

Jean-François Doulet, *Atlas de l'automobile*, © Éditions Autrement, cartographie Aurélie Boissière

DOC. 2

Prix en euro du gazole en Europe

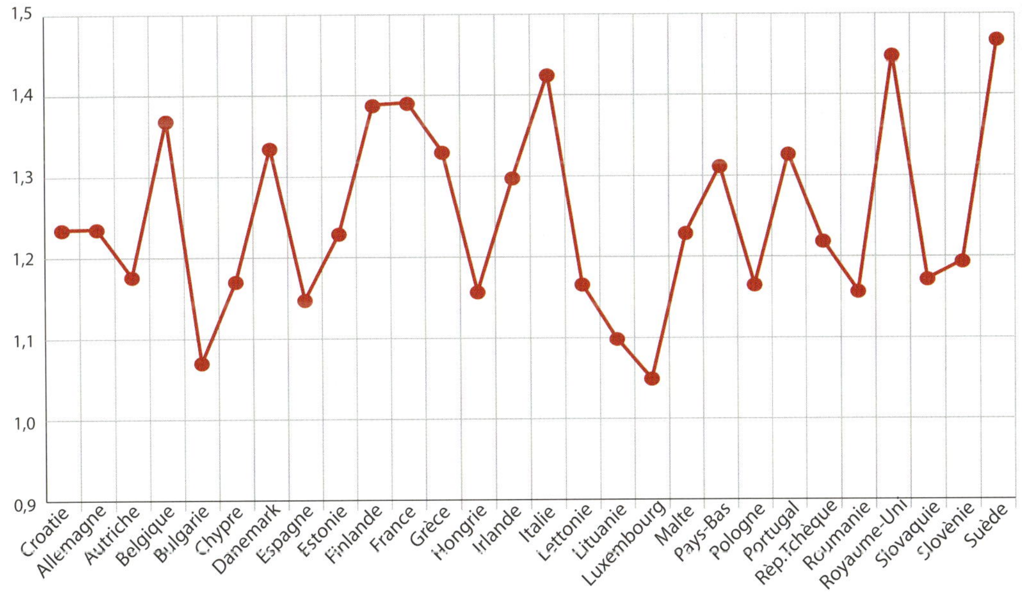

Comité National Routier, www.cnr.fr, janvier 2019

1. Déterminez les calculs coûts/bénéfices que les différents consommateurs européens ont pu faire pour choisir une voiture diesel ou essence.
2. Présentez des arguments montrant que les consommateurs peuvent choisir de consommer des biens et services pour des raisons environnementales ou sociologiques.

Entraînement 2

La théorie du choix rationnel : une théorie réaliste ?

À partir de vos connaissances et des documents fournis en annexes :

1. Expliquez à l'aide d'exemples que les Français ont fait un choix rationnel entre les achats de smartphones avec engagement et l'achat de smartphones sans engagement.
2. Selon Herbert Simon, les consommateurs cherchent-ils à maximiser leur satisfaction ?
3. Montrez que la communication du groupe Carrefour suppose que les individus cherchent à accroître leur satisfaction individuelle sous contrainte.
4. Rédigez une argumentation pour répondre à la question suivante : *Les agents économiques sont-ils toujours rationnels ?*

ANNEXE **1**

Les Français et les dépenses en télécommunication en 2015

Les services de télécommunications sont orientés pour la première fois à la baisse en 2015 (–0,4 % en volume après +1,9 %) : le nombre de minutes de communication au départ des mobiles ralentit nettement (+3,4 % après +6,8 %) et la hausse des communications depuis les mobiles ne suffit plus à compenser le recul de celles en provenance des téléphones fixes. En revanche, le marché des téléphones mobiles demeure extrêmement dynamique (+31,9 % en volume après +46,0 %), en lien avec l'essor des smartphones. Leur suprématie se renforce encore sur le marché : ils représentent 84 % des téléphones acquis en 2015 (77 % en 2014). Les achats de smartphones sans engagement continuent de croître, mais à un rythme moins soutenu que les années passées. En revanche, ceux de téléphones avec engagement s'effondrent à nouveau ; ils ne concernent désormais qu'un achat sur dix.

Nathalie Morer, *Insee Première*, n° 1601, juin 2016

ANNEXE **2**

Les abonnements téléphoniques détenus par les Français

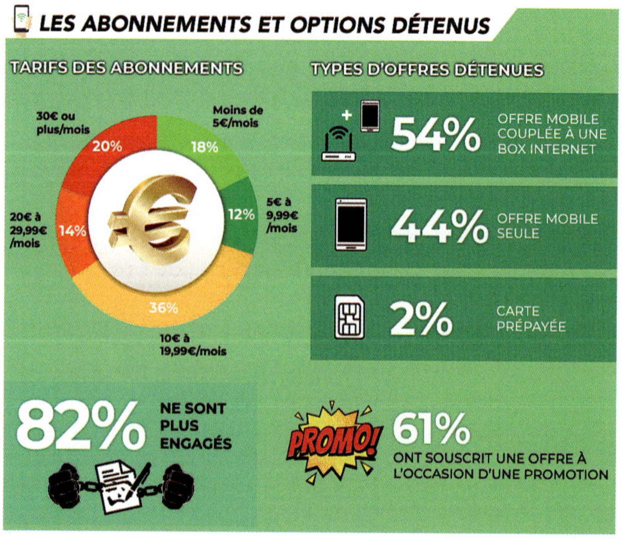

UFC-Que Choisir, « Vous et votre opérateur de téléphonie mobile », www.quechoisir.org, 13 mars 2018

ANNEXE 3

Des individus irrationnels

Influençables, mauvais calculateurs et inconstants : voilà ce que nous serions, en dépit de la théorie du choix rationnel (TCR). Mais cela ne veut pas dire que nous faisons n'importe quoi. Depuis trois décennies, psychologues et économistes ont uni leurs efforts pour identifier quelques-unes de nos erreurs les plus constantes. Donc, les plus prévisibles.

L'idée que les êtres humains agissent selon les prescriptions de la raison (ou du moins devraient le faire) est aussi vieille que la philosophie, et la théorie économique moderne de l'acteur rationnel en est le prolongement.

Un agent économique égoïste et calculateur.

[...] Dans sa forme moderne, la TCR suppose que l'agent économique est à la fois égoïste et calculateur.

Nicolas Journet,
« Irrationnels, mais prévisibles »,
Sciences Humaines, Avril 2011

ANNEXE 4

Les individus ont une rationalité limitée

De fait, Herbert Simon, avant de recevoir le Nobel, a obtenu des distinctions prestigieuses en psychologie, en informatique et en science politique. Touche-à-tout, alors ? Non, mais un domaine de recherche, sur la façon dont les hommes prennent leurs décisions, qui l'a placé au confluent de nombreuses disciplines. Le concept-clé, celui qui l'a rendu célèbre, est celui de « rationalité limitée ». L'économie néoclassique repose sur l'hypothèse que chaque acteur économique est rationnel. Non seulement il sait ce qu'il veut, mais il est capable d'évaluer avec précision les conséquences de chacune de ses décisions et, donc, de choisir la meilleure du point de vue de ses objectifs. Quelle que soit la complexité du problème : la composition d'un plateau de fromages aussi bien que l'implantation d'une centrale nucléaire, comme le dit plaisamment Jacques Thépot dans un des articles de ce numéro.

La réalité est différente, soutient Simon : je ne choisis pas la solution la meilleure, mais celle qui me satisfait. Et Michel Crozier de souligner que cette démarche permet de réconcilier l'économiste et le sociologue : le premier éclaire les potentialités de toute réalité, le second explique les comportements concrets

« La rationalité limitée », *Revue française de gestion n°94*,
juin-août 1993, éd. Liaisons

ANNEXE 5

Carrefour Banque cherche à attirer les consommateurs

Optimisez la gestion de votre budget en choisissant Carrefour Banque !

- Des remises et privilèges avec la Carte PASS
  - Des privilèges et des remises sur vos courses chez Carrefour et ses partenaires
  - RDV PASS mensuels, des nouvelles offres tous les mois
  - Des offres exclusives et services réservés : pré-soldes, avant-premières sur les lancements de produits et la foire aux vins, etc.
- Des tarifs attractifs sur une large gamme de produits bancaires et d'assurances
  - Carte bancaire Carte PASS MasterCard : à partir de 14 € seulement par an,
  - Prêt Personnel : en plus de taux bas, zéro frais de dossier,
  - Epargne : 0 frais d'ouverture,
  - Assurance Auto : à partir de 11,67 €/mois,
  - Assurance Habitation : à partir de 11,17 €/mois,
  - Assurance Individuelle : à partir de 7,92 €/mois.
- Des offres promotionnelles ponctuelles, par exemple :
  - Carte de paiement et de retrait : économies sur la 1re utilisation de votre Carte PASS
  - Crédit : Taux promo pour votre Prêt Personnel ou votre Crédit PASS
  - Assurance-vie : Frais de versements offerts
  - Livret d'épargne : Taux boosté
  - Assurances : Mois de cotisation offerts

www.carrefour-banque.fr, 15 décembre 2018

SYNTHÈSE

Podcast

Synthèse
· rédigée
· animée

Les décisions du consommateur

1 Qu'est-ce que la rationalité du consommateur ?

Le consommateur a une utilité individuelle et fait des choix économiques.

- Plus le consommateur consomme des biens et des services variés, plus sa satisfaction augmente.
- Le consommateur a une contrainte budgétaire et des préférences qui peuvent varier d'un individu à l'autre.
- Le consommateur cherche à accroître sa satisfaction sous sa contrainte budgétaire et en fonction de ses préférences.

2 Comment maximiser sa satisfaction individuelle en fonction de l'utilité marginale ?

Le consommateur est un agent économique rationnel.

- Le consommateur attribue un niveau de satisfaction à chaque unité supplémentaire de bien ou service qu'il pourrait consommer : l'utilité marginale.
- Le consommateur ne consommera une unité de bien ou service supplémentaire que si l'utilité marginale attribuée à ce bien ou service dépasse le coût pour y accéder.
- Le consommateur en faisant un calcul coût/avantage cherche à maximiser sa satisfaction individuelle.

MOTS-CLÉS

• Choix économiques • Contrainte budgétaire • Coût d'opportunité • L'utilité individuelle • Préférences individuelles • Rareté • Rationalité • Utilité marginale • Valeur

CHAPITRE 3

THÈME 1 : Quelles sont les grandes questions économiques et leurs enjeux actuels ?

Les décisions du producteur

NOTIONS DU PROGRAMME

- La production, les ressources
- Les facteurs de production (capital, travail, terre)
- La rareté, la valeur
- La rationalité
- Égalisation entre coût marginal et recette marginale

PLAN DU CHAPITRE

1 La production des biens et des services : que produire et dans quelles conditions ?

2 Les producteurs : des agents économiques rationnels qui optimisent leur production ?

Découvrir

L'INSTANTANÉ

Montrez que la sécurité n'a pas de prix et que par conséquent elle n'est pas un bien économique.

EN DIRECT

Pourquoi réduire sa production ? (2'46") Vidéo

1 Donnez au moins trois raisons pour lesquelles les produits bio coûtent plus cher.

2 Montrez que parfois il peut être intéressant pour un producteur de réduire sa production.

1 La production des biens et des services : que produire et dans quelles conditions ?

A Les contraintes du producteur

DOC. 1

Les facteurs de production

Variations des coûts des facteurs de production dans la construction (en %)

Intitulés		T4 2017/ T3 2017	T4 2017/ T4 2016
Matériel	Bâtiment	+ 0,2	- 0,8
	Travaux publics	0,0	+ 0,4
Travail	Coût du travail dans la construction	+ 1,1	+ 3,2
Énergie	Bâtiment	+ 5,7	+ 9,4
	Travaux publics	+ 6,2	+ 7,3
Matériaux	Construction de bâtiments	+ 1,2	+ 3,3
	Bâtiments anciens	+ 0,5	+ 2,8
	Génie civil	+ 2,3	+ 6,0
	Travaux publics spécialisés	+ 0,7	+ 1,5

Insee, Indices de coûts de production dans la construction – Quatrième trimestre 2017, 21 mars 2018

COUP DE POUCE

Les **facteurs de production** sont principalement le travail (la main d'œuvre), le capital (les machines…) et la terre, ils doivent être combinés dans le but de produire des biens et des services.

1. Regroupez les coûts de production en trois grands ensembles : le capital, le travail et les ressources.
2. Montrez que les coûts du travail et du capital peuvent être une contrainte économique pour les entreprises et qu'ils ont une influence sur le prix des biens et services qui ont été produits.

DOC. 2

Des ressources rares et localisées partout dans le monde

En 2016, Apple construit et commercialise cinq modèles d'iPhone (SE, 6, 6 Plus, 6s, 6s Plus), dont les composants varient légèrement d'un modèle à l'autre. Plusieurs fabricants peuvent être chargés de produire un même module.

Par ailleurs, Apple publie la liste de ses fournisseurs de matières premières, mais ces entreprises recourent elles-mêmes à des filiales qui, elles, ne sont pas identifiées. Ainsi, le rapport sur les minerais liste pas moins de 101 sociétés de transformation et de raffinage de l'or, mais n'indique pas la localisation des mines.

Dario Ingiusto & Cécile Marin, « Plusieurs tours du monde pour un smartphone », Le Monde Diplomatique, 2016

Des dizaines de composants

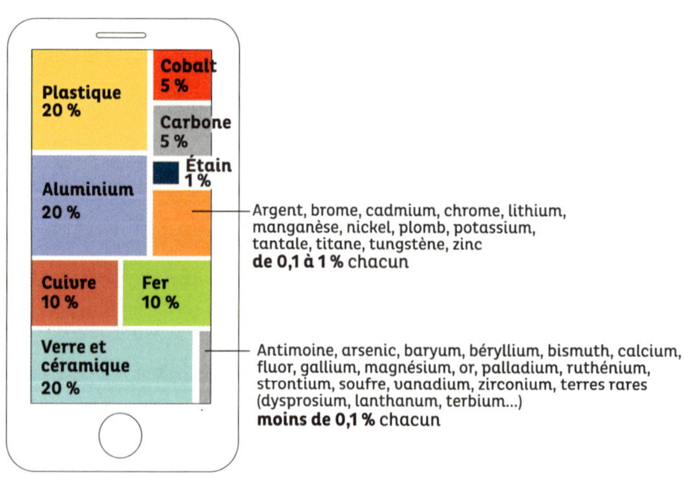

Source : PNUE - Convention de Bâle, « Guidance document on the environmentally sound management of used and end-of-life mobile phones », 2012.

Le Monde infographie, 2016

3. Relevez les composants d'un iPhone et classez-les du plus important au moins important pour la fabrication du téléphone dans un tableau.
4. Montrez que pour Apple l'accès aux ressources rares (matières premières) pourrait être une contrainte pour produire ses téléphones.

B Que produire et pour qui ?

DOC. 3

La production dépend des ressources disponibles et de l'activité historique d'un territoire

Avec un chiffre d'affaires de 2,1 milliards d'euros et plus de 12 000 personnes qui y travaillent, le décolletage est un domaine de l'industrie qui a le vent en poupe et représente un véritable succès du made-in-France. [...]

Alors qu'on entend par décolletage l'activité de très haute technicité qui consiste à usiner des pièces métalliques, ce domaine de l'Industrie permet la production de composants spécifiques qui ont ensuite pour vocation d'être assemblés dans des produits de consommation courante comme du petit électroménager, des voitures, de l'aéronautique, du médical ou encore des produits d'électronique grand public.

Aujourd'hui, c'est ainsi tout un écosystème qui s'est développé, puisqu'au-delà des 8 000 professionnels du décolletage, ce sont de 30 à 40 000 emplois indirects qui sont impliqués dans cette industrie (techniciens, emplois du tertiaire, enseignement spécialisé...)

Aujourd'hui, le système est suffisamment unique et puissant que de nombreuses entreprises de par le monde viennent chercher les compétences de cet écosystème industriel pour leurs besoins spécifiques.

Jérome Akmouche, « La Vallée de l'Arve, creuset du décolletage, ce fleuron industriel encore méconnu », *Les Échos*, 22 décembre 2017

5 Identifiez l'activité industrielle principale de la Vallée de l'Arve en Haute-Savoie à l'aide de chiffres précis.

6 Montrez que les savoir-faire des travailleurs et l'écosystème industriel de la Vallée de l'Arve incitent fortement les producteurs à faire du décolletage.

DOC. 4

Production et consommation de beurre

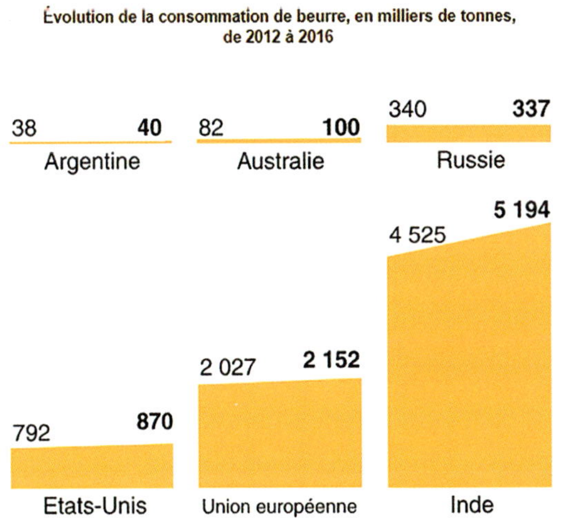

Les Décodeurs, « Production et consommation de beurre : pourquoi les stocks diminuent », www.lemonde.fr, 6 novembre 2017

7 Analysez le document.

8 Montrez que les producteurs doivent tenir compte des consommateurs dans leur production.

9 Les producteurs ne doivent-ils s'intéresser qu'aux quantités produites pour faire des profits ?

2 Les producteurs : des agents économiques rationnels qui optimisent leur production ?

A Les producteurs peuvent être des agents privés ou des agents publics

DOC. 5

Les entreprises privées peuvent réorganiser leur production

Un supermarché tout automatique, sans caisses. C'est le pari osé du groupe Casino, qui vient d'ouvrir un supermarché dans le 8e arrondissement de Paris, rapporte vendredi *Le Figaro*. Selon le quotidien, le magasin cible une clientèle « urbaine et connectée », plutôt aisée. [...] Les clients peuvent pénétrer 24 heures sur 24 dans cet espace de 400 m², réparti sur trois étages et comprenant, outre les traditionnels produits du quotidien, un espace restauration, une épicerie fine et un show-room. Après 22 heures, seul un vigile surveille l'établissement. Pendant la journée, une vingtaine d'employés sont présents dans les rayons, même si aucun n'encaisse les clients.

Comment payer ses courses ? Grâce à son smartphone et à l'application Casino. Une fois la facture réglée, le portique de sécurité s'ouvre et permet au client de sortir, explique *Le Figaro*. Des contrôles aléatoires sont prévus pour limiter les risques de fraude.

www.europe1.fr,
« Le groupe Casino ouvre un supermarché sans caisses à Paris »,
5 octobre 2018

1. Identifiez à l'aide des termes « facteur travail » et « facteur capital », les principales évolutions du supermarché Casino décrites dans le document.
2. Expliquez les raisons pour lesquelles un agent privé comme le groupe Casino souhaiterait une telle évolution.
3. Expliquez les conséquences que ces évolutions pourraient avoir pour le consommateur.

DOC. 6

Les entreprises publiques peuvent innover et changer les quantités de facteurs utilisés

La RATP poursuit cette année ses investissements dans la modernisation et la rénovation de son réseau.

On peine à y croire, quand matin et soir, on se retrouve coincé sur ces quais trop souvent bondés. Pourtant, la RATP multiplie les chantiers pour améliorer la fluidité de son réseau et le confort de voyageurs. Comme l'a rappelé la présidente, Catherine Guillouard, lors de ses vœux, mi-janvier : « Dans les cinq années à venir, plus de 1,5 milliards d'euros seront investis ». Quelques exemples des réalisations prévus courant 2018.

Pilotage automatique sur le RER A. 30 % des trains en étaient équipés fin décembre 2017. Ils seront 100 % à la fin 2018. Depuis le 27 avril 2017 entre Nanterre Préfecture et Fontenay (Fontenay-sous-Bois et Val-de-Fontenay), les trains se conduisent presque seuls. Le conducteur n'a plus qu'à superviser la machine et veiller à la fermeture des portes. Cette automatisation de la conduite doit permettre une réduction du temps de parcours entre Vincennes et la Défense de 2 minutes en moyenne et réduire les perturbations en cascade. « Les premières mesures réalisées à l'automne 2017 confirment l'apport attendu du pilotage automatique sur les temps de parcours et la marge d'exploitation qui permet d'améliorer le débit et la régularité de la ligne », assure la RATP.

Jila Varoquier, « RER et métros se modernisent »,
Le Parisien, 2 février 2018

4. Identifiez, en utilisant les termes « facteur travail » et « facteur capital », ce qu'a prévu l'entreprise de transports publics RATP pour la ligne de RER A.
5. Expliquez les raisons pour lesquelles une entreprise publique comme la RATP souhaite une telle évolution.

B Les producteurs, des agents rationnels qui cherchent à optimiser leur production

DOC. 7

Le coût marginal et la rationalité

Lorsqu'une entreprise réalise sa production, elle surveille le coût de cette production en permanence. Il peut y avoir deux grands moyens de surveiller le coût d'une production : le coût moyen et le coût marginal.

- Le coût moyen (CM) est égal au coût total (CT) divisé par le nombre d'unité(s) produite(s).
- Le coût marginal correspond au coût d'une unité supplémentaire produite.

Un constructeur automobile a produit 112 voitures pour un coût total de 2 912 000 euros.

COUP DE POUCE

Le producteur est **rationnel**, il optimise sa production. Quand la vente d'une unité supplémentaire produite est égale au **coût marginal** de cette même unité supplémentaire, le profit qu'il perçoit est maximal.

6 Calculez le coût moyen de chaque voiture produite.

7 Si en produisant une voiture supplémentaire, c'est-à-dire une 113e voiture, le coût total passe à 2 938 500 euros, déterminez le coût marginal d'une unité supplémentaire.

8 Le constructeur a désormais produit 113 voitures, il souhaite en produire une de plus, le coût total passe à 2 965 600 euros, calculez le coût marginal de cette voiture supplémentaire.

DOC. 8

Le raisonnement marginal et l'optimisation de la production

Soit un menuisier qui vend des meubles au prix 1 400 euros. Pour un mois d'activité, voici un tableau recensant ses coûts de production.

Quantité de meubles produits (Q)	Chiffre d'affaires total (Prix × Quantité)	Recette marginale (Rm)	Coût total	Coût marginal (Cm)	Gain net par meuble vendu supplémentaire (Rm - Cm)
0	0		1 500		
1	1 400		2 000		
2	2 800		2 600		
3			3 500		
4			4 900		
5			6 900		

COUP DE POUCE

La **recette marginale** correspond à la recette obtenue à la suite de la vente d'une unité supplémentaire.

9 Recopiez et complétez le tableau.

10 Montrez que, pour optimiser sa production mensuelle, le menuisier n'a pas intérêt à produire trop de meubles dans un mois.

ACTIVITÉS

A Tester ses connaissances

Indiquez si chacune des affirmations suivantes est vraie ou fausse en justifiant votre réponse.

1. Les producteurs peuvent produire tout ce qu'ils veulent.
2. Les producteurs ne cherchent pas à contrôler les quantités qu'ils produisent.
3. Le coût marginal est le coût d'une unité supplémentaire produite.
4. Seules les entreprises privées produisent des biens et des services.
5. La rareté des ressources telles que les matières premières peut donner plus de valeur à un bien.
6. Le coût des facteurs de production n'a aucune influence sur le prix des biens et services qui ont été produits.
7. Le producteur fait un raisonnement marginal en comparant le bénéfice récupéré par la vente d'une unité supplémentaire de bien produite et le coût moyen.
8. Le producteur cherche à optimiser sa production en s'arrêtant de produire dès que le coût marginal et la recette marginale sont égaux.

B Préparer ses arguments ORAL Fiche méthode 8 › p. 171

DOC. 1

Pourquoi produire en France ?

Comme Challenges l'avait annoncé en septembre 2017, l'usine Toyota de Valenciennes va accroître sa production et embaucher. Lors d'une visite ce lundi, Emmanuel Macron a annoncé 300 millions d'euros d'investissements. Un deuxième modèle doit arriver d'ici à la fin de la décennie.

Les visites officielles permettent de réactualiser des annonces internes et d'aligner des chiffres d'investissements lancés en fait depuis plusieurs mois. Tel est le cas de Toyota, à l'occasion de la visite ce lundi en début d'après-midi du président Emmanuel Macron à Valenciennes, dans le nord de la France. C'est en effet début septembre 2017 que Challenges annonçait la future mise en production d'un deuxième modèle sur le site du constructeur japonais, avec des centaines d'embauches à la clé. Histoire de passer de 240 000 unités (en 2016) à 300 000 véhicules annuels à l'horizon 2020. [...]

La hausse des volumes de l'usine nordiste était prévue dans son plan « *Back on Track* ». L'usine compte passer à cette occasion de 2 900 salariés en CDI à 3 200 d'ici à 2019, soit 300 employés de plus, d'après une source interne. Le chef de l'État a toutefois évoqué un chiffre supérieur de 700 créations de postes... Concentrée depuis son démarrage en janvier 2001 sur la seule petite berline Yaris, l'usine de Valenciennes devrait fabriquer un petit SUV additionnel, sur la même plateforme que la future Yaris. Ce modèle pourrait être fabriqué à raison de 100 000 unités par an, selon des sources officieuses de Toyota

Alain-Gabriel Verdevoye,
« Pourquoi Toyota parie sur le "made in France" à Valenciennes »,
www.challenges.fr, 22 janvier 2018

1. Présentez les évolutions de l'usine Toyota de Valenciennes mentionnées dans le document.
2. Montrez que Toyota a dû faire une comparaison coût/bénéfice pour choisir d'accroître sa production.
3. Expliquez les raisons pour lesquelles Toyota a pu choisir de s'installer à Valenciennes.

C Analyser une situation économique

DOC. 1

L'intégration de l'agriculture au sein de l'agribusiness

Si les agriculteurs américains représentent 1,6 % de la population active des États-Unis, les entreprises situées en amont de la production agricole en regroupent environ 3 % et celles situées en aval de 12 à 13 %, en incluant la restauration rapide, soit au total 17 % de la population active du pays dans l'agroalimentaire.

En amont, on trouve la production de tracteurs et de machines agricoles (Case, John Deere, etc.), d'engrais et de produits phytosanitaires, ainsi que les semences, souvent OGM aujourd'hui, réalisées par des firmes comme Monsanto (aujourd'hui Bayer) ou Corteva (ex-Dupont de Nemours).

En aval, les activités sont encore plus diversifiées avec les minoteries et les huileries, la production de biocarburants et d'aliments pour le bétail, les nombreuses activités d'élevage industriel, les abattoirs, le conditionnement et la transformation des viandes et des fruits et légumes, les transports (effectués dans leur très grande majorité par camion), les chaînes de la grande distribution et celles de la restauration rapide…

Une firme comme Cargill, premier négociant en grains de la planète, est présente à la fois en amont et en aval des agriculteurs.

Jean-Paul Charvet, *Atlas de l'agriculture*, cartographie Claire Levasseur, © Éditions Autrement

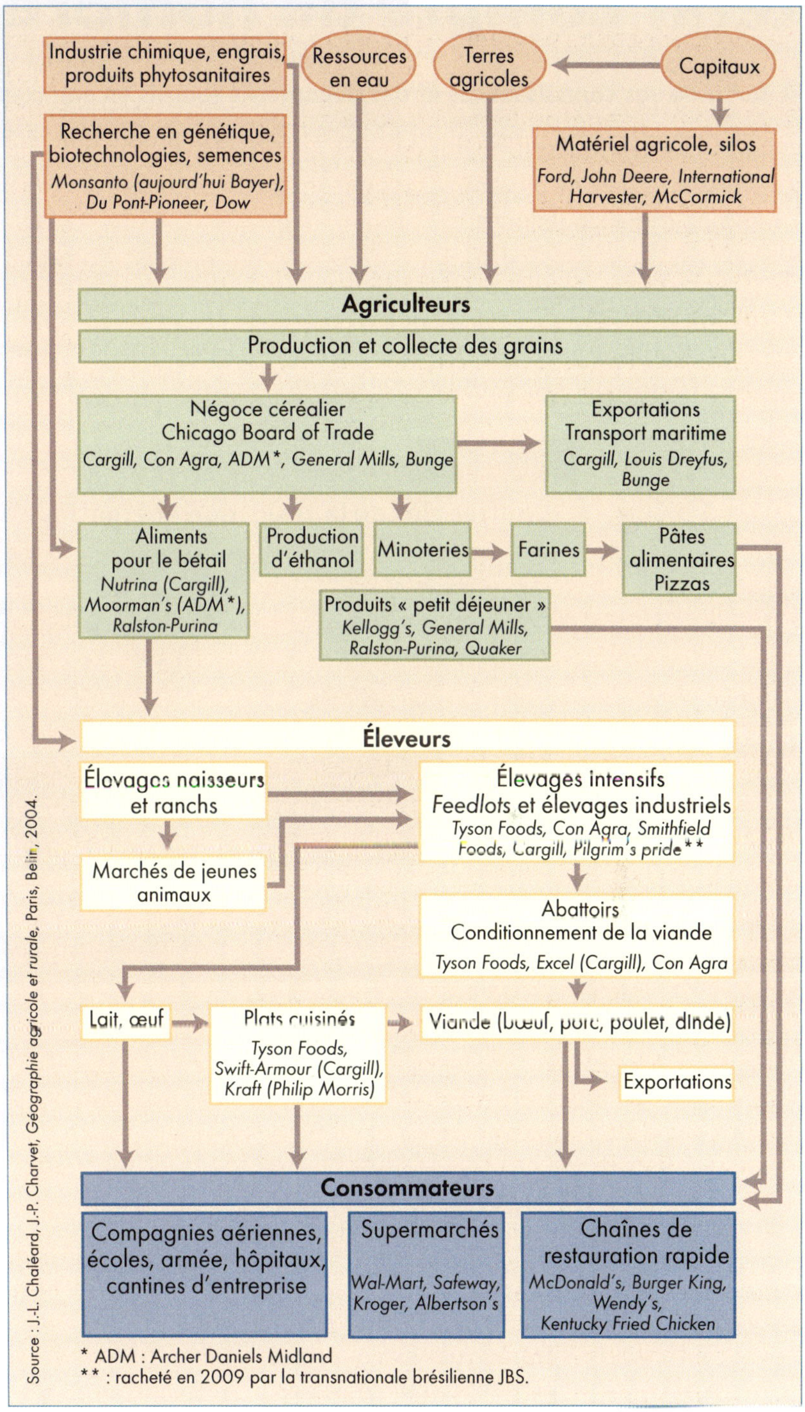

1. Identifiez les ressources dont ont besoin les agriculteurs américains et les biens qu'ils peuvent produire.
2. Montrez en utilisant des chiffres et des exemples que la production agricole aux États-Unis a une grande importance économique.

Entraînement 3

Produire nécessite de s'organiser et de tenir compte de nombreuses variables

À partir de vos connaissances et des documents fournis en annexes :

1. Identifiez les ressources qui sont nécessaires à la production d'une voiture électrique.
2. Présentez à l'aide d'exemples les raisons pour lesquelles les constructeurs de voitures doivent tenir compte des politiques publiques.
3. Montrez que les producteurs doivent tenir compte des consommateurs pour choisir les quantités de biens et services à produire.
4. Rédigez une argumentation qui vous permette de répondre à la question suivante : *Les constructeurs automobiles ont-ils intérêt à produire des voitures électriques ?*

ANNEXE **1**

Chiffres clés de la transition énergétique et écologique

En 2017, immatriculation de **42 789** véhicules électrifiés

Au 30 avril 2018 **168 443** véhicules électriques et hybrides rechargeables circulent

Au niveau européen avec **139 070 véhicules électriques (VE)**, la France détient le premier parc de VE devant la Norvège (128 412 VE), l'Allemagne (84 974 VE), le Royaume-Uni (54 046 VE) et les Pays-Bas (29 200 VE).

Infrastructures ouvertes au public pour véhicules électriques
1 point de charge pour 5,5 véhicules électriques en France

Immatriculations des véhicules électriques (VP, VUL) et hybrides rechargeables (VP)

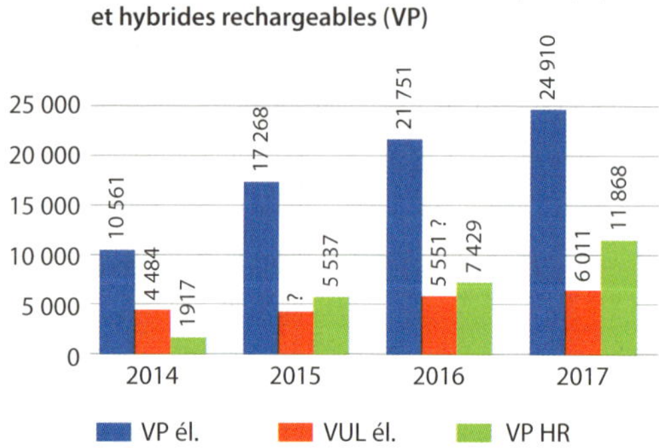

Conseil national de l'industrie - Direction générale des entreprises

ANNEXE 2

Principaux producteurs de batteries au lithium

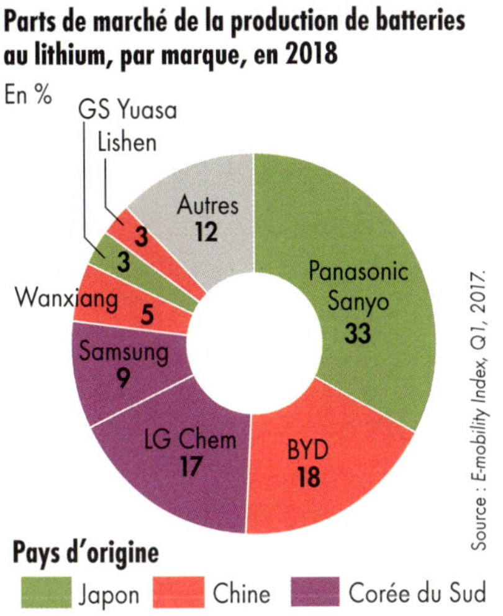

Jean-François Doulet, *Atlas de l'automobile : mondialisation et nouveaux horizons*, cartographie Aurélie Boissière, © Éditions Autrement

ANNEXE 3

Part du véhicule électrique dans quelques gros marchés automobiles

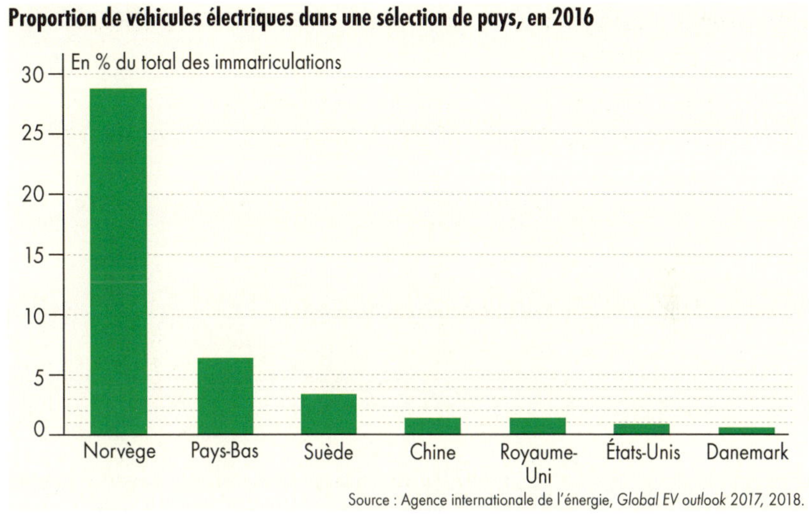

Jean-François Doulet, *Atlas de l'automobile : mondialisation et nouveaux horizons*, cartographie Aurélie Boissière, © Éditions Autrement

ANNEXE 4

L'entreprise d'Elon Musk a dépassé le cap des 5 000 « Model 3 » par semaine

Dimanche, Elon Musk a envoyé dimanche un e-mail à ses employés pour saluer les équipes qui ont finalement réussi à combler le déficit de production du Model 3, censé propulser l'entreprise dans le marché automobile de masse. Après avoir connu des soucis de produc-tion apparemment liés à l'utilisation abusive de robots, le patron de l'entreprise spécialisée dans la production de véhicules électriques, a pris les problèmes à bras-le-corps, passant même ses nuits sur un divan dans son bureau, pour rester au plus près de son usine.

Alors que les spécialistes pronostiquaient une rapide faillite de l'entreprise, imaginant qu'il n'y avait pas de solution aux goulets d'étranglement de la ligne de production, Musk en a trouvé. Il explique dans son e-mail les recettes utilisées. « On a fait venir des machines-outil énormes par avion-cargo, et on a construit une nouvelle ligne de production sous tente ». Et de fait, à côté de la ligne de production initiale, on peut voir désormais une deuxième unité sous une immense tente qui sera sans doute remplacée dans le futur par un bâtiment en dur.

Avec une production qui a atteint les 5 000 unités par semaine et l'objectif d'atteindre les 6 000 unités le mois prochain, Tesla va pouvoir commencer à livrer ses quelque 420 000 clients qui ont réservé leur véhicule pour la modique somme de 1 000 dollars. Si on se base sur un prix moyen de 40 000 dollars et une production de 20 000 unités par mois, le cash devrait rentrer dans les caisses de l'entreprise à raison de 800 millions de dollars par mois. Et près d'un milliard par la suite, rien qu'avec ce modèle d'entrée de gamme. Tesla construit aussi 2 000 véhicules plus haut de gamme, chaque semaine (Model S et Model X).

Patrick Van Campenhout, « Comment Tesla a résolu ses problèmes de production », www.lalibre.be, 2018

SYNTHÈSE

Podcast

Synthèse
· rédigée
· animée

Les décisions du producteur

1 La production des biens et des services : que produire et dans quelles conditions ?

La production de biens et de services sous contrainte

- Rareté des ressources, notamment des matières premières
- Contraintes environnementales
- Coûts des facteurs de production
- Influence de l'histoire et du contexte économique d'un territoire
- Production vendue à un prix qui représente la valeur des biens et des services

2 Les producteurs : des agents économiques rationnels qui optimisent leur production ?

Les producteurs, des agents économiques rationnels

- Agents publics ou privés dont les objectifs ne sont pas forcément les mêmes malgré des pratiques similaires.
- Ils cherchent à maximiser leurs profits en optimisant la production.
- Raisonnement marginal pour égaliser la recette marginale avec le coût marginal d'une unité produite supplémentaire.
- Calcul d'optimisation de la production: déterminer la quantité de biens et services à produire pour maximiser le profit.

MOTS-CLÉS

• Contrainte économique • Coût marginal
• Facteurs de production • Prix • Production • Profit
• Rareté • Rationalité • Valeur

THÈME 1 : Quelles sont les grandes questions économiques et leurs enjeux actuels ?

CHAPITRE 4

Les échanges économiques

NOTIONS DU PROGRAMME

- La spécialisation des producteurs et des pays
- Les échanges
- Le circuit économique élémentaire
- Les différentes formes de monnaie et leurs fonctions

PLAN DU CHAPITRE

Découvrir

L'INSTANTANÉ

Commentez cette image.

EN DIRECT

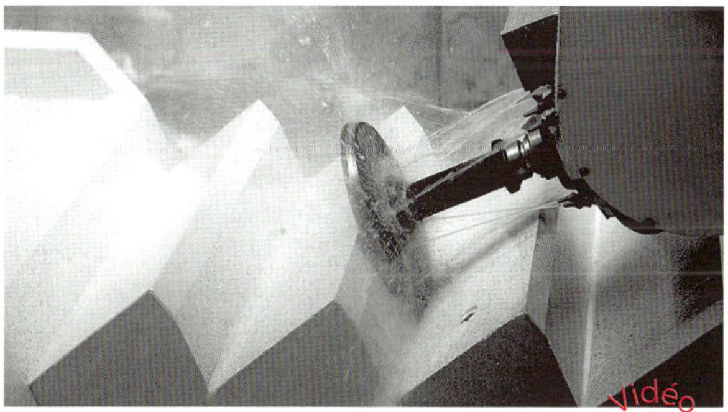

Vidéo

L'entreprise Thibaut, un exemple de PME à l'exportation
(1'56'')

1 Repérez le secteur d'activité dans lequel l'entreprise Thibaut s'est spécialisée.

2 Précisez les moyens mis en œuvre par l'entreprise pour maintenir cette spécialisation.

1 Comment se réalisent les échanges entre les agents économiques ?

A La spécialisation des agents

DOC. 1

Pourquoi échanger et se spécialiser ?

[...] Votre famille ne se porterait pas mieux si elle vivait isolée du reste du monde. Si cela était le cas, il vous faudrait produire votre nourriture, fabriquer vos vêtements et construire votre maison. De toute évidence, votre famille a tout à gagner à pratiquer l'échange avec les autres. Cet échange permet à chacun de se spécialiser dans les activités qu'il fait le mieux, agriculture, confection ou construction. Grâce aux échanges, les gens peuvent s'offrir une plus grande variété de biens et services à moindre coût. Ce qui est vrai pour votre famille l'est aussi pour votre pays. L'échange international autorise les divers pays à se spécialiser dans leurs domaines d'excellence et à bénéficier d'une plus grande variété de biens et services.

Gregory N. Mankiw, *Principes de l'économie*, Economica, 1999

1. Repérez les avantages de l'échange.
2. Montrez le lien entre l'échange et la spécialisation.

DOC. 2

Les échanges extérieurs de biens de la France

L'industrie en perte de vitesse

▸ Solde commercial par produit, en milliards d'euros

	2000	2008	2016
Electronique et informatique	– 6,2	– 14,0	– 16,3
Textile-habillement, chaussures	– 7,4	– 10,5	– 13,5
Automobile	+ 9,5	– 2,7	– 9,6
Produits métallurgiques	– 2,7	– 5,2	– 7,3
Caoutchouc, plastiques et verres	– 0,3	– 3,5	– 6,7
Matériel électrique et électroménager	+ 0,3	+ 0,5	– 6,1
Bois, papier et carton	– 3,5	– 4,3	– 4,3
Machines-outils	– 3,8	– 2,8	– 4,0
Produits pharmaceutiques	+ 2,4	+ 4,6	+ 3,3
Agroalimentaire	+ 7,1	+ 5,3	+ 6,2
Chimie, parfums et cosmétiques	+ 6,4	+ 7,2	+ 12,5
Aéronautique	+ 8,2	+ 14,8	+ 17,4
Industrie manufacturière (hors produits pétroliers raffinés)	– 6,1	– 16,5	– 39,7

Source : Douanes

« Les chiffres 2019 », *Alternatives économiques*, hors-série n° 115, octobre 2018

COUP DE POUCE

Le **solde commercial** correspond à la différence entre les exportations et les importations de biens. Il y a un excédent commercial lorsque la valeur des exportations dépasse celle des importations, et un déficit commercial si les importations sont supérieures aux exportations.

3. Identifiez les secteurs dans lesquels la France s'est spécialisée.
4. Commentez l'évolution du solde commercial de la France par types de biens entre 2000 et 2016.

B La rencontre sur un marché

DOC. 3

Les échanges sur un marché

Le marché est le lieu (physique ou virtuel) où la demande et l'offre se rencontrent et donnent naissance à des échanges à un certain prix. On distingue trois types de marchés :

- le marché des biens et services ;
- le marché du travail (le prix du travail est le salaire) ;
- le marché des capitaux (le prix du capital est le taux d'intérêt).

La plupart du temps, ces échanges donnent lieu à des mouvements de biens et services (flux réels) et des mouvements d'argent (flux monétaires). Ainsi, par exemple, les ménages fournissent aux entreprises du travail (flux réel) en contrepartie d'un salaire (flux monétaire). Le circuit économique est une représentation schématique des flux reliant les différents agents de l'économie.

CAS PRATIQUE L'activité d'Omar et Eva

Omar Chandiz va ouvrir un magasin de sport. Pour financer la création de son entreprise, il vient d'obtenir un prêt de 10 000 euros auprès de sa banque. De plus, il a bénéficié d'un accompagnement à la création ainsi que d'une subvention de 900 euros de la part de sa région.

Son projet avance bien. La livraison de son stock de départ (3 500 euros) est prévue au cours de la semaine par son fournisseur. Enfin, Omar vient de signer un contrat à durée déterminée avec Eva Garnier, jeune diplômée d'un bac pro commerce, qui commencera dans deux semaines. Eva a déjà prévu d'épargner une partie de son salaire sur son livret d'épargne populaire.

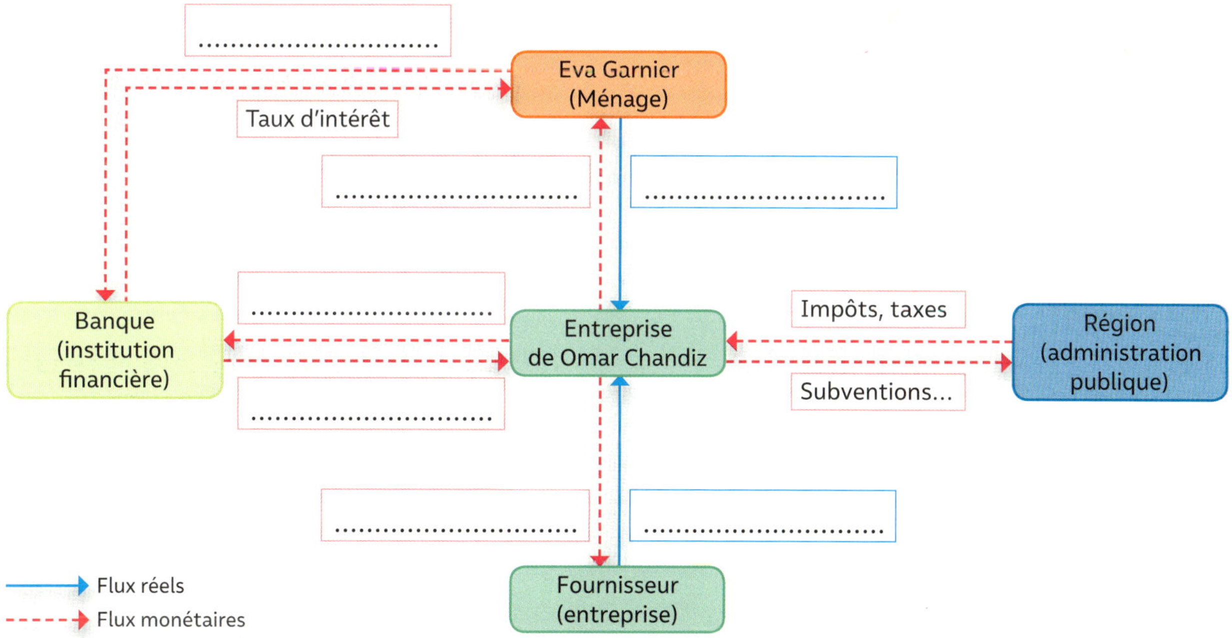

5 Identifiez les différents marchés sur lesquels ont lieu les échanges d'Omar et Eva.

6 Reproduisez et complétez le schéma représentant les flux d'échanges entre les différents agents économiques, avec les éléments suivants : épargne, marchandises, travail, prêt de 10 000 euros, salaire, 3 500 euros, remboursement de l'emprunt.

2 À quoi sert la monnaie ?

A Les formes de la monnaie

DOC. 4

Les inconvénients du troc

Claire Fumat, Maud Hopsie, *Toute l'éco en bd*, tome 1 : La monnaie, © Éditions La Boîte à Bulles/Belin Éducation, 2018

1. Définissez la notion de troc.
2. Expliquez les limites du troc.

DOC. 5

Différentes formes de monnaie

On distingue différentes formes de monnaies actuellement utilisées dans nos économies.

- La **monnaie fiduciaire** basée sur la confiance (*fiducia*, en latin) ;
- La **monnaie scripturale**. Somme inscrite au crédit d'un compte bancaire, elle circule par l'intermédiaire d'instruments de paiement ;
- La **monnaie électronique** qui correspond à une valeur monétaire stockée sous une forme électronique et émise contre la remise de fonds.

3. Caractérisez les différentes formes de monnaie représentées dans le document 5.

DOC. 6

les nouvelles façons de payer

La monnaie fiduciaire

Il s'agit des billets de banque et des pièces de monnaie. C'est la forme de monnaie la plus ancienne qui est toujours d'actualité. [...] Selon la Banque de France, 68 % des paiements dans le commerce de détail sont réalisés en liquide en France. En valeur, ce volume représente encore 28 % des transactions. [...]

La carte bancaire avec ou sans contact

Depuis le début des années 2000, les paiements par cartes bancaires ont dépassé le chèque comme moyen de paiement préféré des Français. Cet engouement pour la carte bleue (CB) ne se dément pas puisqu'en volume, elle enregistre une croissance de 8 % des transactions chaque année. La facilité de paiement et sa sécurité expliquent l'envolée de la carte bleue. Désormais plus de 40 % de la consommation intérieure française est réglée avec une CB (carte bleue). D'autant que depuis octobre 2017, le plafond des paiements sans contact par carte est passé de 20 à 30 € ce qui incite grandement à ne plus transporter autant d'argent liquide que par le passé. [...]

Le paiement par téléphone

C'est le mode de paiement qui a le vent en poupe. Oublier votre carte bleue n'est plus un souci puisque de plus en plus de téléphones mobiles permettent de payer ses achats. [...] Comme pour le paiement sans contact sur une carte bancaire, le plafond est limité à 30 euros. [...] En 2017, 1,6 milliard de personnes (+ 30 %) dans le monde ont utilisé leur mobile pour réaliser un paiement ou un transfert d'argent. Ils seront deux milliards cette année.

Les virements

L'administration fiscale dématérialise aussi les paiements en incitant les contribuables à payer leurs impôts par virement bancaire. [...]

La Dépêche, 8 juillet 2018

4 Repérez la part de la monnaie fiduciaire dans les transactions en France.

5 Expliquez pourquoi l'utilisation de la monnaie scripturale va se développer.

DOC. 7

L'usage de la carte bancaire en Europe

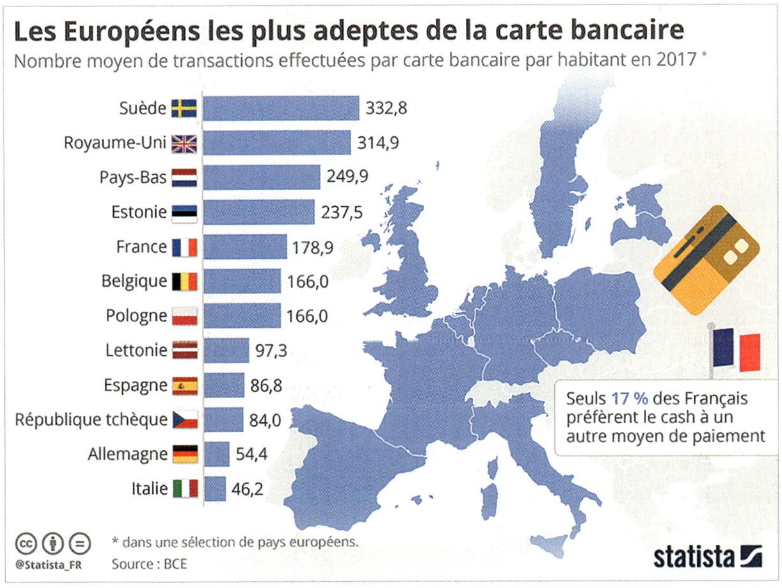

6 Montrez que les formes de monnaie utilisées varient d'un pays à l'autre.

B Les fonctions de la monnaie

DOC. 8

Les trois fonctions économiques de la monnaie

Claire Fumat, Maud Hopsie, *Toute l'éco en bd*, tome 1 : La monnaie,

7 Repérez les différentes fonctions de la monnaie.

8 Définissez, avec vos propres mots, les différentes fonctions de la monnaie.

DOC. 9

Le bitcoin et les crypto-monnaies

[…] On parle de l'essor du bitcoin avec un cours mondial qui tantôt flambe tantôt s'effondre. Le bitcoin créé en 2009 est la plus connue des crypto-monnaies, ces monnaies virtuelles, électroniques qui n'ont pas de forme physique. […]

Elles sont utilisables uniquement en ligne entre deux individus, sans intermédiaire. Elles ne sont reconnues ni par les États ni par les autorités monétaires mondiales et n'ont donc pas de cours légal […]. Réservées à des utilisateurs avertis, elles sont cessibles contre des biens, des services ou de l'argent. De fait, elles ont toutes un cours de change pour donner une valeur par rapport aux monnaies traditionnelles. […] En 2010, le bitcoin a été créé sur le principe de parité : un bitcoin valait un dollar. Aujourd'hui, sa valeur atteint 6 600 dollars mais son cours a atteint la barre des 18 000 dollars. […]

La Dépêche, 8 juillet 2018

9 Montrez que le bitcoin semble remplir les mêmes fonctions qu'une monnaie traditionnelle.

10 Repérez les caractéristiques du bitcoin par rapport à une monnaie traditionnelle, comme l'euro.

Le bitcoin est-il une monnaie comme les autres ? (3'16'') Vidéo

DOC. 10

Au Venezuela, la faillite d'un État pétrolier

[…] Les billets ont disparu des rues de Caracas [la capitale du Venezuela]. […] Les banques ne sont pas d'un grand secours : leurs distributeurs ne délivrent que quelques dizaines de milliers de bolivars par semaine. Quant aux boutiques, elles n'affichent plus aucun prix. Cafés et sandwichs ne sont pourtant pas donnés. Mais les étiquettes n'ont plus de sens : selon le FMI, l'inflation devrait atteindre 13 000 % cette année…

[…] Pourtant, aucun pays ne peut, pour l'heure, se passer de monnaie. Les billets restent indispensables pour les dépenses les plus banales de la vie quotidienne (achat du journal, autobus…). Au Venezuela, on court donc après l'argent. Mais dès qu'on en trouve, on court toujours. Pour s'en débarrasser cette fois-ci : hyperinflation[1] oblige, le billet qu'on tient dans la main aura bientôt perdu la moitié de sa valeur. En attendant, il ne vaut déjà pas grand-chose : il faut plusieurs centaines de milliers de bolivars pour acheter, les jours de chance, de la farine ou des pâtes…

Confrontés à cette valse des étiquettes, les Vénézuéliens ne peuvent que constater l'effondrement de leur pouvoir d'achat : selon une enquête publiée fin février par trois universités, 87 % des familles vivent aujourd'hui sous le seuil de pauvreté.

[…] Faute d'argent, l'État se retrouve incapable d'assurer ses trop nombreuses missions. Y compris dans des fonctions classiques comme le transport public. Le métro de Caracas, par exemple, ne vend plus de tickets depuis plusieurs mois. Son prix, 4 bolivars l'unité, est bien inférieur au coût de fabrication du ticket lui-même. […] Faute de ticket, le métro est donc gratuit, et le service se dégrade. […]

Gilles Biassette, *La Croix*, 13 avril 2018

1. L'inflation est la perte du pouvoir d'achat de la monnaie qui se traduit par une augmentation générale et durable des prix.

11 Montrez que le bolivar ne remplit plus sa fonction de réserve de valeur.

12 Repérez les conséquences économiques de la perte de valeur du bolivar.

ACTIVITÉS

A Tester ses connaissances

Identifiez la ou les réponses exactes.

1. **Dans une économie de marché :**
   a. les biens et services s'échangent sur des marchés.
   b. les ménages se procurent les biens dont ils ont besoin principalement auprès des entreprises.
   c. la majeure partie de la production est assurée par l'État.

2. **Un flux réel est :**
   a. l'échange d'un travail contre un salaire.
   b. la circulation de monnaie entre deux agents.
   c. la circulation de biens et de services.
   d. le versement d'impôts et taxes des entreprises à l'État.

3. **Lorsqu'un agent emprunte de l'argent auprès de sa banque, l'opération est considérée comme :**
   a. un flux réel.
   b. un flux financier.
   c. les deux.
   d. un échange de monnaie.

4. **La spécialisation permet aux agents :**
   a. de se procurer les biens ou services dont ils ont besoin.
   b. de produire plus efficacement des biens et services.
   c. de limiter les échanges économiques.
   d. de fixer les prix des produits échangés.

5. **La monnaie permet de :**
   a. faciliter les échanges.
   b. donner une unité de mesure permettant de comparer la valeur des biens et services.
   c. conserver un pouvoir d'achat pour des dépenses futures.
   d. convertir des actifs en richesse.

B Préparer ses arguments ORAL Fiche méthode 8 › p. 171

Le paiement sans contact gagne du terrain en France

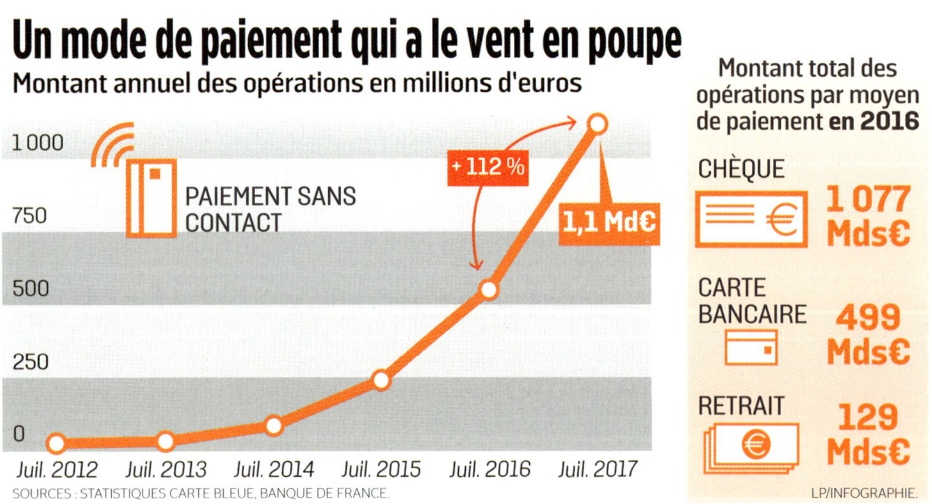

Le Parisien Infographie, 27 septembre 2017

1. Déterminez, en justifiant, les formes de monnaie qui sont présentées dans le document.
2. Commentez les données chiffrées.

C Analyser une situation économique

Déficit du commerce extérieur : le mal français

Depuis maintenant quatorze ans, l'Hexagone achète beaucoup plus à l'étranger qu'il n'y vend ses propres produits.

Sur l'ensemble du premier semestre, le déficit cumulé de la balance commerciale a atteint 33,47 milliards d'euros, après 29,6 milliards au semestre précédent […]. Autant dire que le déficit annuel ne devrait pas franchement être meilleur que celui de 2017, où il avait atteint 62,3 milliards. Rien de réjouissant… surtout si l'on se compare à l'Allemagne, qui a dégagé un excédent commercial de plus 121 milliards d'euros depuis le début de l'année. […]

Les problèmes français demeurent. Ils sont identifiés de longue date : les produits étrangers (téléphones, électroménager, vêtements…) ne cessent de gagner du terrain dans la consommation, alimentant les importations […]. En cause ? L'affaiblissement progressif de l'appareil productif français, qui a tardé à se moderniser.

Côté export, ensuite, la France est dans une position d'équilibriste : ses produits sont moins compétitifs que ceux provenant des pays européens à plus faible coût de main-d'œuvre, comme l'Espagne notamment. Mais ils sont également moins haut de gamme que ceux fabriqués en Allemagne.

Et c'est sans compter la faiblesse de la machine exportatrice française : elles n'étaient que 124 000 entreprises l'an dernier à avoir franchi les frontières contre 300 000 pour l'Allemagne. […]

Au total, la France perd des parts de marché dans le bal des échanges mondiaux : […] la part de ses exportations de biens et services dans le total des exportations de la zone euro a reculé en 2017. Elle est passée de 13,2 % en 2016 à 12,9 % l'année dernière - contre 17 % en 2000. […]

Marie Visot, *Le Figaro*, 7 août 2018

1. Caractérisez la situation des échanges extérieurs de la France.
2. Repérez les faiblesses de l'industrie française qui justifient cette situation.

D Utiliser les TICE

Vidéo

Visionnez la vidéo :
« Le circuit économique »
(4'50'')

1. Repérez les principales opérations économiques réalisées par les agents économiques.
2. Illustrez, avec l'exemple de votre choix tiré de la vidéo, le circuit économique.

POUR ALLER PLUS LOIN

Sur le site de la Banque de France, www.banque-france.fr, accédez aux publications pédagogiques « ABC de l'économie », aux statistiques sur le crédit, la monnaie…

Entraînement 4

Les monnaies locales

À partir de vos connaissances et des documents fournis en annexes :

1. Présentez les caractéristiques d'une monnaie locale.
2. Montrez qu'une monnaie locale ne répond pas à toutes les fonctions d'une monnaie traditionnelle.
3. Expliquez en quoi le rollon, la monnaie locale normande, favorise les échanges sur le territoire normand.
4. Rédigez une argumentation pour répondre à la question suivante :
Quels sont les avantages et les limites d'une monnaie locale ?

ANNEXE **1**

Définition et bénéfices attendus d'une monnaie locale

Une monnaie locale est un instrument de paiement qui ne peut être utilisé que sur un territoire restreint, une commune ou une communauté de communes. Elle est mise en place par une association qui en assure la gestion avec l'aide d'un établissement financier. [...] Une unité de monnaie locale vaut un euro. [...]

À quoi sert une monnaie locale ?

Le principe est de développer l'économie locale en favorisant le commerce et la production de proximité. Par exemple, les supermarchés et hypermarchés ne sont pas admis dans ces systèmes. Le but est aussi de contrer la thésaurisation[1]. Cette monnaie locale ne peut pas être placée et produire des intérêts. Surtout, elle a une date de validité. [...] Dans la plupart des cas, la valeur du billet perd 2 % tous les 3 ou 6 mois, si celui-ci n'est pas utilisé avant la date de validité. [...]

www.lafinancepourtous.com, 11 juin 2018

1. Thésaurisation : accumulation de liquidités sans les dépenser, ni les placer.

ANNEXE **2**

Le RolloN, la monnaie locale et numérique de la Normandie

RolloN

Comment ça fonctionne ?

Les utilisateurs devront échanger leurs euros contre cette monnaie sur une application [...]. Concrètement, un euro vaudra un RolloN. Après avoir déposé leurs euros convertis au sein d'une banque partenaire – le Crédit Agricole Normandie Seine – les utilisateurs pourront régler leurs achats via leur smartphone ou leur carte de paiement sans contact. [...]

Quel intérêt ?

Sur son site Internet, la région Normandie précise les objectifs de cette nouvelle monnaie locale : « favoriser le sentiment d'appartenance à la Normandie mais aussi promouvoir l'économie normande au travers du développement de circuits courts, de proximité et de l'économie sociale et solidaire dans une démarche de développement durable ». En d'autres termes, le RolloN permettrait de faire vivre l'économie locale. Une analyse à laquelle souscrit Pascal Stéfani, co-responsable de la monnaie locale Agnel sur Dieppe : « Une telle monnaie n'a de cours que sur un territoire déterminé. C'est une contrainte et en même temps un atout pour notre région car les utilisateurs sont poussés à consommer localement et à privilégier les circuits courts ».

Victor-Isaac Anne, *Le Parisien*, 12 juillet 2018

ANNEXE **3**

Le RolloN, comment ça marche ?

Adopter le RolloN, c'est :
- Participer au développement de l'économie locale et de l'emploi.
- Valoriser et faire connaître vos engagements en faveur d'une économie durable.
- Construire une nouvelle relation avec vos commerçants et artisans.
- Promouvoir la culture normande et l'attractivité de la Normandie.

© CCI Normandie, https://normandie-rollon.fr

SYNTHÈSE

Podcast

Synthèse
· rédigée
· animée

Les échanges économiques

1 Comment se réalisent les échanges entre les agents économiques ?

Les agents économiques se spécialisent pour une plus grande efficacité

↓

Cette spécialisation entraîne un échange de biens et services

→ dans le cadre d'un marché (lieu physique ou virtuel)

→ qui donne lieu à :
- des flux réels (échange de biens et de services)
- des flux monétaires (échange d'argent)

représentés dans un circuit économique

2 À quoi sert la monnaie ?

La monnaie

→ Nombreuses formes :
- monnaie fiduciaire
- monnaie scripturale
- monnaie électronique

→ 3 fonctions économiques
- Unité de compte : permet de donner un prix aux biens et services
- Intermédiaire des échanges : permet d'effectuer des réglements
- Réserve de valeur : permet de conserver un pouvoir d'achat différé

MOTS-CLÉS

• Échanges • Flux monétaires • Flux réels
• Intermédiaire des échanges • Monnaie fiduciaire, scripturale, électronique
• Réserve de valeur • Spécialisation • Troc • Unité de compte

CHAPITRE

5

THÈME 2 : Comment la richesse se crée-t-elle et se répartit-elle ?

Les facteurs de production et l'évolution des technologies

NOTIONS DU PROGRAMME

- Les facteurs de production primaires : le travail et le capital
- Les facteurs de production secondaires : les ressources naturelles et l'information
- Le capital humain
- Le rôle de l'investissement dans l'accumulation des facteurs

PLAN DU CHAPITRE

Découvrir

L'INSTANTANÉ

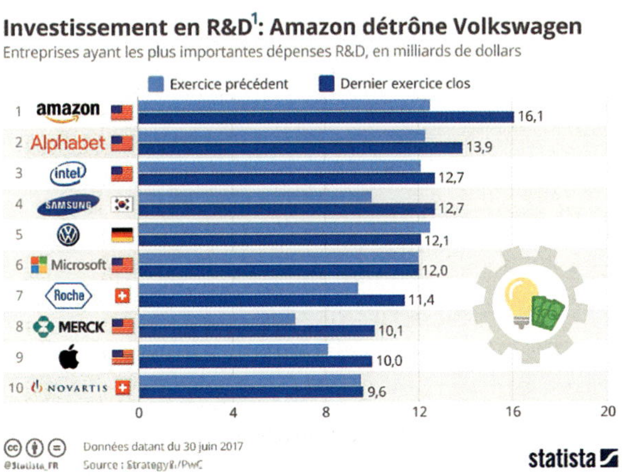

1. R&D : Recherche et développement

➊ Que vous inspire ce graphique ?

EN DIRECT

Jeannette veut conquérir le monde (1'57'')

Vidéo

1. Identifiez le projet de Jeannette.
2. Indiquez le projet des salariés.

1 Quels sont les principaux facteurs de production ?

A Le facteur travail et le capital humain

DOC. 1

Les facteurs de production

On appelle facteurs de production (ou *inputs*) tous les éléments nécessaires à la production d'un bien ou d'un service (*output*) et utilisés dans le processus de production. Ces facteurs de production sont combinés ensemble pour donner un produit.

Économie, C. Dollo, L. Braquet, D. Chavot-Dolce, N. Gineste, Sirey, 2016

DOC. 2

Le travail (la main-d'œuvre), un facteur de production indispensable

À quelques exceptions près, les économistes envisageaient à l'origine les travailleurs comme une masse indistincte : pourvu qu'ils soient capables et désireux d'accomplir un travail physique, leurs savoirs et leurs compétences importaient peu. Adam Smith, un économiste écossais du XVIIIe siècle, était d'un autre avis : ce qui alimente l'activité économique, ce n'est pas la masse des travailleurs, mais « les talents utiles acquis par les habitants ou membres de la société ». Acquérir ces talents et ces compétences, ajoute-t-il, a un coût pour l'individu, mais une fois acquis, ils constituent « un capital fixé et réalisé pour ainsi dire dans sa personne ».

Source : OCDE

À partir des documents 1 et 2 :

1. Expliquez en quoi le travail est un facteur de production pour l'entreprise.
2. Indiquez les actions qu'une entreprise peut mettre en œuvre pour favoriser ce facteur.
3. En vous appuyant sur la vidéo, définissez la notion de capital humain.
4. Indiquez en quoi le capital humain est devenu un aspect essentiel des économies contemporaines.

Du facteur travail au capital humain (1'36'') Vidéo

DOC. 3

Évolution du niveau de formation des adultes entre 2012 et 2017

Pourcentage des 25-64 ans titulaires d'un diplôme égal ou supérieur au deuxième cycle du secondaire

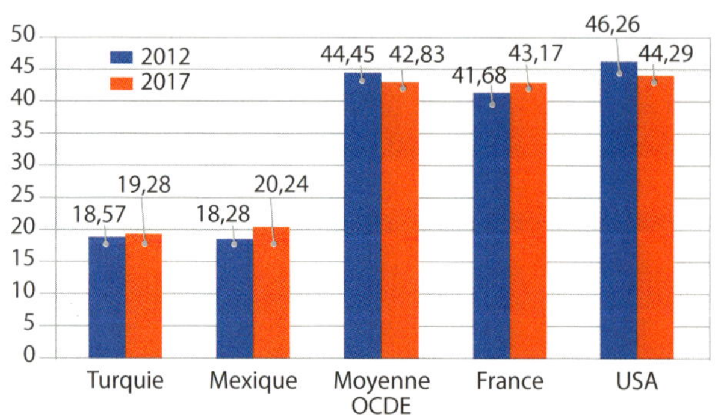

Source : OCDE

5. Indiquez ce que signifie le chiffre de 41,68 % pour la France. Expliquez l'évolution de cet indicateur entre 2012 et 2017.
6. Repérez le pays qui semble disposer de la main-d'œuvre la mieux formée.
7. Établissez la cause principale des différences de capital humain entre les pays.
8. Observez les tendances qui se dégagent pour la Turquie, le Mexique et les USA. Concluez.

B Le facteur capital et l'investissement

DOC. 4

Qu'est-ce que le capital ?

Le mot « capital » est un terme ambigu, car il recouvre des notions différentes selon que le point de vue adopté est économique, juridique ou comptable. En économie, le capital est un des facteurs de production et désigne le capital technique d'une entreprise. Celui-ci regroupe l'ensemble des moyens matériels qui permettent de produire d'autres biens ou services. Les économistes parlent aussi de « capital fixe » mettant ainsi l'accent sur le caractère durable du capital qui ne subit pas d'autre transformation que celle de l'usure (une machine s'use au fur et à mesure de son utilisation) ou de l'obsolescence (du fait du progrès technique). Notons enfin que ces mêmes économistes nomment « capital circulant » les biens détruits ou transformés pendant le processus de production (matières premières, énergie, produits semi-finis...).

9 Citez des exemples de capital technique pour des entreprises industrielles, commerciales et du marché du numérique.

COUP DE POUCE

Formation brute de capital fixe : somme des investissements, essentiellement matériels, réalisés pendant l'année sur le territoire français.

DOC. 5

France : évolution de la formation brute de capital

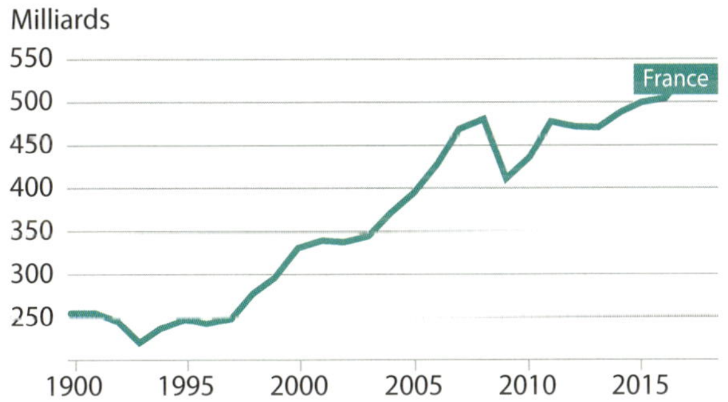

Source : Banque mondiale

10 Analysez l'évolution de la formation brute de capital en France depuis 1990.

11 Identifiez sur le graphique la crise économique de 2008-2009. Justifiez votre réponse.

12 À partir de la vidéo, présentez l'apport des robots au fonctionnement de cette entreprise.

13 Indiquez si le facteur capital est destiné, chez Lacroix Electronics, à remplacer le facteur travail.

Les choix d'investissement de l'entreprise Lacroix Electronics (3'18'') Vidéo

DOC. 6

L'entreprise R. Bourgeois investit 20 millions d'euros à Besançon

Spécialiste dans la production et la fourniture de circuits magnétiques Rotor et Stator, l'entreprise R. Bourgeois souhaite se positionner sur le marché des voitures hybrides et électriques. [...] Pour répondre à ce marché en expansion, le groupe s'est lancé dans un plan d'investissement de 20 millions d'euros et prévoit d'engager une cinquantaine de nouveaux collaborateurs d'ici 2020, à Besançon (Doubs). Dans ce plan d'investissement, 12 millions d'euros serviront à agrandir l'usine en construisant un nouveau bâtiment de près de 12 000 m² [...]. Cet agrandissement sera accompagné de l'acquisition de nouveaux moyens de production, pour un investissement chiffré à 8 millions d'euros.

Antonin Tabard, www.usinenouvelle.com, 25 janvier 2019

14 Indiquez en quoi consiste l'investissement réalisé par l'entreprise R. Bourgeois.

15 Précisez les raisons et effets attendus de cet investissement.

2 Quels sont les autres facteurs de production ?

A Les ressources naturelles

DOC. 7

Les ressources naturelles, un facteur de production ?

La pensée économique dominante considère que l'ensemble des éléments entrant dans le processus de fabrication d'un bien ou d'un service peut être analysé comme un facteur de production. Ainsi, les ressources fournies par la nature sont donc des facteurs de production « non produits » qui vont requérir des choix dans la mesure où elles existent en quantité (on parle aussi de « stock ») limitée sur notre planète.

Concrètement, qu'est-ce qu'une ressource naturelle ? L'UE propose la classification suivante : matières premières, ressources énergétiques, air, eau, sols, ressources en espaces, biodiversité et les autres ressources écosystémiques. Tout l'enjeu actuel des ressources naturelles réside dans la prise de conscience et la prise en compte du caractère limité de ce stock dans lequel les entreprises piochent. Certaines de ces ressources ne sont pas renouvelables (risque de se retrouver à court de ressources, problèmes de la rareté, du gaspillage), quand d'autres le sont (mais se renouvellent-elles à un rythme aussi rapide que leur consommation ?).

1. Citez des exemples d'entreprises pour lesquelles les ressources naturelles sont un facteur de production.
2. Expliquez ce que signifie la date évoquée dans la vidéo, que certains nomment « jour du dépassement mondial ».
3. Analysez en quoi ce phénomène relève d'externalités négatives.

MANAGEMENT

Externalité : conséquence positive ou négative d'une activité économique en dehors de tout mécanisme de marché.

Vidéo
À partir du 1er août, la Terre vit à crédit (3'02'')

DOC. 8

Le coût d'un tee-shirt

Source : Storks

DOC. 9

L'eau une ressource naturelle précieuse

Sur Terre, 97,5 % de l'eau est salée. L'eau douce est donc une ressource précieuse, qu'on l'utilise pour s'hydrater, se laver, cuisiner... Mais que l'on consomme aussi, de manière indirecte, lorsqu'on achète un t-shirt en coton ou de la viande. Saviez-vous qu'il y a en moyenne près de 2 500 litres d'eau dans un t-shirt en coton ?

www.geo.fr, 21 mars 2017

À partir des documents 8 et 9 :

4. Répertoriez les ressources naturelles utilisées de manière directe et indirecte dans la confection d'un tee-shirt.
5. Pensez-vous que le prix de vente de 9,99 € tienne compte de l'ensemble des ressources naturelles utilisées ?

B L'information

DOC. 10

L'échange de connaissances, un accélérateur de performance

Le partage de connaissances est un enjeu de taille pour l'entreprise. Il est essentiel non seulement pour garantir la continuité de service, mais aussi pour améliorer en continu les process. [...]

Partager les savoirs explicites : des outils collaboratifs

C'est tout l'objet du *knowledge management* (management des connaissances), processus de documentation de la connaissance en continu. En pratique, il s'agit de repérer les notions et informations utiles à l'entreprise, les hiérarchiser, les protéger, les partager et les actualiser. À l'ère du digital, les outils dits collaboratifs ne manquent pas pour faciliter ce partage : intranet, réseaux sociaux d'entreprises, forums de discussions, partages d'écran, partage de fichiers... [...]

Le reverse mentoring, un dispositif gagnant-gagnant

Quant au partage du savoir entre générations, il ne se limite plus uniquement au tutorat au sens propre du terme. Dans certains cas, le baby-boomer transmet son savoir à un plus jeune, qui lui apporte en retour sa connaissance des nouvelles technologies et des réseaux sociaux, mais lui permet aussi d'entrevoir un mode de fonctionnement et une façon d'appréhender le travail radicalement différents.

Elisabeth Torrès, www.managerattitude.fr, 14 mars 2018

6. Indiquez les avantages du partage de connaissances pour une entreprise.
7. Repérez les formes prises par ce partage.
8. Analysez l'importance de l'information et des connaissances dans la performance d'une entreprise.

DOC. 11

Vector Plus, une solution professionnelle de veille concurrentielle

Würth est un groupe international présent dans 84 pays qui vend des produits consommables (visserie, protection de l'individu, produits chimiques...) à une clientèle de professionnels.

Témoignage de Christelle SCHREIBER (CS), responsable marketing de Würth auprès de Vector Plus (VP), spécialiste de la veille d'informations commerciales et stratégiques B2B.

VP : *En quoi est-ce stratégique pour votre entreprise de se tenir informée de son environnement concurrentiel ?*

CS : Il est primordial de savoir comment grandissent nos concurrents, quelles sont les innovations sur le marché et ce qui se fait aujourd'hui. Être à l'écoute de notre environnement nous permet de nous analyser nous-même, de voir où sont nos forces, d'identifier là où l'on fait la différence, tout cela dans l'objectif de définir nos axes d'amélioration.

VP : *Qu'est-ce qui vous a séduit dans la solution proposée ?*

CS : À l'origine nous utilisions Google Alerte et réalisions des recherches manuellement. Nous avons testé votre solution et avons benchmarké les contenus obtenus entre votre veille et la nôtre. Vos informations sur nos concurrents se sont avérées plus pertinentes, plus fraîches mais surtout nous nous sommes rendu compte que nous passions à côté d'informations clés.

www.vecteurplus.com

9. Proposez une définition de la « veille concurrentielle ».
10. Indiquez les avantages pour le groupe Würth de s'équiper de la solution Vector Plus.
11. Expliquez en quoi l'information commerciale peut être considérée comme un facteur de production.

ACTIVITÉS

A Tester ses connaissances

Indiquez si chacune des affirmations suivantes est vraie ou fausse en justifiant votre réponse.

1. La quantité de facteur travail dans une économie dépend de la durée de travail.
2. En économie, le capital technique d'une entreprise se définit comme l'ensemble des moyens de production durables.
3. Les ressources naturelles sont des biens naturellement offerts par l'administration.
4. L'information dans une entreprise est abondante donc peu précieuse.
5. Les principaux facteurs de production sont les ressources naturelles et le capital.
6. Les entreprises favorisent le capital humain de leurs salariés grâce à la formation et l'évolution de carrière.
7. Les investissements d'une entreprise se traduisent par une augmentation du facteur capital.
8. La quantité de facteur travail dans une économie dépend de la croissance économique.

B Préparer ses arguments ORAL

Fiche méthode 8 > p. 171

Taux d'investissement du secteur manufacturier

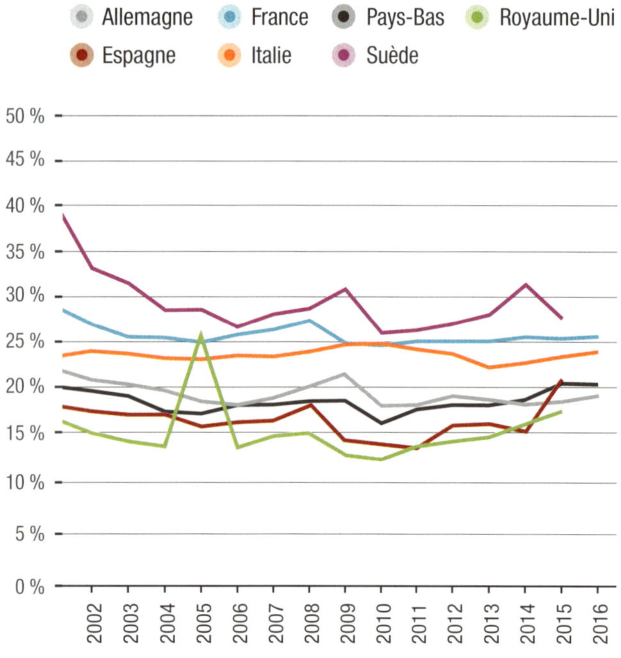

Source : Eurostat.

Taux d'investissement en logiciels et bases de données du secteur manufacturier

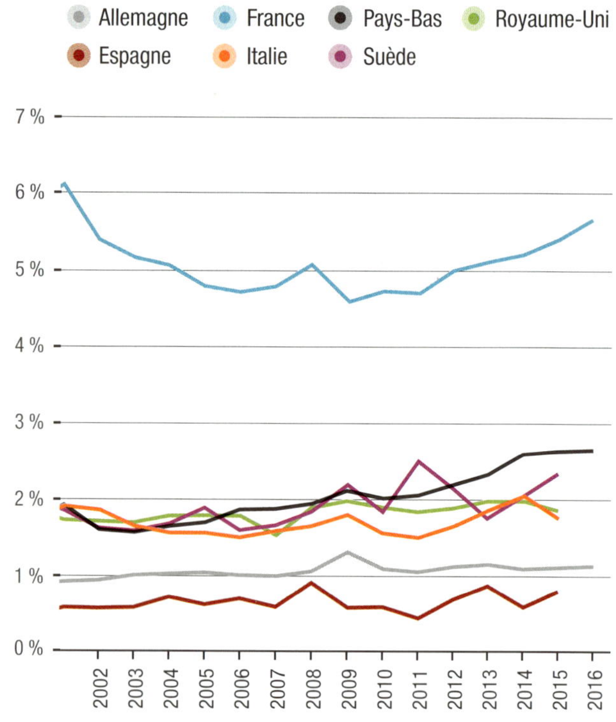

Source : Eurostat.

Note n° 26 de La Fabrique de l'industrie, Guillou S., Mini C. et Lallement R., *L'investissement des entreprises françaises est-il efficace ?*, Les Notes de la Fabrique, Paris, © Presses des Mines-Transvalor, Octobre 2018

1. Analysez l'évolution des investissements des différents pays présentés dans le document. Comparez la France aux autres pays européens en général et à l'Allemagne en particulier, pays souvent cité en exemple sur le plan économique.
2. Comparez les investissements immatériels de la France à ceux des autres pays et concluez quant à la spécificité française en matière d'investissement.

C Analyser une situation économique

DOC. 1

Une nouvelle signature, « La Vie en LU », et des innovations

Petit Écolier a débarqué sur les écrans. Une semaine plus tard, c'est au tour des barquettes Lulu, puis du Napolitain depuis le 15 mai. C'est Pepito, le 28 août, qui fermera la danse [...]. Toutes les publicités de la marque seront activées à la rentrée de telle façon que « si vous allumez la télévision à partir de septembre, vous aurez 70 % de chance de voir une publicité LU », raconte Cynthia Riblet. La puissance de cette campagne repose donc sur la télévision et le digital avec YouTube et Facebook. Pendant l'été, la marque a bien l'intention d'occuper l'espace avec le lancement en août d'un nouveau produit, le Petit LU Moelleux.

Virginie De Kerautem, *Le Parisien*, 29 mai 2017

DOC. 2

Bonne nouvelle pour l'usine historique LU de Cestas

Mondelez est décidé à augmenter de 40 % sa production de biscuits Mikado, et s'apprête à y investir 7 millions d'euros avec son partenaire japonais Glico. « C'est un produit qui connaît un succès croissant, notamment en France, en Angleterre, en Allemagne et en Espagne », commence Thomas Helloco, le directeur de l'usine. « Nous avons besoin de retrouver une capacité de production susceptible de supporter cette croissance », l'usine étant la seule à fournir tout le marché européen. L'investissement va ainsi permettre l'ouverture de deux nouvelles lignes, l'une pour le trempage et l'autre pour le conditionnement des Mikado. [...] Cette hausse de la production est également une embellie pour les fournisseurs de l'usine, laquelle travaille intégralement avec des agriculteurs engagés dans une démarche de développement raisonné. En tout, 1 700 d'entre eux récoltent les céréales nécessaires à la confection des Mikado, dont une bonne partie dans la région. Cette matière première est ensuite transformée aux Grands moulins de Paris, au centre de Bordeaux (Gironde). Et pour pouvoir produire plus, Mondelez n'a pas seulement prévu d'aménager son usine, mais aussi d'embaucher : 15 à 20 personnes seront recrutées en 2019, et autant en 2020.

Jean Berthelot de la Glétais, www.usinenouvelle.com, 28 janvier 2019

1. Identifiez les facteurs de production dans lesquels LU investit.
2. Distinguez les investissements matériels des investissements immatériels.
3. Déduisez-en le projet de LU.

La charte LU Harmony (2'09")
Vidéo

D Utiliser les TICE

Recherche

1. Rendez-vous sur le site http://www.oecd.org/fr/industrie/ pour construire un graphique en ligne.
2. Sélectionnez la France, les États-Unis, l'OCDE et le Mexique sur la période 2000-2017. Générez un diagramme sous la forme d'une courbe.
3. Analysez le diagramme.

Entraînement 5

L'impact des investissements en recherche et développement sur le facteur travail

À partir de vos connaissances et des documents fournis en annexes :

1. Décrivez l'évolution des dépenses d'investissement en recherche et développement de la France. Comparez cette évolution à celle des autres pays étudiés.
2. Déterminez les liens logiques que l'on peut établir entre les investissements en recherche et développement et la croissance d'un pays.
3. Analysez les exemples de l'annexe 4 et identifiez les enjeux des investissements en robots, outils technologiques et plus généralement en capital technique.
4. Rédigez une argumentation pour répondre à la question suivante :
Quelle est l'incidence de l'investissement en recherche et développement sur le facteur travail ?

ANNEXE **1**

L'évolution des dépenses en recherche et développement

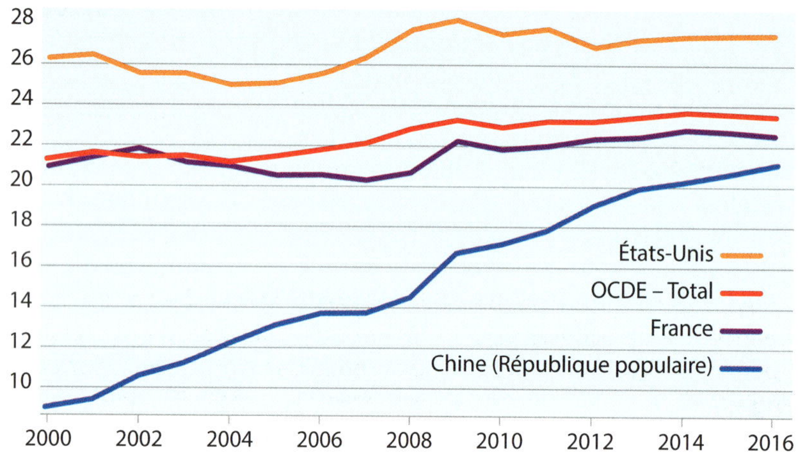

Source : OCDE

ANNEXE **2**

Les entreprises européennes investissent moins

La course à la technologie s'intensifie et les pays de l'Union européenne ne sont pas en position de la gagner. Le dernier tableau de bord des investissements dans la Recherche-Développement (R&D),[...] montre que les entreprises européennes n'investissent pas autant que leurs concurrentes américaines. En volume tout d'abord : sur les 2 500 entreprises mondiales qui ont le plus investi dans la R&D en 2017-2018 pour un montant total de 736 milliards d'euros, l'Europe ne pèse que moins d'un tiers alors que les États-Unis représentent 37 % du total. Plus grave, le rythme de ces investissements, en progression de + 5,5 % l'an dernier en Europe, a non seulement ralenti par rapport à l'année précédente (+ 6,7 %) mais il reste très inférieur aux performances des États-Unis (+ 9 %) tandis que la Chine (+ 20 %) comble peu à peu l'écart avec l'Europe.

Catherine Chatignoux, *Les Échos*, 19 décembre 2019

ANNEXE 3

Évolution des investissements en Recherche et développement par secteurs d'activité

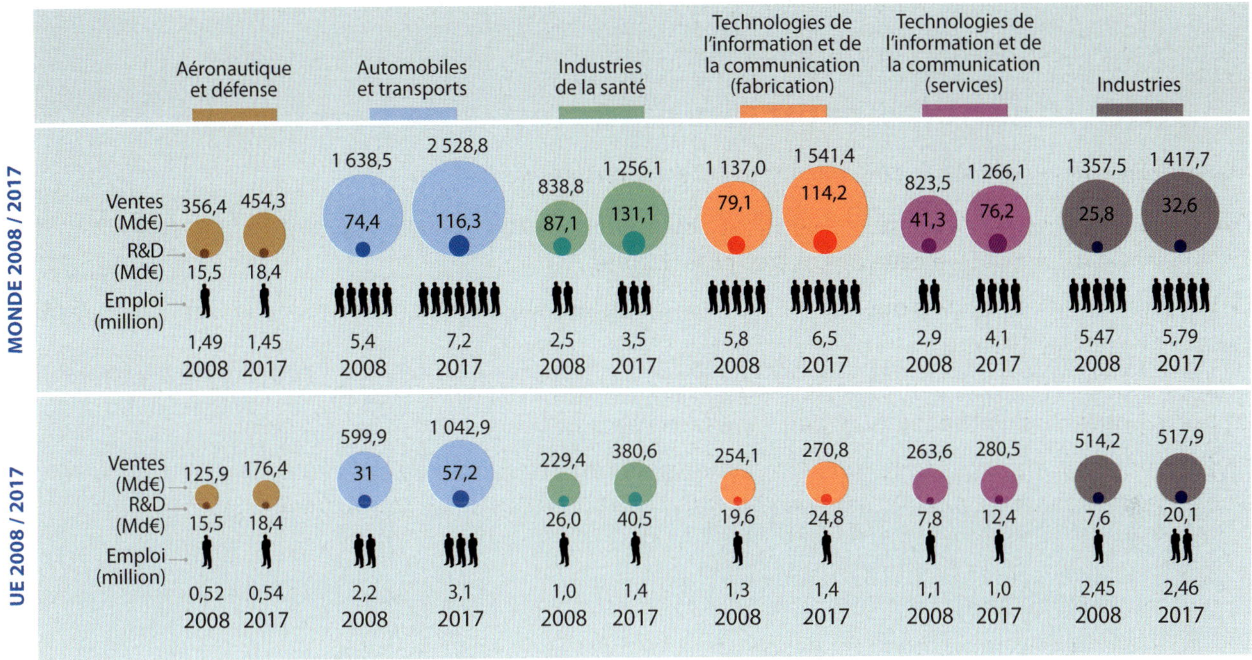

Commission européenne, IRI

ANNEXE 4

Évolution des facteurs de compétitivité internationale

Les entreprises autrefois séduites par une main-d'œuvre bon marché commencent à se tourner vers des destinations où elles pourront tirer un meilleur parti des nouvelles technologies.

La pénétration croissante de l'automatisation industrielle, de la robotique de pointe, des usines « intelligentes », de l'Internet des objets et de l'impression 3D révolutionne les procédés de fabrication. [Selon le rapport de la Banque mondiale] « Le recours aux nouvelles technologies pour produire des biens manufacturés traditionnels va perturber les économies en développement, qu'elles les utilisent ou non ». [...] « Avec l'érosion de la part du travail dans le total des coûts de production, les industriels pourraient privilégier les pays plus riches pour se rapprocher des consommateurs. De moins en moins de sociétés viendront s'implanter dans des sites à bas coûts et les entreprises locales seront confrontées à une concurrence accrue. [...] »

Le phénomène est classique : dans certains secteurs, les robots et les progrès technologiques permettent d'automatiser des tâches jusque-là accomplies par des êtres humains. En Chine, par exemple, plus de 400 000 robots industriels devraient faire leur apparition dans les usines d'ici 2018, du jamais vu ailleurs dans le monde. Dans le Jiangsu, la firme FoxConn, connue pour fabriquer les produits Apple et Samsung, vient de remplacer 60 000 ouvriers par des automates. En réduisant le poids relatif des salaires, les technologies robotiques et les usines « intelligentes » peuvent modifier les facteurs de compétitivité internationale d'un site. En Europe, le néerlandais Philips et l'allemand Adidas viennent de rapatrier la production des rasoirs et baskets pour se rapprocher des consommateurs. Dans les deux cas, les usines plus récentes équipées d'outils technologiques ont permis de réaliser des économies par rapport aux usines délocalisées pratiquant des salaires inférieurs.

Catherine Chatignoux, *Les Échos*, 19 décembre 2019

SYNTHÈSE

Podcast

Synthèse
· rédigée
· animée

Les facteurs de production et l'évolution des technologies

1 Quels sont les principaux facteurs de production ?

Les entreprises recourent à deux facteurs de production principaux, le travail et le capital, pour produire leurs biens et services.

Facteur travail = travail humain mobilisé pour assurer la production.

La quantité de facteur travail dépend du nombre de personnes employées et du nombre d'heures de travail. À l'échelle d'un pays, elle dépend de la population active. Sa qualité dépend du niveau de formation (capital humain).

Facteur capital = ensemble des moyens techniques et financiers utilisés pour produire.

L'acquisition de capital technique dans un but productif est appelé investissement.

Combinaison productive = proportion de capital technique et de travail utilisée dans la production

2 Quels sont les autres facteurs de production ?

D'autres facteurs peuvent influer sur le niveau de la production

- Ressources naturelles
- Information et connaissances (capital immatériel)

MOTS-CLÉS

• Capital • Capital humain • Facteurs de production • Facteur travail • Information • Investissement • Ressources naturelles

CHAPITRE 6

THÈME 2 : Comment la richesse se crée-t-elle et se répartit-elle ?

La combinaison et la mesure des facteurs de production

NOTIONS DU PROGRAMME

- La substitution ou la complémentarité des facteurs de production
- La productivité globale des facteurs de production et les gains de productivité

PLAN DU CHAPITRE

1 Comment se combinent les facteurs de production ?

2 Comment se mesure l'efficacité des facteurs de production ?

Découvrir

L'INSTANTANÉ

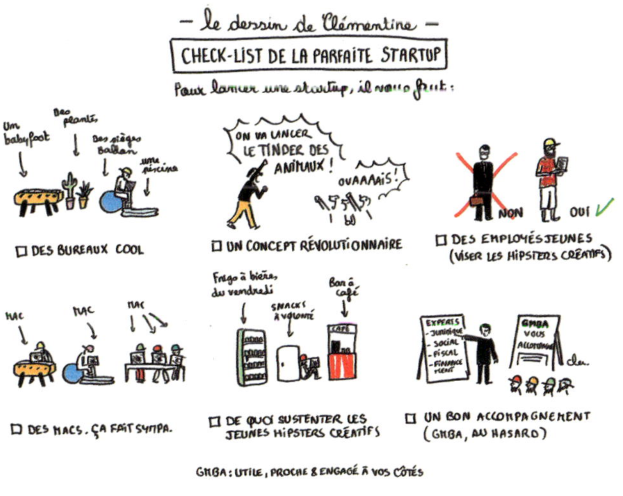

Clémentine Latron, Les dessins de Clémentine

Identifiez les facteurs de production caractéristiques d'une jeune pousse (start-up).

EN DIRECT

Les robots vont-ils nous remplacer ? (3'07")

Vidéo

1 Décrivez ce que permettent les machines et analysez comment un facteur de production peut se substituer à un autre.

2 Indiquez en quoi il y a complémentarité entre les hommes et les machines au travail.

1 Comment se combinent les facteurs de production ?

A La combinaison productive

DOC. 1

La combinaison des facteurs de production

Pour produire, les agents économiques utilisent des facteurs de production, c'est-à-dire les différents éléments mis en œuvre dans le cadre du processus de production. On distingue généralement deux facteurs de production principaux, qui sont le travail et le capital technique. Les producteurs utilisent nécessairement ces deux facteurs de production qu'ils associent de différentes façons. La combinaison productive, qui désigne la proportion de capital technique et de travail utilisée pour produire, peut être plus ou moins capitalistique, c'est-à-dire incorporer proportionnellement plus ou moins de capital. Ainsi, il est possible de terrasser une route avec des milliers de travailleurs armés de pelles et de pioches (combinaison productive faiblement capitalistique) ou avec quelques travailleurs et des bulldozers (combinaison productive fortement capitalistique).

Marc Montoussé, « La production, fruit du capital et du travail », *Cahiers français*, n° 315, juil.-août 2003

1. Rappelez ce qu'est un facteur de production.
2. Définissez la notion de combinaison productive.
3. Illustrez, à l'aide d'exemples de votre choix, des combinaisons productives fortement capitalistiques d'une part et faiblement capitalistiques de l'autre.

DOC. 2

Amazon, une pieuvre de plus en plus tentaculaire

Amazon ouvre son premier magasin physique à Seattle en 2015. En 2016, il teste, toujours dans cette ville, un concept de supermarché sans caisse, où les articles sont automatiquement facturés au client électroniquement. Finalement, en juin 2017, le groupe passe aux choses sérieuses dans la distribution en achetant pour 13,7 milliards de dollars la chaîne de supermarchés bio Whole Foods. Le groupe travaille aussi à la livraison par drone, mais se heurte à des problèmes réglementaires aux États-Unis.

www.capital.fr, 17 juin 2017

4. Nommez le type de combinaison productive utilisée par Amazon.

DOC. 3

Substitution et complémentarité des facteurs de production

L'économie enseigne qu'il existe plusieurs types de familles de production qu'il convient de lister. Sur le plan sémantique, on utilise le terme « putty » (mouvant) pour traduire la substituabilité des différents facteurs de production. C'est le cas du bâtiment où le facteur humain mis en nombre peut remplacer le travail de telle ou telle machine.

Par opposition au terme « putty », on utilise le terme « clay » (argile) pour refléter les cas dans lesquels la combinaison des facteurs de production est fixe voire impossible à faire évoluer. Une fonction de production est dite « putty-clay » lorsqu'une multiplicité de combinaisons est possible (cas de l'élaboration d'une usine d'assemblage automobile) avant de réaliser les investissements puis la combinaison devient « gravé dans le marbre » et n'est plus adaptable.

Jean-Yves Archer, *Les Échos*, 27 octobre 2017

5. Donnez des exemples d'entreprises qui utilisent les combinaisons productive « putty », « clay », et « putty-clay ».

B L'organisation optimale des facteurs de production

DOC. 4

Organisation optimale des facteurs de production : définition et représentation

Pour produire un bien ou un service, un entrepreneur devra choisir la quantité de facteurs de production qu'il utilisera. Il pourra ainsi privilégier le facteur travail en recrutant de nouveaux collaborateurs ou en augmentant le nombre d'heures de travail. Mais il pourrait préférer une autre combinaison des facteurs de production en décidant d'investir dans de nouvelles machines – robots pour automatiser certaines tâches. Il augmenterait ainsi la quantité de facteur « capital technique » utilisé.

Prenons un exemple simple de répartition entre deux organisations de facteurs de production. Chacune des organisations utilise une certaine quantité de travail et de capital représentée sur le graphique suivant (qui se nomme courbe isoquante).

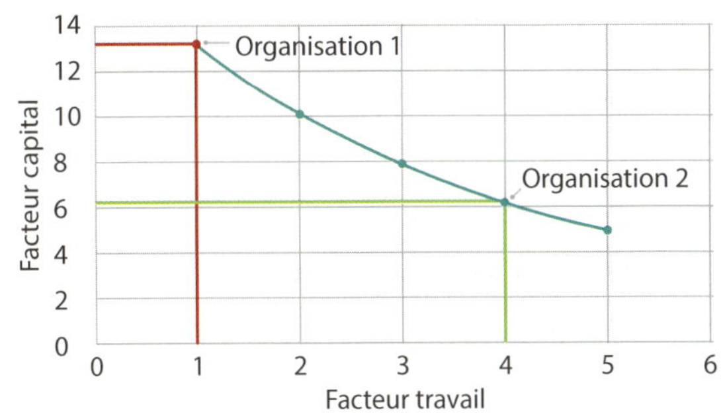

COUP DE POUCE

Une **courbe isoquante** (ou isoquant) désigne la représentation graphique qui relie l'ensemble des combinaisons de facteurs travail et capital permettant d'obtenir un même niveau de production.

CAS PRATIQUE L'organisation des facteurs de production chez La Trottélec

La Trottélec fabrique des trottinettes électriques. Cette entreprise cherche à améliorer sa quantité de production tout en réduisant le coût unitaire de ses trottinettes. Pour cela, différentes pistes de réflexion sont proposées afin de combiner de manière optimale les facteurs de production.

Première combinaison : l'achat d'un nouveau « robot » permettrait de doubler la production en consacrant 300 heures de temps de travail pour la fabrication.

Deuxième combinaison : l'achat de 2 nouveaux robots permettrait de doubler la production en consacrant 150 heures de temps de travail pour la fabrication.

Prix de vente (H.T.)	Coût de revient	Production journalière
958 €	196,50 € (coût du capital travail, du capital technique et des matières premières)	20

Le coût du nouveau robot s'élève à 1 600 €, les matières premières seront de 157,20 € si la production est doublée, l'heure de travail est à 35 €.

6. Étudiez les différentes propositions de réorganisation.
7. Calculez le coût unitaire de La Trottélec pour chacune des combinaisons productives.
8. Retenez l'organisation optimale des facteurs de production pour La Trottélec.

2 Comment se mesure l'efficacité des facteurs de production ?

A La productivité, mesure de l'efficacité de la combinaison productive

DOC. 5

Définition de la productivité

En économie, la productivité est définie comme le rapport, en volume, entre une production et les ressources mises en œuvre pour l'obtenir.

La production désigne les biens et/ou les services produits. Les ressources mises en œuvre, dénommées aussi facteurs de production, désignent le travail, le capital technique (installations, machines, outillages...), les capitaux engagés, les consommations intermédiaires (matières premières, énergie, transport...), ainsi que des facteurs moins faciles à appréhender bien qu'extrêmement importants, tel le savoir-faire accumulé.

La productivité peut aussi être calculée par rapport à un seul type de ressources, le travail ou le capital. On parle alors de productivité apparente. Une mesure couramment utilisée est celle de productivité apparente du travail. On peut également calculer une productivité apparente du capital.

www.insee.fr

1. À partir de la première phrase du texte, retrouvez la formule de calcul de la productivité du travail.
2. Indiquez à quoi sert la « productivité ».
3. Rappelez ce qu'on appelle productivité « apparente » du travail.

CAS PRATIQUE La mesure de la productivité

L'Artisan des jouets en bois fabrique des circuits pour enfants. Cette entreprise vous donne les informations suivantes afin de calculer sa productivité en volume (quantité) et en valeur (en euros).

À cette période de l'année, elle produit 85 unités et vend 75 circuits par jour à un prix de vente moyen de 56 €. Cette production est assurée par 4 salariés à temps complet. Leur répartition horaire est de 7 heures par jour pour un coût de 15,75 € de l'heure.

4. Calculez la productivité actuelle de cette entreprise en valeur, par salarié et par heure de travail puis la productivité actuelle en volume, également par salarié et par heure.

DOC. 6

L'évolution de la productivité en France depuis 1980

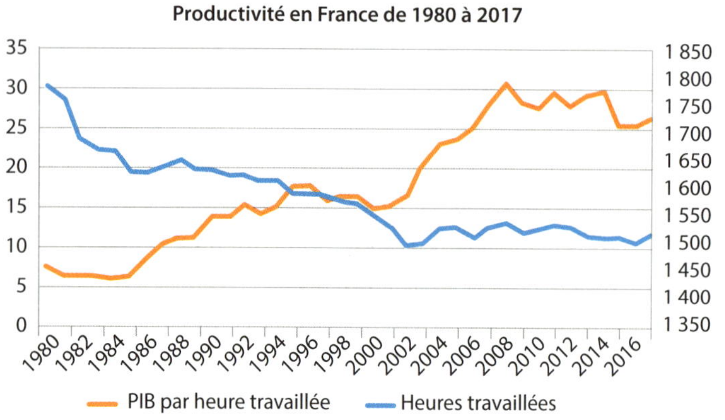

Sources : FMI et OCDE

5. Rappelez comment est calculé le « PIB par heure travaillée ».
6. Analysez chacune des courbes et concluez quant à l'évolution de la productivité en France depuis 1980.

B Les gains de productivité, un enjeu de la compétitivité

DOC. 7

Que faut-il entendre par « gains de productivité » ?

[...] La productivité mesure l'efficacité avec laquelle une économie mobilise ses ressources pour fabriquer des biens et des services. Les gains de productivité mesurent donc l'accroissement de la production à moyens égaux et cela permet de dégager un surplus de richesse qui se partage entre hausse des salaires, hausse des profits et baisse des prix. [...]

Ainsi, la distribution des gains de productivité, en dynamisant les différentes composantes de la demande globale (consommation, investissement, dépenses publiques et exportations) est un facteur de croissance économique. Une croissance qui, si elle est suffisamment élevée (c'est-à-dire supérieure aux gains de productivité), se traduit par des créations d'emplois dont les effets sur la consommation et les recettes fiscales et sociales se diffusent à leur tour.

www.xerficanal.com, 26 octobre 2015

7 Reformulez avec vos propres mots une définition des « gains de productivité ».

DOC. 8

Baisse de la productivité du travail en France, une bonne nouvelle ?

Les gains de productivité sont le principal moteur de la croissance. Or, depuis vingt ans, la productivité du travail décroche en France. Loin d'être alarmiste, ce constat pourrait être une bonne nouvelle.

[...] À quoi tient le ralentissement tendanciel des gains de productivité observé en France depuis vingt ans ? D'abord au sous-investissement dans les TIC et le numérique. Deux chiffres pour l'illustrer : 63 % des entreprises françaises possèdent un site web contre 90 % dans les pays nordiques ; le taux d'équipement en robotique des entreprises est deux fois plus faible en France qu'en Allemagne. Ensuite « le processus de destruction créatrice » de l'économie française, c'est-à-dire sa capacité à réallouer le travail vers les entreprises les plus productives, est moins intense en France qu'aux États-Unis ou en Allemagne par exemple. [...]

Des gains potentiels de productivité importants pourraient donc être réalisés si la France investissait davantage dans le numérique et renforçait son dynamisme entrepreneurial.

www.strategie.gouv.fr

DOC. 9

La productivité multifactorielle (PMF)

La PMF rend compte de l'efficience globale avec laquelle les facteurs travail et capital sont conjointement utilisés dans le processus de production.

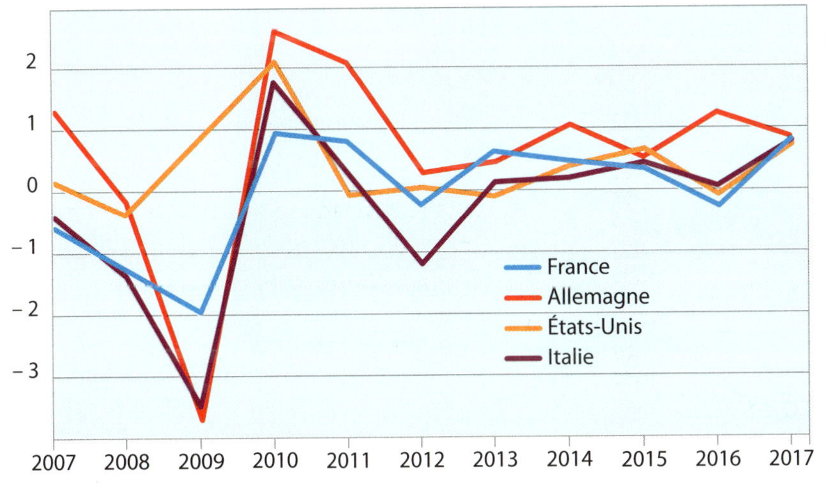

Source : OCDE

À partir des documents 8 et 9 :

8 Commentez l'évolution de la productivité multifactorielle dans les pays représentés.

9 Indiquez les causes du ralentissement des gains de productivité en France. Justifiez vos choix.

Comprendre l'impact des gains de productivité (3'18'') Vidéo

ACTIVITÉS

A Tester ses connaissances

Identifiez la ou les réponses exactes.

1. **Une combinaison productive correspond à :**
   a. la quantité de performance et de capital qu'une entreprise utilise pour produire.
   b. la quantité de travail et de capital qu'une entreprise utilise pour produire.
   c. la quantité de travail et de performance qu'une entreprise utilise pour produire.
   d. la quantité d'information et de capital qu'une entreprise utilise pour produire.

2. **Une combinaison fortement capitalistique incorpore dans sa production :**
   a. plus de facteur travail que de capital.
   b. plus de facteur capital que de travail.
   c. du facteur travail et du facteur capital en quantité identique.
   d. plus de capital que de stock.

3. **Les facteurs de production sont dit complémentaires s'ils sont utilisés :**
   a. en même temps.
   b. conjointement.
   c. en remplacement l'un de l'autre.
   d. en se substituant l'un à l'autre.

4. **Les objectifs d'une organisation optimale des facteurs de production sont :**
   a. d'optimiser la recherche des profits.
   b. de prendre en compte les dépenses de l' entreprise.
   c. d'assurer la pérennité de l'entreprise.
   d. de mesurer la combinaison productive de l'entreprise.

5. **La productivité se calcule ainsi :**
   a. quantités produites/quantité de travail utilisé.
   b. quantité de facteurs de production utilisés /quantités produites.
   c. somme des richesses créées réalisées par les entreprises résidentes.
   d. ventes - coûts de l'entreprise.

B Préparer ses arguments ORAL

Fiche méthode 8 › p. 171

1. Décrivez cette photo.
2. Présentez, en vous appuyant sur vos connaissances et sur cette photo, les arguments en faveur d'une combinaison équilibrée entre les facteurs travail et capital.

C Analyser une situation économique

DOC. 1

Renault connecte ses usines pour doper leur productivité

L'installation de dizaines de robots collaboratifs répond à des impératifs de « sécurité, de qualité et de performance ». Il ne s'agirait pas de diminuer les emplois, insiste la direction de l'usine. L'augmentation de la productivité aurait même permis de doubler la capacité du site et d'effectuer 600 embauches en trois ans. Le dernier accord social signé début 2017 entre Renault et trois syndicats majoritaires prévoit une augmentation de la productivité, qui passera de 64 à 90 véhicules par salarié et par an.

Jean-Pierre Genet, AFP,
https://pro.largus.fr/, 9 juin 2017

DOC. 2

Renault, le site de production de Cléon

Sur le site de Cléon, des machines-outils communicantes grâce au Wi-Fi seront capables de prévenir d'une panne imminente. Dotées de puces électroniques, les pièces seront traçables.

« On installe de petits robots collaborateurs (cobots) pour libérer toutes les opérations ergonomiques difficiles comme un vissage imposant de s'accroupir sous un bloc moteur, ou un travail de précision comme l'encollage », assure Éric Marchiol, directeur de la transformation digitale chez Renault.

Jean-Pierre Genet, AFP,
https://pro.largus.fr/, 9 juin 2017

1. Rappelez la définition de l'investissement.
2. Indiquez quels facteurs de production utilise Renault dans son site de production de Cléon.
3. Calculez le taux d'évolution prévisionnel de la production par salarié et par an sur le site de Renault Cléon.
4. Expliquez en quoi une combinaison productive peut être qualifiée de performante.

D Utiliser les TICE

Recherche

De nombreux instituts de statistiques publics (comme l'Insee), institutions internationales (OCDE) ou entreprises privées (par exemple, Expert Market) publient chaque année une enquête comparative des pays les plus productifs au monde.

1. Recherchez la version la plus récente d'une de ces enquêtes.
2. Comparez les données de la France avec celles de l'Allemagne, de l'Italie, du Chili et du Mexique.

Entraînement 6

Étude des déterminants de la productivité

À partir de vos connaissances et des documents fournis en annexes :

1. Analysez les effets d'un faible niveau de formation sur la productivité d'un pays.
2. Identifiez les conséquences d'un faible niveau de maîtrise technologique sur la productivité d'un pays.
3. Rédigez une argumentation pour répondre à la question suivante :
En quoi le capital humain et le capital immatériel sont-ils des déterminants essentiels de la productivité ?

ANNEXE **1**

Quand la faiblesse du capital humain freine les gains de productivité : l'exemple de la Turquie et du Pérou

La Turquie et le Pérou veulent tirer parti de leur évolution démographique actuelle, y voyant l'occasion d'accélérer leur croissance. [...] Il est notamment indispensable de renforcer le capital humain. En améliorant l'éducation, les compétences et les aptitudes de leur main-d'œuvre, la Turquie et le Pérou pourraient rehausser le niveau de productivité des travailleurs et de l'économie tout entière. [...]
Les jeunes Turcs et Péruviens (individus âgés de 15 ans) se classent en général assez mal dans les évaluations internationales des acquis scolaires : environ 31,2 et 46,7 % d'entre eux, respectivement, obtiennent la note la plus faible dans les trois matières examinées (mathématiques, sciences et lecture), contre une moyenne de 13 % pour les pays de l'OCDE. Un niveau aussi faible de capital humain avant d'atteindre l'âge actif peut rejaillir négativement sur les performances professionnelles. Pour être productif, un travailleur doit maîtriser les compétences fondamentales (acquises au cours de la scolarité formelle) ; pour être très productif, il doit aussi posséder des compétences fonctionnelles (liées à son travail) bien développées.

Ximena del Carpio, https://blogs.worldbank.org, 16 août 2018

ANNEXE **2**

Exportations de haute technologie ($ milliards US courants)

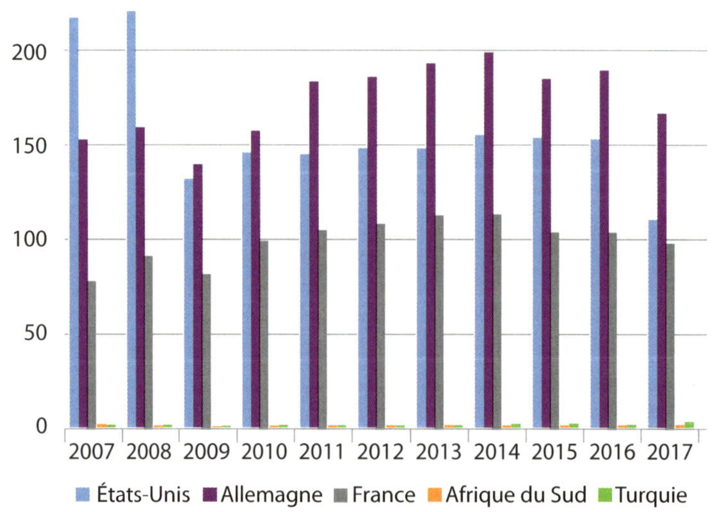

ANNEXE 3

La Banque mondiale pointe du doigt les pays qui n'investissent pas assez dans leurs populations

L'institution publie un nouvel indice du capital humain classant chacun des 157 pays étudiés en fonction de la productivité de ses futurs travailleurs.

Mieux vaut grandir en Australie qu'au Laos, ou en Islande plutôt qu'au Nigeria. Tel peut être l'un des enseignements, sans grande surprise, du tout nouvel indice publié, jeudi 11 octobre, par la Banque mondiale (BM) et consacré au capital humain. Mais l'ambition de ce classement inédit couvrant 157 pays, et dévoilé à Bali, en Indonésie, à l'occasion de l'assemblée générale de l'institution, est bien plus large.

S'il s'appuie sur des données telles que le niveau d'éducation, l'espérance de vie à la naissance ou l'accès à la santé, son objet est de montrer à quel point ces domaines, et les investissements qui leur sont consacrés, influent sur la productivité des individus. Et, par ricochet, sur la croissance et la prospérité des nations.

Au premier rang trône Singapour, suivi de la Corée du Sud et du Japon. Ces trois États sont ceux qui investissent le mieux dans leurs populations et sont susceptibles de tirer le plus grand dividende économique de cette richesse immatérielle. Les pays avancés forment l'essentiel du premier tiers du classement. La France se situe à la 22e place, deux rangs devant les États-Unis.

Marie de Vergès, *Le Monde*, 11 octobre 2018

ANNEXE 4

Niveau de formation des adultes en % des 25-64 ans en 2017

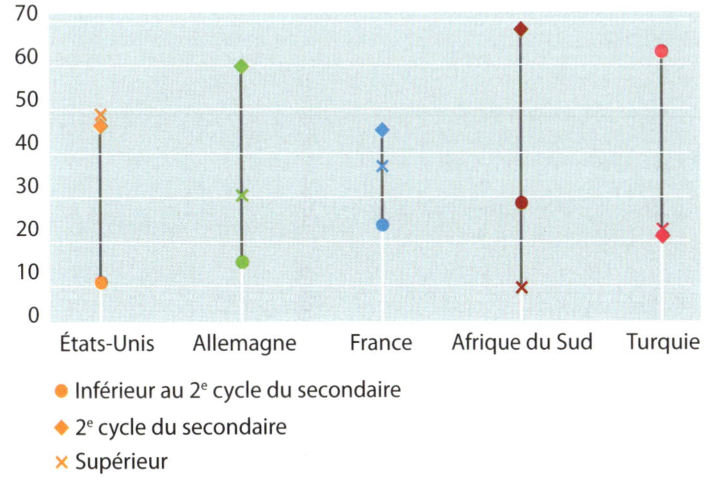

Source : OCDE

SYNTHÈSE

Podcast

Synthèse
· rédigée
· animée

La combinaison et la mesure des facteurs de production

1 Comment se combinent les facteurs de production ?

Travail — Capital technique | Travail — Capital technique

de l'équilibre à la recherche d'une organisation optimale

↑

Combinaison productive

→ Complémentarité des facteurs
→ Substitution des facteurs

2 Comment se mesure l'efficacité des facteurs de production ?

L'efficacité de la combinaison est évaluée par le calcul de la productivité des facteurs de production.

$$\text{Productivité moyenne apparente du travail} = \frac{\text{Quantité produite}}{\text{Quantité de travail utilisé pour cette production}}$$

$$\text{Productivité moyenne apparente du capital} = \frac{\text{Quantité produite}}{\text{Quantité de capital utilisé pour cette production}}$$

$$\text{Productivité physique} = \frac{\text{Quantité produite}}{\text{Quantité de facteurs utilisés}}$$

$$\text{Productivité en valeur} = \frac{\text{Valeur de la production}}{\text{Coût des facteurs utilisés}}$$

Gains de productivité = Augmentation de la productivité des facteurs

MOTS-CLÉS

- Combinaison productive
- Gains de productivité
- Productivité
- Travail

CHAPITRE 7

THÈME 2 : Comment la richesse se crée-t-elle et se répartit-elle ?

La mesure de la production et ses prolongements

NOTIONS DU PROGRAMME

- Valeur ajoutée, produit intérieur brut (PIB)
- Calcul du PIB, taux de croissance du PIB
- Indice de développement humain (IDH)

PLAN DU CHAPITRE

1 Comment mesure-t-on la production ?
2 Quelles sont les limites du PIB ?
3 Quels indicateurs pour compléter le PIB ?

Découvrir

L'INSTANTANÉ

PIB par habitant dans le monde en 2017

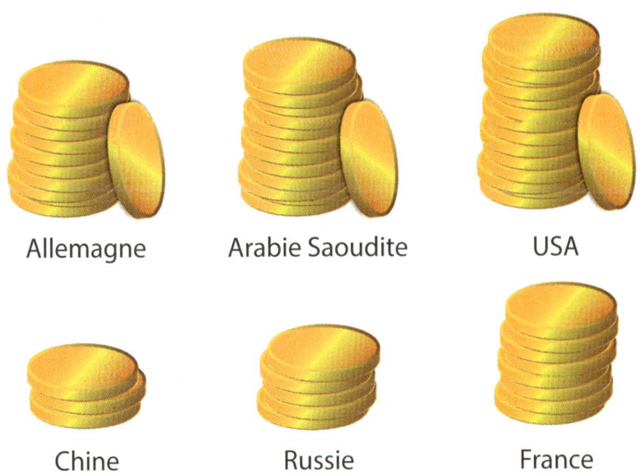

Décrivez ce que vous évoque cette image.

EN DIRECT

L'Inde, 5e puissance économique mondiale en 2018
(1'53")

Vidéo

Indiquez quels indicateurs sont mobilisés pour établir les classements présentés dans la vidéo.

1 Comment mesure-t-on la production ?

A De la valeur ajoutée au PIB

CAS PRATIQUE Quelle est la valeur ajoutée créée par la fabrication et la vente d'un pain au chocolat ?

Pour répondre à cette question, il faut analyser l'ensemble des éléments constitutifs de son prix de vente au consommateur final. Le prix d'un pain au chocolat comprend :
- des consommations intermédiaires (matières premières, énergie) ;
- des salaires (si le boulanger a des salariés) et le revenu de l'artisan boulanger ;
- des taxes.

Voici la présentation simplifiée de la décomposition du prix d'un pain au chocolat fabriqué par un artisan boulanger, aidé de son apprenti. Le boulanger vend le pain au chocolat au prix de 1,50 €.
- Salaire = 0,58 €
- Énergie = 0,12 €
- Farine, lait, jaune d'œuf, beurre, eau, sel, sucre, levure, chocolat = 0,54 €
- Taxes et charges diverses = 0,17 €
- Revenu de l'artisan = 0,09 €

COUP DE POUCE
Les **consommations intermédiaires** désignent tous les biens et services fournis par d'autres entreprises et utilisés dans le processus de fabrication.

1. Listez les consommations intermédiaires nécessaires à la fabrication d'un pain au chocolat.
2. Calculez la différence entre le prix de vente et les consommations intermédiaires.
3. Expliquez pourquoi on parle de « valeur ajoutée » pour définir cette différence.
4. Indiquez à quoi sert cette valeur ajoutée.

DOC. 1

Qu'est-ce que le PIB ?

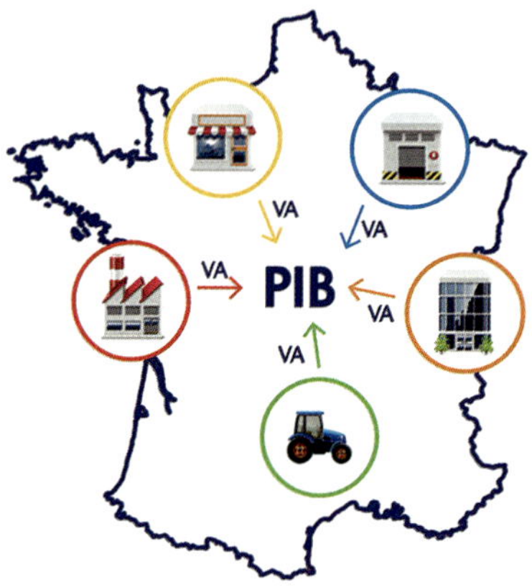

Pour tout producteur de biens ou de services (boulanger, chauffeur routier, coiffeur…), on calcule sa valeur ajoutée de la même façon.

Valeur ajoutée = Production − Consommation Intermédiaire

Le produit intérieur brut d'un pays est égal à la somme des valeurs ajoutées des producteurs résidant sur son territoire.

Le PIB, c'est la richesse créée par les activités de production.

www.insee.fr

DOC. 2

Comment mesurer la richesse produite dans une économie ?

Si le coiffeur, à partir d'une paire de ciseaux, d'un sèche-cheveux, de quelques lotions et de son savoir-faire, peut faire payer 16,50 euros à un client une prestation de service qui a nécessité pour 1,50 euro d'achats, il crée une valeur ajoutée de 15 euros. C'est cette création de valeur ajoutée qui justifie le prix demandé.

Dictionnaire Alternatives économiques, www.alternatives-economiques.fr

5. Mettez en évidence les différences entre l'exemple du boulanger ci-dessus et celui du coiffeur dans le document 2.
6. Déterminez comment se calcule le PIB.

B Le PIB, outil de mesure de la performance économique d'une nation

DOC. 3

Le PIB, indicateur de mesure privilégié de la puissance économique

Les instituts nationaux de statistiques (comme l'INSEE en France) ainsi que les organisations internationales (Fonds monétaire international (FMI), Banque mondiale, Organisation de coopération et de développement économiques (OCDE) établissent et diffusent tous les ans une batterie d'indicateurs économiques. Pour déterminer la puissance économique de chaque pays et proposer des classements annuels, ces divers instituts et organisations retiennent le produit intérieur brut (PIB) ainsi que le PIB par habitant comme statistiques clés.

$$\text{PIB par habitant} = \frac{\text{PIB}}{\text{Nombre d'habitants}}$$

Les Mots de l'éco, le PIB (1'11") Vidéo

7 Expliquez comment le PIB permet d'appréhender la croissance économique ou la récession d'une nation.

DOC. 4

Les pays les plus riches du monde en termes de PIB

Pays	PIB 2018 (en milliards de $)	PIB 2017 (en milliards de $)	PIB par habitant en 2018 (en $)
Allemagne	4 029	3 700	48 670
Brésil	1 909	2 055	9 127
Canada	1 734	1 653	46 733
Chine	13 457	12 015	9 633
États-Unis	20 513	19 485	62 518
France	2 795	2 588	42 931
Inde	2 690	2 602	2 016
Italie	2 087	1 939	34 349
Japon	5 071	4 873	40 106
Royaume-Uni	2 809	2 628	42 261

www.imf.org

COUP DE POUCE

Taux d'évolution (en %) = $\frac{\text{valeur finale} - \text{valeur initiale}}{\text{valeur initiale}} \times 100$

8 Repérez les trois pays les plus riches du monde en 2018.

9 Indiquez si le classement est le même en considérant le PIB par habitant. Expliquez pourquoi.

10 Calculez les taux d'évolution du PIB entre 2017 et 2018 pour la Chine, la France et le Japon. Que constatez-vous ?

2 Quelles sont les limites du PIB ?

A Le PIB, un indicateur incomplet

DOC. 5

Le PIB ne distingue pas richesses et nuisances

Dès sa création, la pertinence du PIB comme indicateur de mesure de la richesse s'est posée. Simon Kuznets, l'inventeur du PIB comme un indicateur de l'activité productive, était conscient de ses lacunes et avait d'ailleurs mis en garde contre les risques d'utilisation abusive.

Bon nombre d'économistes font remarquer que le PIB est indifférent à la nature de l'activité génératrice de revenus. Tout ce qui peut se produire et se vendre avec une valeur ajoutée monétaire va gonfler le PIB et la croissance. Ainsi, la destruction organisée des forêts tropicales est « bonne » pour le PIB des pays concernés et pour le PIB mondial. De même, peu importe que ce soit une catastrophe écologique ou que ce soit une augmentation des ventes d'armes, d'antidépresseurs, ou une hausse des services thérapeutiques effectués à cause de l'explosion du nombre de cancers, tout cela est compté comme « positif » par le PIB.

À l'inverse, lorsque les accidents de la circulation diminuent (ce qui est une bonne chose pour un pays), le PIB va baisser lui aussi dans la mesure où les services de secours, les frais d'hôpitaux, les réparations de véhicules... vont diminuer.

DOC. 6

Exemples de limites du PIB

Extrait de *Economix*, Dan E. Burr, Michael Goldwin, traduit de l'anglais (États-Unis) par Hélène Dauniol-Renaud, © Éditions des Arènes, Paris, 2017

DOC. 7

Les « trous noirs » du PIB

À partir des documents 5, 6 et 7 :

1. Montrez par quel mécanisme la destruction des forêts ou la vente d'armes contribuent « positivement » au PIB.
2. Indiquez pourquoi les activités bénévoles ne sont pas comptabilisées dans le PIB.
3. Expliquez pourquoi il est difficile de calculer la contribution d'un enseignant au PIB de la France, et plus généralement des services non marchands.

COUP DE POUCE

L'**économie informelle** désigne l'ensemble des activités productrices de biens et services qui échappent au regard ou à la régulation de l'État. Le travail « au noir » est un exemple d'activité rattachée à l'économie informelle.

B L'absence de prise en compte des inégalités

DOC. 8

Le PIB par habitant en France (1997-2017, en dollars courants)

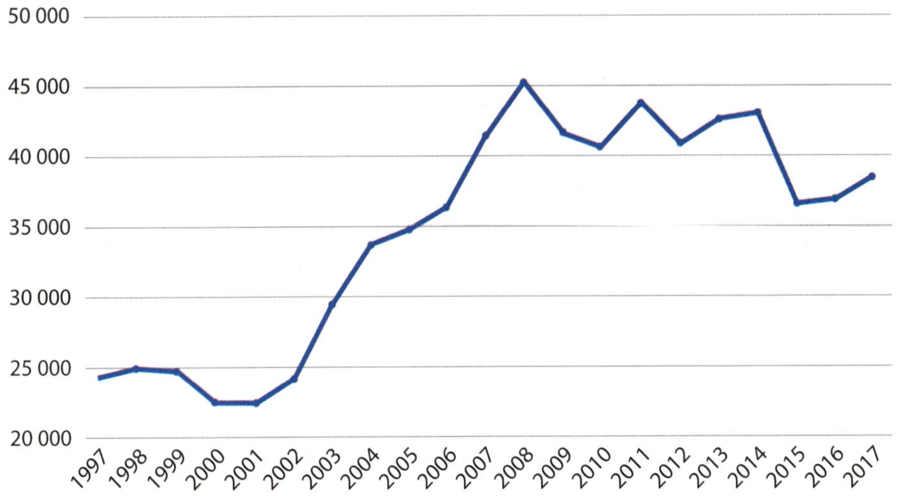

Source : Banque mondiale

4. Comparez le PIB par habitant de 1997 avec celui de 2017.
5. Repérez la tendance générale du graphique.
6. Expliquez l'inflexion de la courbe entre 2008 et 2010.

DOC. 9

La part des revenus perçus par les 10 % les plus aisés et les 40 % les plus pauvres en France

En 2015, les 10 % les plus riches perçoivent 24,2 % de la masse des revenus.

Les 40 % les plus pauvres en perçoivent 22,4 % alors qu'ils sont 4 fois plus nombreux.

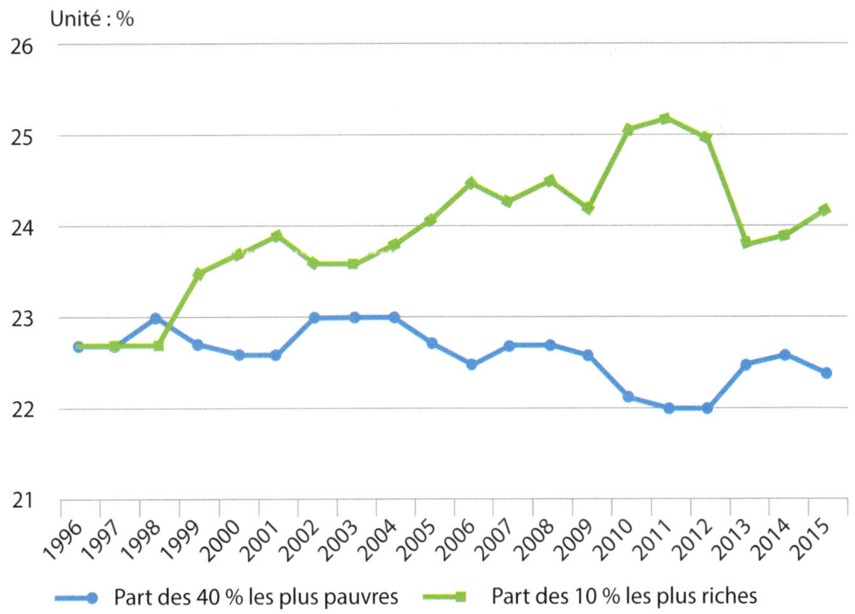

www.inegalites.fr

7. Analysez séparément chacune des courbes de 1996 à 2008 et de 2008 à 2015. Qu'en concluez-vous ?
8. Comparez l'évolution des deux courbes, l'une par rapport à l'autre, à partir de 2008.
9. Montrez, à l'aide des documents 8 et 9, que le PIB masque des inégalités de richesse.

3 Quels indicateurs pour compléter le PIB ?

A L'indice de développement humain (IDH)

DOC. 10

Définition de l'IDH selon l'INED (Institut national d'études démographiques)

Indice utilisé par les Nations Unies pour mesurer le niveau de développement des pays.

L'IDH intègre des données qualitatives et quantitatives :

- l'espérance de vie à la naissance (qui donne une idée de l'état sanitaire de la population du pays) ;
- le niveau d'instruction mesuré par la durée moyenne de scolarisation et le taux d'alphabétisation ;
- le PIB par habitant (qui donne une indication sur le niveau de vie moyen du pays).

L'IDH se présente comme un nombre compris entre 0 et 1. Plus l'IDH se rapproche de 1, plus le niveau de développement du pays est élevé.

www.ined.fr

1 Établissez le lien entre le PIB et l'IDH.

DOC. 11

Tableau comparatif du PIB et de l'IDH de quelques pays

Pays	PIB par habitant en 2017 (en $)	IDH 2017
Allemagne	44 769	0,936
Brésil	9 896	0,759
Canada	45 095	0,926
Chine	8 643	0,752
États-Unis	59 792	0,924
France	39 933	0,901
Inde	1 976	0,640
Italie	31 997	0,880
Japon	38 449	0,909
Royaume-Uni	39 800	0,922

Sources : PIB : www.imf.org ; IDH : www.populationdata.net

2 Classez les pays en fonction de leur PIB, puis en fonction de leur IDH.

3 Commentez les résultats et concluez quant à la représentation que propose chacun des indicateurs.

COUP DE POUCE

Amartya Sen est un économiste et philosophe indien. Il reçoit en 1998 le prix Nobel d'économie pour ses contributions à l'économie du bien-être.

DOC. 12

Les limites de l'IDH

Malgré ses nombreuses qualités, certains scientifiques et spécialistes remettent en question l'idée que l'IDH serait un indicateur fiable du niveau de développement des pays, et plus particulièrement du développement des pays les plus faibles. […] L'IDH ferait l'erreur de mettre sur un même pied d'égalité l'enrichissement d'un État et l'espérance de vie de ses citoyens, qui sont pourtant deux facteurs bien différents. Pour de nombreux sociologues et économistes (dont Amartya Sen), l'IDH ne sera réellement abouti qu'à partir du moment où seront [prises en compte] les libertés publiques et individuelles des citoyens.

www.geo.fr

4 Recensez les limites propres à l'IDH.

B Une tentative de prise en compte du bonheur et du bien-être des nations

DOC. 13

Cartographie du bonheur en 2017 selon l'Organisation des Nations Unies (ONU)

Depuis 2012, les Nations Unies mesurent chaque année le bonheur en se basant, d'une part, sur des facteurs objectifs, par exemple l'espérance de vie, le revenu et l'évolution du PIB. D'autre part, les chercheurs s'appuient sur les sentiments des personnes interrogées, comme la confiance et la générosité, l'encadrement social ou encore la liberté de choix.

https://flash.bcbe.ch

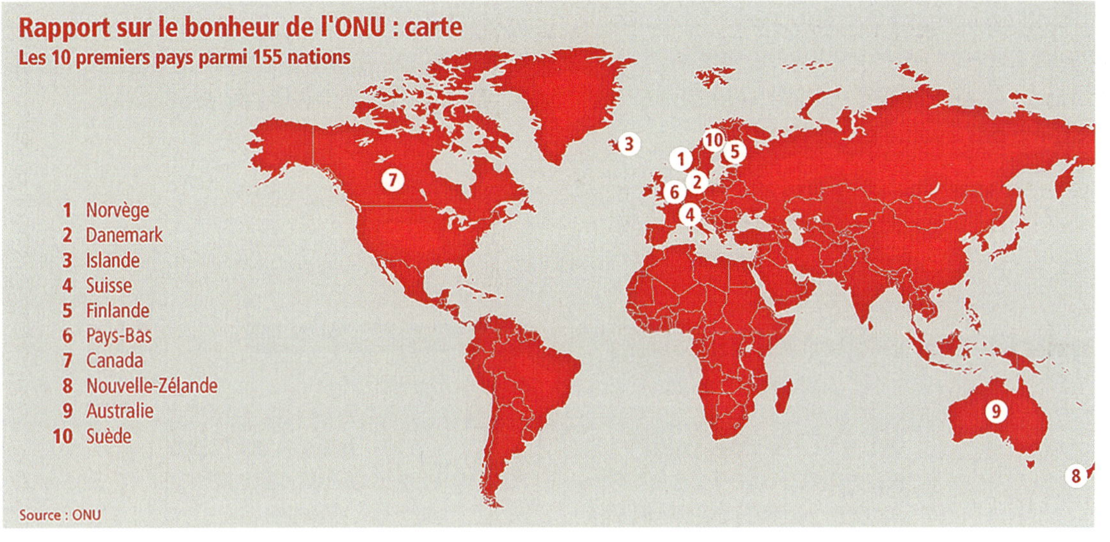

5. Recensez les indicateurs pris en compte dans le calcul du bonheur d'un pays.
6. Comparez la cartographie de l'ONU avec les scores d'IDH du document 11.

DOC. 14

PIB, IDH, bonheur... l'indicateur idéal n'existe pas !

L'ensemble des approches qui visent à corriger ou prolonger le PIB intègrent des éléments non monétaires. Pour ce faire, il s'agit de tenir compte, par exemple, du bien-être, de la santé, de la situation familiale, du temps de travail, de la précarité engendrée par le chômage, ainsi que du degré de confiance vis-à-vis des institutions. Une dégradation de la santé va ainsi minorer le PIB.

Cela étant, aucun indicateur alternatif ne détrône le PIB car il n'existe pas de consensus sur ce qu'est une bonne société. Comme le précise Marc Fleurbaey, professeur à l'université de Princeton (États-Unis), et ancien membre de la commission Stiglitz-Sen-Fitoussi sur la mesure des performances économiques et du progrès social en 2008, « En réalité, le débat ne porte pas sur des problématiques de mesure ou de calcul mais sur des visions idéologiques et politiques. Il n'existe donc pas un indicateur idéal. » Les choix d'indicateurs sont d'autant plus délicats qu'ils fabriquent une représentation de la réalité.

7. Expliquez la phrase soulignée dans le document 14.
8. La dimension développement durable n'apparaît pas dans la réflexion sur les indicateurs alternatifs au PIB. Proposez des indicateurs environnementaux qui compléteraient le PIB.
9. Recherchez sur Internet puis présentez le paradoxe d'Easterlin.
10. Expliquez les limites de la mesure du bonheur moyen utilisée dans l'étude américaine de 1974.

ACTIVITÉS

A Tester ses connaissances

Indiquez si chacune des affirmations suivantes est vraie ou fausse en justifiant votre réponse.

1. La valeur ajoutée (VA) s'obtient en calculant la valeur de la production moins les consommations intermédiaires.
2. Le PIB correspond à la somme des VA des entreprises d'un territoire donné.
3. Le PIB prend en compte la création de richesses occasionnée par une catastrophe naturelle.
4. Un taux de croissance économique négatif signifie que le PIB n'a pas évolué entre l'année N et l'année N+1.
5. Le PIB peut être critiqué car il ne prend pas en compte les inégalités de revenus.
6. Le PIB ne reflète ni la nature de l'activité économique ni son impact environnemental.
7. Le PIB par habitant compare les niveaux de vie entre les pays.
8. L'IDH complète le PIB en intégrant les émissions de CO_2 des activités de production.

B Préparer ses arguments ORAL

Fiche méthode 8 › p. 171

1. Rappelez le mode de calcul du PIB.
2. En vous aidant du dessin, présentez les arguments qui montrent que cet indicateur est imparfait.

C Analyser une situation économique

DOC. **1**

L'insolente croissance de l'Allemagne contraste avec le reste de l'Europe

Les chiffres de l'économie allemande au deuxième trimestre dépassent les prévisions. Au total, elle aligne un 16e trimestre consécutif de hausse de son PIB, soit le plus long cycle de croissance depuis… 1991.

[…] La première économie européenne, lancée […] dans une « décennie dorée », rattrape le rythme de la fin 2017, année marquée par des croissances trimestrielles de 1,1 %, 0,5 %, 0,6 % puis 0,5 % […]. L'Allemagne se distingue nettement au sein de la zone euro, où la croissance a encore ralenti au deuxième trimestre, passant de 0,4 % à 0,3 %, restant par exemple calée en France sur un rythme de + 0,2 %.

L'économie allemande soutenue par la demande intérieure

[…] L'économie allemande a été principalement soutenue par la […] consommation des ménages, stimulée par des salaires en hausse et par la construction de logements sur fond de taux bas. « […] Mais ce n'est pas du tout suffisant dans un environnement international aussi incertain », nuance la chambre commerciale et d'industrie allemande DIHK, qui appelle à plus d'investissements publics.

Le Figaro,
14 août 2018

DOC. **2**

Allemagne, les « mini-jobs » au plus haut

La face cachée de l'insolent taux de chômage allemand (5 %), la voici : la persistance des emplois précaires n'offrant aucune protection sociale. En mars 2018, il y avait 7,6 millions de « mini-jobs » – ces emplois à temps partiel précaires plafonnés à 450 euros par mois, sans cotisations sociales ni retraites – en Allemagne, […].

En outre, le nombre de « mini-jobs » cumulés à une activité principale a augmenté. […] Parmi ces salariés cumulards, une majorité d'hommes. Mais l'écrasante majorité des « mini-jobbers », les gens pour qui cette activité constitue la seule source de revenus, sont des femmes. Sur 4,8 millions d'Allemands dans ce cas, on trouve 3 millions de femmes. Pour ces dernières, le passage à la retraite risque d'être violent. La députée écologiste Beate Müller-Gemmeke déplore qu'il soit si difficile de sortir de la spirale du « mini-job » : « L'objectif, cela devrait être d'aller vers de l'emploi soumis à la sécurité sociale. Il s'agit avant tout de lutter contre la pauvreté chez les personnes âgées, en particulier les femmes. »

Johanna Luyssen, *Libération*, 18 décembre 2018

1. Retrouvez, dans le document 1, des chiffres permettant d'affirmer que l'Allemagne est en croissance.
2. Retrouvez, dans le document 2, des éléments permettant à l'auteur d'affirmer qu'il demeure en Allemagne d'importantes inégalités.
3. Présentez, à l'aide des documents 1 et 2, des arguments qui montrent que la croissance n'est pas synonyme de réduction des inégalités.

Fiche méthode 7 › p. 169

D Utiliser les TICE

Recherche

1. Recherchez sur Internet, et en particulier sur le site de l'Insee (www.insee.fr/fr/statistiques/), la distribution des niveaux de vie en France en 2016 (ce type d'information est généralement recensé dans les « comptes nationaux » et présenté sous forme de déciles).
2. Calculez le rapport entre le niveau de vie des ménages appartenant au 9e décile et ceux appartenant au premier décile.
3. Montrez à l'aide de ces chiffres que le PIB masque les inégalités de richesse.

COUP DE POUCE

Un **décile** correspond à 10 % de la population. Le premier décile (D1) regroupe les 10 % de ménages dont le niveau de vie est le plus faible. La médiane partage la population en deux parties égales. Elle permet de dire que la moitié des ménages ont un niveau de vie inférieur/supérieur à la valeur médiane.

Entraînement 7

La Chine prend la tête de l'économie mondiale

À partir de vos connaissances et des documents fournis en annexes :

1. Précisez l'indicateur utilisé pour mesurer la richesse de la Chine.
Commentez son évolution entre 2002 et 2018.
2. Justifiez le titre de l'annexe 5 : « Chine : des inégalités sociales persistantes en 2017 ».
3. Dressez la liste des critères qui font de la Chine un pays riche et ceux qui en font un pays pauvre.
4. Rédigez une argumentation qui vous permette de répondre à la question suivante :
En quoi le PIB est-il un indicateur insuffisant pour mesurer la richesse d'un pays comme la Chine ?

ANNEXE **1**

La croissance chinoise au plus bas depuis trente ans

La croissance chinoise
Variation du PIB en %

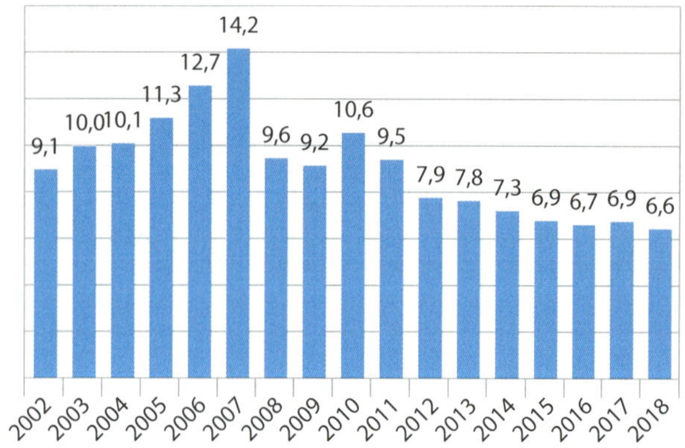

…et le PIB en valeur
en millards de dollars

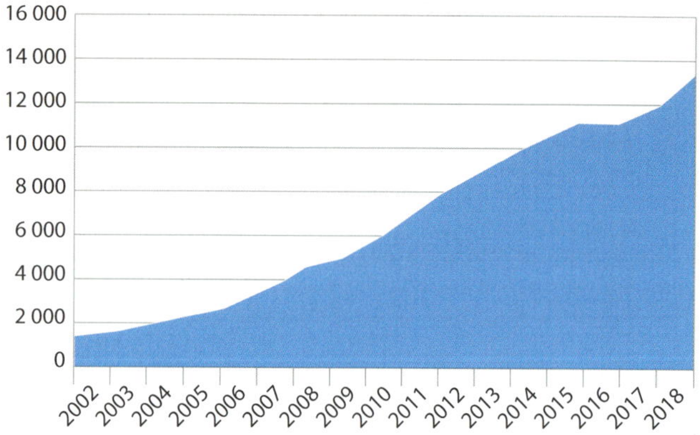

Source : FMI

ANNEXE **2**

L'économie chinoise est en crise

On peut en effet le dire : l'économie chinoise est en crise. Il y a de nombreux indicateurs. La baisse des marchés financiers, les faillites d'entreprises, les emprunts non remboursés, le fort ralentissement des investissements. La consommation est en légère baisse. Les ventes d'automobiles, les achats dans les *shopping malls* [centres commerciaux] et la téléphonie mobile diminuent. [...]

La Chine est-elle encore un pays émergent ou est-elle un pays développé ?
La Chine est toujours un pays émergent. Bien sûr, il y a une classe moyenne et des riches. Mais la moyenne reste pauvre. Il ne faut pas se contenter de regarder la situation à Pékin, à Shanghai ou à Shenzhen. Dans mon village du Hubei, il n'y a toujours pas de toilettes ni de douches modernes, et l'accès à la santé ou à l'éducation reste difficile. Oubliez les statistiques de la Banque mondiale ; le seul critère pour le développement d'un pays, c'est la vie dans les villages.

Frédéric Lemaître, *Le Monde*, 21 janvier 2019

ANNEXE 3

La Chine, première économie mondiale dès les années 2020 ?

La forte croissance des quarante dernières années a ainsi laissé place à un modèle économique plus mesuré, qui privilégie la qualité et la durabilité [...]. « L'économie chinoise réalise une transition progressive d'un modèle favorisant la croissance au détriment de la qualité, à un modèle plus qualitatif et moins volontariste. Ce processus sera l'occasion pour le pays de remédier progressivement aux nombreuses faiblesses structurelles caractéristiques de l'ancien modèle, telles que son endettement important, les déséquilibres sur le marché immobilier, les surcapacités, l'épuisement des ressources et la destruction de l'environnement », souligne l'expert [Sabrina Ren].

Nicolas Gallant, www.capital.fr, 25 juillet 2018

ANNEXE 4

La Chine, plus gros pollueur du monde, accélère sa transition énergétique

Depuis quelques années, la République populaire met les bouchées doubles pour réduire sa pollution. Outre un développement rapide des énergies renouvelables, elle cherche à moderniser son appareil productif en réduisant sa trop grande dépendance au charbon pour produire son électricité, tout en maintenant sa croissance économique.

Robert Jules, *La Tribune*, 21 décembre 2018

Pays	Émissions de CO_2 en 2016 (en milliards de tonnes par an)	Part de chaque pays (en %)
Monde entier	32,32	
Chine	9,06	28 %
États-Unis	4,83	14,9 %
Inde	2,08	6,4 %
Russie	1,44	4,5 %
Japon	1,15	3,6 %

Source pour le tableau : Agence internationale de l'énergie

ANNEXE 5

Chine : des inégalités sociales persistantes en 2017

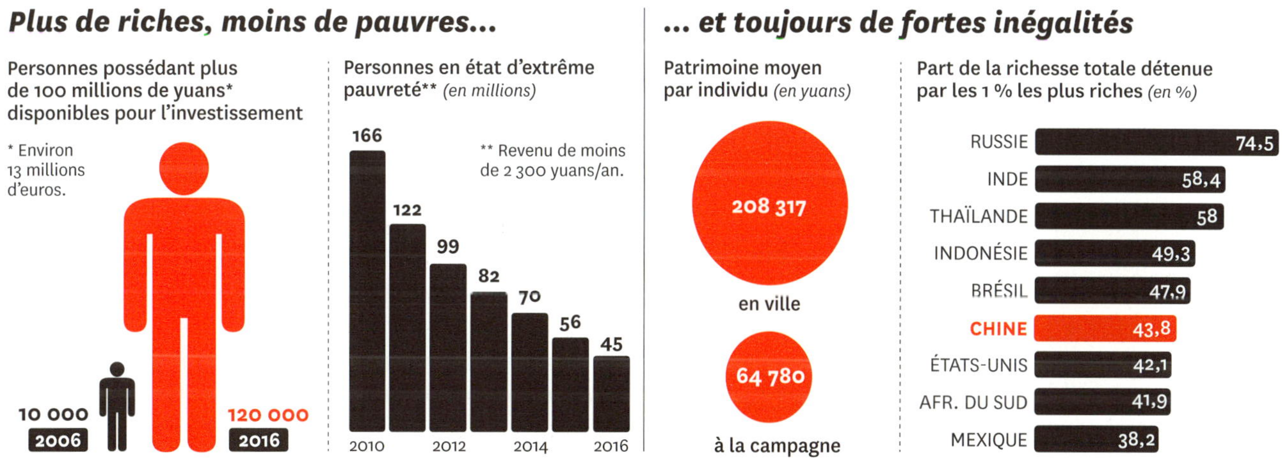

SOURCES : "SOUTH CHINA MORNING POST", "THE INDEPENDENT" (STATISTACHARTS, CREDIT SUISSE GLOBAL WEALTH DATABOOKS), GUOJIA TONGJI JU

© Courrier International - Catherine Douthey, « En Chine, moins de pauvres mais toujours de fortes inégalités », 20 octobre 2017

SYNTHÈSE

Podcast

Synthèse
· rédigée
· animée

La mesure de la production et ses prolongements

1 Comment mesure-t-on la production ?

Les agents économiques créent de la richesse lors des opérations de production

Au niveau de l'entreprise, cette richesse est mesurée par la **valeur ajoutée** (VA)

VA = production vendue - consommations intermédiaires

Au niveau d'une nation, cette richesse est mesurée par le **produit intérieur brut** (PIB)

PIB = somme des VA créées sur le territoire durant un an

2 Quelles sont les limites du PIB ?

L'usage du PIB comme instrument de mesure de la performance d'une économie est critiqué

Le PIB est un indicateur **incomplet** et **imprécis**

- Il n'informe pas sur la répartition des richesses (inégalités)
- Certaines activités néfastes augmentent le PIB (ex : accidents, catastrophes naturelles) Le PIB ne prend pas en compte les effets néfastes de la croissance (ex : pollution)
- Certaines activités augmentant le bien-être ne sont pas ou mal prises en compte dans le PIB (ex : bénévolat)

3 Quels indicateurs pour compléter le PIB ?

Il existe des indicateurs pour compléter le PIB

Ils prennent en compte des données quantitatives et qualitatives

- L'indice de développement humain (IDH) (Santé + Éducation + PIB par habitant)
- Indicateurs de qualité de vie, de bonheur, développement durable, etc.

MOTS-CLÉS

- Croissance
- Indice de développement humain (IDH)
- Produit intérieur brut (PIB)
- Valeur ajoutée (VA)

THÈME 2 : Comment la richesse se crée-t-elle et se répartit-elle ?

La dynamique de la répartition des revenus

NOTIONS DU PROGRAMME

- Revenus primaires (revenus du travail, revenus du capital, revenus mixtes)
- Partage de la valeur ajoutée
- Revenu disponible

PLAN DU CHAPITRE

Découvrir

L'INSTANTANÉ

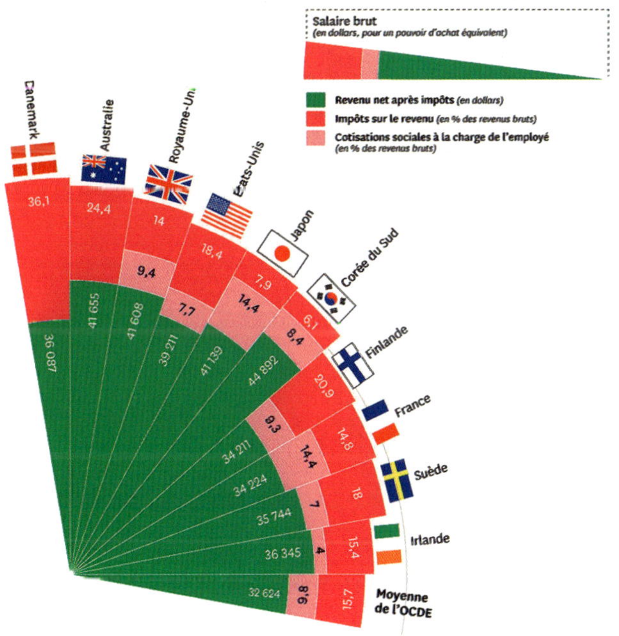

Source : Infographie Howmuch (extrait)

1 Observez cette infographie et donnez-en une interprétation.

EN DIRECT

Baisse du revenu moyen disponible des Français (1'11'')

Vidéo

1 Proposez votre propre définition du revenu disponible.

2 Expliquez la baisse de revenu mentionnée dans la vidéo.

1 Quels sont les revenus primaires des agents économiques ?

A Les revenus du travail

DOC. 1

Revenus d'activité[1] des travailleurs indépendants	Niveau en 2016 (en €)
Industrie (hors artisanat commercial)	2 770
Construction	2 490
Commerce	2 560
Transports	1 920
Services aux entreprises et services mixtes	4 510
Services aux particuliers (hors santé)	1 590
Santé et action sociale	5 510

1. Revenu d'activité : revenu annuel déclaré des travailleurs indépendants ou non salariés.

www.inegalites.fr

DOC. 2

Salaires mensuels moyens nets selon le secteur d'activité (en euros)

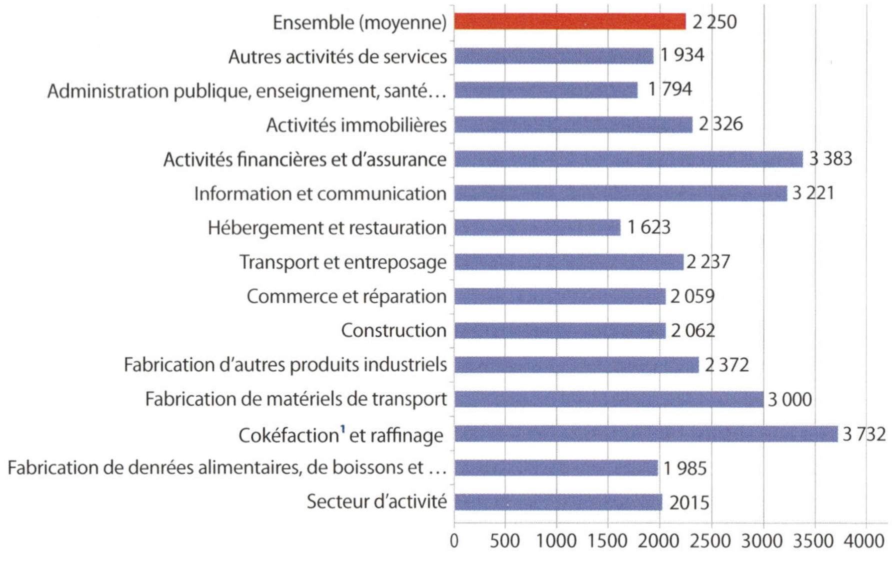

1. La cokéfaction est un procédé par lequel les résidus lourds issus de la distillation du pétrole sont transformés en produits pétrolier légers.

www.insee.fr

Fiche méthode 2 > p. 161
Fiche méthode 3 > p. 163

À partir des documents 1 et 2 :

1. Expliquez la différence entre un revenu d'activité (doc. 1) et un salaire (doc. 2).
2. Déterminez à partir du document 1 les trois secteurs qui permettent de percevoir les revenus d'activité les plus élevés.
3. Calculez à partir du document 1 le revenu d'activité mensuel moyen des travailleurs indépendants en France. Que constatez-vous par rapport au salaire mensuel moyen (doc. 2) ?

B Les revenus du capital et de la propriété

DOC. 3

Les dividendes des actionnaires de l'entreprise l'Oréal (en euros)

Estimation L'Oréal du marché cosmétique mondial en 2017 en prix nets fabricants.
Hors savons, hygiène orale, rasoirs et lames.
Hors effets monétaires.

Rapport annuel 2017 du groupe L'Oréal, www.loreal-finance.com

COUP DE POUCE

Un **dividende** est un revenu versé par l'entreprise à ses actionnaires, propriétaires d'une partie du capital de l'entreprise, une ou plusieurs fois par an.
Ce revenu correspond à une part du bénéfice réalisé par l'entreprise.

Fiche méthode 3 > p. 163
Fiche méthode 6 > p. 167

4. Calculez le taux d'évolution du dividende distribué par l'Oréal entre 2013 et 2017.
5. Indiquez si, pour les actionnaires, ces revenus sont liés au travail ou au capital. Justifiez votre réponse.

DOC. 4

Profil des loueurs, revenus, petites mains… comprendre le système Airbnb

Arrivée discrètement au début 2011 à Paris, la plateforme de locations saisonnières est devenue, six ans plus tard, incontournable de l'offre touristique française. […] [Les pouvoirs publics] accusent Airbnb d'inciter les propriétaires à sortir leur bien du marché locatif pour le proposer à l'année sur le marché bien plus juteux de la location de courte durée. […]

Plus de 2 200 euros par mois en moyenne pour les hébergeurs louant à l'année

Qu'ils soient professionnels ou non, certains hébergeurs ont fait d'Airbnb leur principale source de revenus. Une partie d'entre eux ne met à la location qu'un seul appartement – souvent un studio – tout au long de l'année. D'autres deviennent de véritables agences, gérant parfois plus de 120 logements. Une activité pas toujours légale, la location d'un logement plus de cent vingt jours par an étant réglementée, particulièrement dans les grandes villes.

Isabelle Rey-Lefebvre, Laura Motet, Maxime Ferrer et Audrey Travère, *Le Monde*, 4 août 2017

6. Identifiez le type de revenu de la propriété mentionné dans le document 4.
7. Analysez les effets de ces nouvelles pratiques pour les propriétaires de logements loués avec Airbnb.

CAS PRATIQUE Les revenus de Gilles Béraud, agriculteur breton

Gilles Béraud possède une exploitation agricole près de Brest (Finistère). Il y cultive des légumes sur une surface de 20 hectares et possède un troupeau de 150 vaches laitières. Son activité lui a permis de dégager un chiffre d'affaires de 450 000 euros l'an dernier. Une fois les diverses charges de son exploitation déduites, il lui reste environ 2 600 € de revenu par mois pour faire vivre sa famille. D'où provient ce revenu ? Du travail de Gilles, bien sûr, mais aussi du capital utilisé sur son exploitation (terres agricoles, bâtiments et machines).

8. Selon la classification de l'Insee, les revenus de Gilles Béraud sont « mixtes ».
Expliquez ce terme en vous appuyant sur les informations présentées dans ce cas pratique.
9. Citez deux autres professions qui génèrent des revenus mixtes.

2 Comment se partage la valeur ajoutée créée ?

A Le partage entre salaires et profits

COUP DE POUCE

L'**excédent brut d'exploitation** (EBE) constitue le profit dégagé par l'entreprise. Il se calcule en enlevant à la VA les charges de personnel (salaires) et les impôts (à l'exception de l'impôt sur les sociétés).

DOC. **5**

Le partage de la valeur ajoutée (VA)

La répartition de la valeur ajoutée est un enjeu économique majeur et revêt une dimension politique forte. Elle détermine la répartition des fruits de la production économique entre travail, capital, et revenus prélevés par l'État.

La valeur ajoutée se répartit entre revenus du travail (les salaires), revenus du capital et prélèvements de l'État ou, plus simplement, entre les salaires, les bénéfices (mesurés en général par l'excédent brut d'exploitation) et les impôts.

Une augmentation de la part de la valeur ajoutée allant aux salaires vise à favoriser l'accroissement de la demande et ainsi à stimuler l'offre et l'emploi. Si la part allant aux propriétaires du capital (les actionnaires) augmente, elle doit leur permettre de continuer d'apporter des capitaux dans une entreprise jugée rentable et de financer plus facilement les investissements.

La répartition du partage de la valeur ajoutée est globalement stable en France depuis trente ans. Selon l'Insee, la part des salaires et traitements bruts était de 42,6 % en 2016 (contre 40,9 % en 1990).

www.vie-publique.fr

1. Représentez la répartition de la valeur ajoutée sous la forme d'un schéma.
2. Identifiez à l'aide de vos connaissances et du document 5 les enjeux liés au partage de la valeur ajoutée.
3. Faites le lien entre la répartition de la valeur ajoutée et les revenus primaires.

DOC. **6**

L'évolution de la part des salaires et de l'EBE dans la VA en France entre 2000 et 2017 (en %)

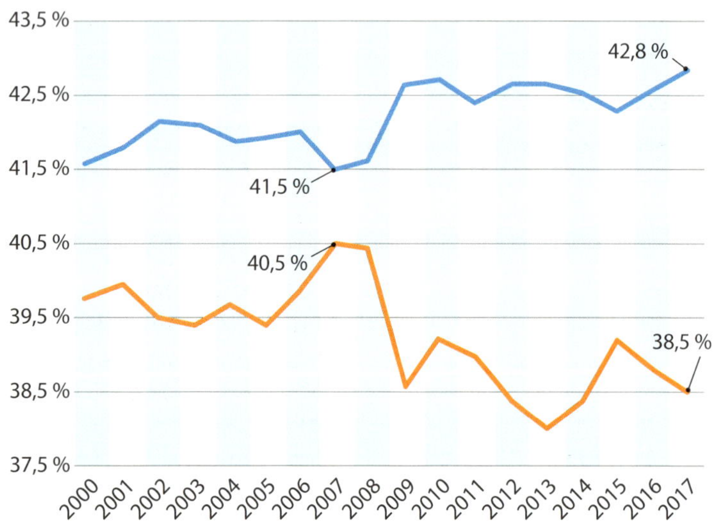

Source : Insee

4. Indiquez ce que représente ce graphique.
5. Dégagez la tendance générale du graphique.
6. Calculez le taux d'évolution de la part des salaires et de l'EBE dans la valeur ajoutée entre 2007 et 2017.
7. Présentez la situation particulière de la France en termes de partage de la richesse.

Non, l'économie française ne privilégie pas les actionnaires sur les travailleurs (2'26")

Vidéo

COUP DE POUCE

Taux d'évolution (en %) = $\frac{\text{valeur finale - valeur initiale}}{\text{valeur initiale}} \times 100$

B La déformation du partage de la VA

DOC. 7

Comment expliquer la déformation du partage de la valeur ajoutée depuis 30 ans ?

Quel rôle a joué le progrès technologique [...] ?

Le progrès technologique, du fait de l'automatisation de nombreuses tâches ou du développement de l'intelligence artificielle par exemple, entraînerait une « course entre l'homme et la machine ». [...] Des auteurs montrent que le progrès technologique [...] incite les entreprises à remplacer du travail par du capital, et accumuler ainsi plus de capital productif. [...]

Pourquoi cette explication par le progrès technologique n'est pas suffisante [...] ?

L'augmentation de la part des revenus du capital dans la valeur ajoutée (et son corollaire, la baisse de la part des revenus du travail) s'explique surtout par une augmentation de la part des profits, ou plus généralement du rendement du capital. [...] Ces profits sont utilisés pour payer les actionnaires (sous forme de dividendes et de rachats d'actions), ou peuvent aussi être réinvestis à l'étranger, investis dans les moyens de production ou encore mis en réserve.

Quelles autres évolutions structurelles sont à l'origine de la croissance des revenus du capital ?

[...] Une première s'intéresse à la marge que font les entreprises lors de la vente de leur production, [...]. Cette marge aurait beaucoup augmenté depuis le début des années 1980. En cause, une concentration accrue de l'activité économique qui augmenterait le pouvoir de marché des plus grandes entreprises [comme Google ou Apple]. L'évolution des profits est aussi à relier à des changements dans la gouvernance des entreprises. [...] Cette évolution reflète le passage depuis les années 1980 d'un capitalisme contractuel à un capitalisme financiarisé, facilité par la globalisation financière [...].

http://ses.ens-lyon.fr

8 Recensez les déterminants de la déformation du partage de la valeur ajoutée.

DOC. 8

Robotisation et emploi

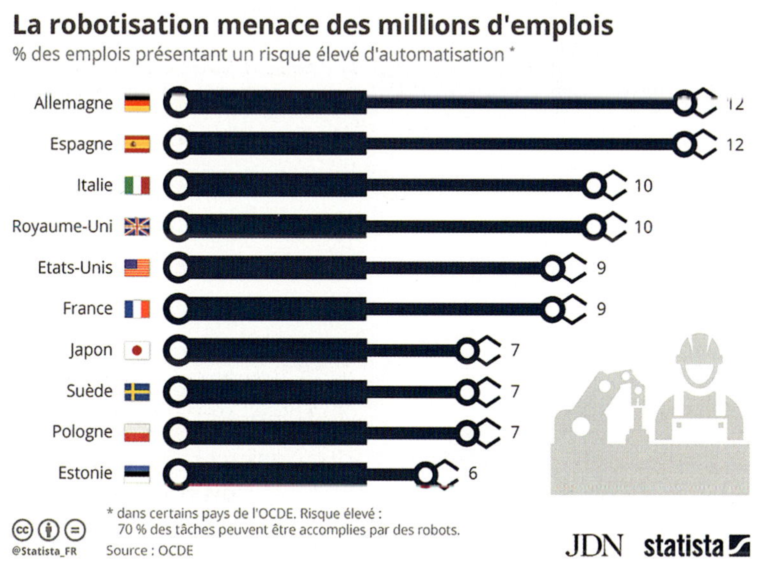

9 Commentez la tendance générale qui se dégage du document 8.

10 Expliquez en quoi la robotisation menace finalement assez peu les emplois dans ces différents pays.

3 Comment se forme le revenu disponible des ménages ?

A Les revenus de transfert et les prélèvements obligatoires

DOC. 9

Que sont les revenus de transfert ?

Devant les inégalités de la répartition primaire des revenus, l'État organise la redistribution des richesses. Les revenus de transfert issus de cette redistribution sont versés par l'État et les organismes sociaux aux ménages, en fonction du statut des personnes et de leur situation sociale. Pour les ménages, aux revenus primaires viennent s'ajouter les revenus de transfert pour former le revenu disponible.

La redistribution est un mécanisme mis en place par l'État qui consiste à prélever des revenus chez certains, par les cotisations sociales et les impôts, pour les redistribuer à d'autres, sous forme d'allocations ou de prestations. Ainsi l'État transfère une partie des revenus des ménages sans enfants vers les ménages avec enfants, des ménages bien portants vers les ménages malades, des ménages actifs vers les ménages inactifs…

www.lefrancaisdesaffaires.fr

DOC. 10

Les principales prestations de protection sociale

		2014	2015	2016
Total des prestations (en milliards €)		**690,2**	**702,2**	**714,5**
Santé	Maladie	195,8	200,1	204,1
	Invalidité	37,2	38,0	38,9
	AT-MP[1]	7,1	7,0	6,8
Vieillesse-Survie	Vieillesse	276,5	281,7	286,9
	Survie	38,0	38,3	38,4
Famille		54,4	54,5	54,5
Emploi	Insertion et réinsertion prof.	3,5	3,5	4,2
	Chômage	39,4	40,0	40,3
Logement		18,0	18,1	18,4
Pauvreté-Exclusion sociale		20,3	20,9	21,9

1. **AT-MP** : Accident du travail et maladie professionnelle

Source : DREES

1. Relevez dans le tableau les deux revenus de transfert les plus versés aux ménages.
2. Identifiez les différentes prestations perçues par les ménages et leur évolution.

DOC. 11

Le montant des prélèvements obligatoires dépasse 1 000 milliards d'euros, un record

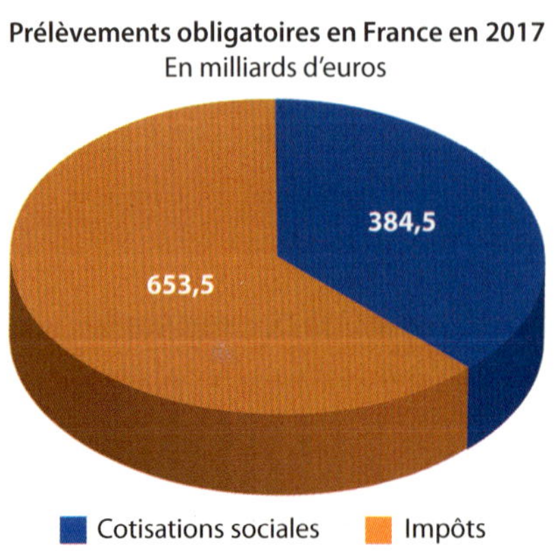

Source : Insee

3. Calculez le montant total des prélèvements obligatoires en 2017 ainsi que le pourcentage respectif de chaque type de prélèvement.
4. Comparez ces valeurs aux données suivantes :
   - total des prélèvements en 2016 : 994,7 milliards d'euros
   - total des prélèvements en 2015 : 978,4 milliards d'euros

B La formation du revenu disponible

DOC. 12

Revenu disponible brut et pouvoir d'achat

La notion usuelle de pouvoir d'achat correspond au pouvoir d'achat du revenu disponible brut (encore appelé « revenu réel disponible »). [...] Le revenu disponible brut est le revenu qui reste à la disposition des ménages pour la consommation et l'épargne une fois déduits les prélèvements fiscaux et sociaux. Il comprend en particulier les revenus d'activité, les revenus du patrimoine et les prestations sociales (allocations familiales, minima sociaux, pensions de retraite, indemnités de chômage...). Le revenu disponible brut est diminué des impôts et cotisations sociales versés. Enfin, l'évolution du revenu disponible brut est corrigée de la hausse des prix des produits consommés.

5 À l'aide des informations fournies dans le document 12, complétez la formule suivante permettant de retrouver le mode de calcul du revenu disponible brut (RDB) :
RDB = ... + ... + ... − ... − ...

6 Indiquez quel élément est pris en compte pour calculer le pouvoir d'achat.

DOC. 13

Pouvoir d'achat et revenu disponible des ménages

	2006	2007	2008	2009	2010	2011	2012	2013	2014	2015	2016
Évolution de l'indice du prix en %	2,1	2,1	2,8	− 1,5	1,2	1,8	1,4	0,6	0,1	0,3	− 0,1

Évolution du revenu disponible brut et du pouvoir d'achat des ménages en France

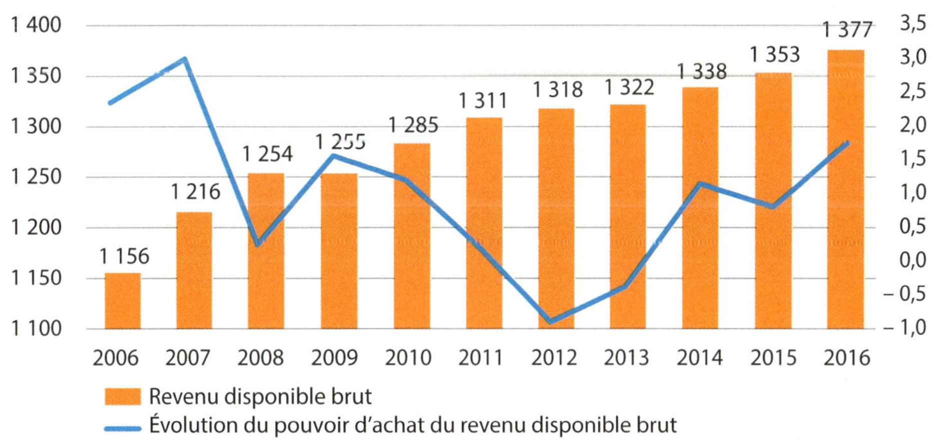

Comment calculer l'évolution du pouvoir d'achat et lire le graphique ?

L'évolution du RDB (cf. lecture sur le graphique) entre 2015 et 2016 était de $\frac{1\,377 - 1\,353}{1\,353}$ = 1,7 %.

Sachant que l'évolution de l'indice des prix (cf. lecture du tableau) était de − 0,1 en 2016, l'évolution du pouvoir d'achat était de 1,7 − (− 0,1) = 1,8 % (vérification sur la courbe du graphique).

Source : Insee

7 Calculez l'évolution du pouvoir d'achat en 2012.

8 Comparez les résultats obtenus pour les deux années (2016 et 2012).

9 Analysez les évolutions respectives du revenu disponible brut et du pouvoir d'achat sur 10 ans.

ACTIVITÉS

A Tester ses connaissances

Indiquez si chacune des affirmations suivantes est vraie ou fausse en justifiant votre réponse.

1. Les ménages perçoivent des revenus primaires quand ils apportent leur travail à l'entreprise.
2. Les dividendes sont des revenus du capital.
3. Les loyers sont considérés comme des revenus du travail.
4. Le partage de la valeur ajoutée correspond au partage de la richesse créée entre salaires et profits.
5. Le partage de la valeur ajoutée peut être affecté par le progrès technique.
6. Les prélèvements obligatoires sont composés uniquement de cotisations sociales.
7. Le revenu disponible correspond au revenu primaire des ménages.
8. Les revenus de transfert sont pris en compte dans le calcul du revenu disponible.
9. Les revenus mixtes sont appelés ainsi car ils rémunèrent à la fois le facteur travail et le capital.
10. Les retraites sont des revenus primaires.

B Préparer ses arguments ORAL Fiche méthode 8 › p. 171

Comment se partage la valeur ajoutée ?

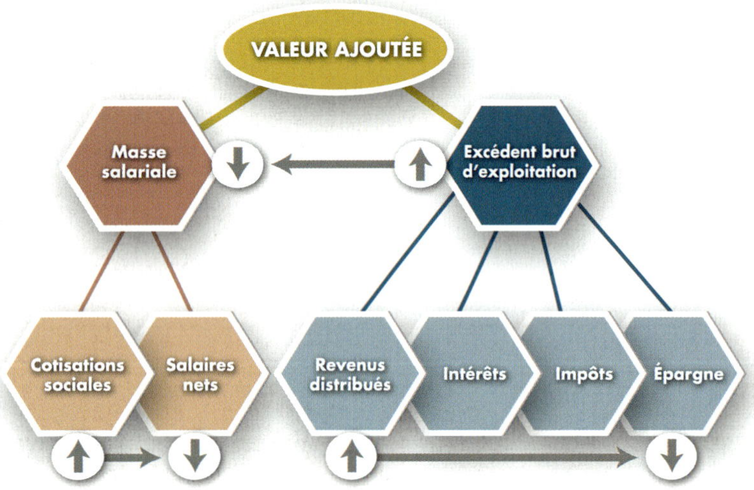

NB : les flèches verticales indiquent des évolutions allant dans des sens opposés ; les flèches horizontales, des liens de cause à effet.

Alternatives économiques, novembre 2011.

1. Commentez les trois séries de flèches présentes sur le schéma.
2. Présentez, à partir des informations fournies par le schéma, des arguments permettant de montrer que toute augmentation des revenus distribués par l'entreprise à ses propriétaires réduit sa capacité à investir.

C Utiliser les TICE

Recherche

1. Rendez-vous sur le site de l'Observatoire des inégalités (www.inegalites.fr/) et consultez les données disponibles dans le thème « revenus, patrimoine, pauvreté » intitulée « Riches, pauvres et classes moyennes : comment se situer ? ».
2. Définissez la notion de « revenu médian ».
3. Tentez ensuite de répondre à la question « Qui est riche ? » en prenant pour exemple un couple avec deux enfants.

D Analyser une situation économique

DOC. 1

Le Smic français est l'un des plus élevés d'Europe

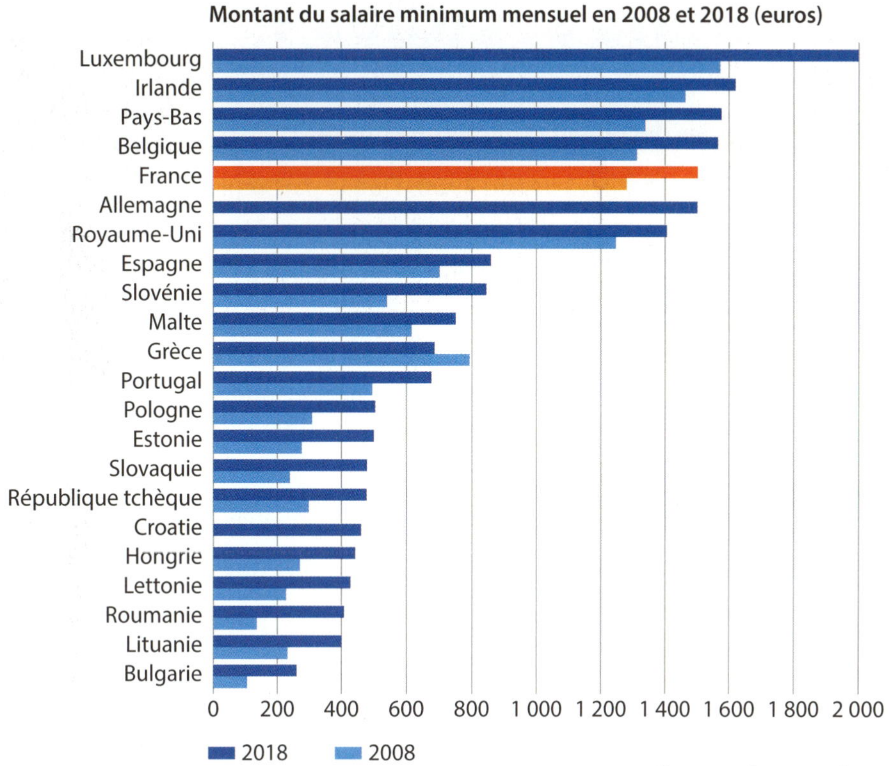

Sources : Eurostat, Insee

DOC. 2

Gilets jaunes, revaloriser le Smic ? Pas si simple

Dans le contexte de la crise des Gilets jaunes une proposition revient fréquemment : revaloriser le Smic, qui est actuellement de 9,88 euros bruts de l'heure, soit 1 499 euros mensuels pour 35 heures par semaine. Cela permettrait de soutenir le pouvoir d'achat des salariés du bas de l'échelle, affectés par la hausse du prix des carburants. Il n'est pas sûr cependant que les marges de manœuvre soient importantes sur ce plan.

Depuis le début de la crise en 2008, la France figure, avec l'Irlande et la Grèce [...], parmi les pays européens où ce salaire minimum a le moins augmenté et cela d'assez loin. [...] Est-ce le signe qu'il est temps de se desserrer la ceinture ? Pas sûr. Car une telle hausse aurait un effet d'entraînement sur l'ensemble des salaires. Or la France reste un des pays européens où la part des salaires dans la valeur ajoutée est la plus élevée [58,3 %] [...]. Une hausse importante [des salaires] accroîtrait encore leur part dans la valeur ajoutée, pénalisant les profits et donc la propension des entreprises à investir. [Elle] augmenterait également la consommation globale des ménages, avec comme corollaire un creusement supplémentaire des déficits extérieurs. Si on veut améliorer le pouvoir d'achat des salariés du bas de l'échelle, il vaudrait donc probablement mieux jouer sur d'autres mécanismes et orienter vers eux une part supplémentaire des flux de redistribution publique [...]. Cela implique cependant a contrario de prélever davantage sur les revenus des plus aisés si on veut éviter de creuser les déficits publics.

Guillaume Duval, www.alternatives-economiques.fr, 10 décembre 2018

1. Analysez l'évolution du montant du salaire minimum mensuel en France (document 1) ainsi que la part des salaires dans la valeur ajoutée (document 2) par rapport aux autres pays de l'Europe.
2. Expliquez, à partir des différents documents, pourquoi il serait difficile d'augmenter le Smic en France. Proposez des solutions.

Les ménages peuvent-ils se passer des prestations sociales ?

À partir de vos connaissances et des documents fournis en annexes :

1. Relevez l'évolution des prestations sociales depuis 1960. Quelle part représentent les prestations sociales dans le revenu disponible des ménages en 2017 ?
2. Calculez à combien s'élève le montant total des dépenses en prestations sociales en 2016. Analysez la répartition de ces dépenses.
3. Présentez l'évolution des dépenses liées à la maladie et à la vieillesse.
4. Rédigez une argumentation qui vous permette de répondre à la question suivante : *Les ménages peuvent-ils se passer des prestations sociales ?*

ANNEXE **1**

Évolution de la part des prestations sociales dans le revenu disponible brut des ménages de 1960 à 2017

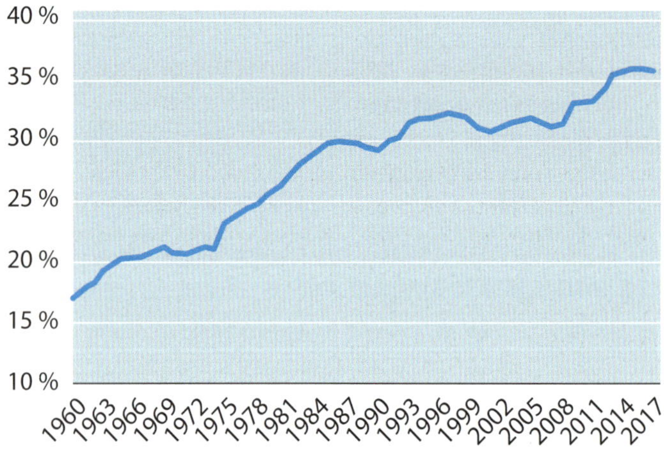

Source : Insee

ANNEXE **2**

Part des prestations sociales dans le revenu disponible brut des ménages

	Prestations sociales (en milliards d'euros)	Revenu disponible brut (en milliards d'euros)	Part des prestations dans le RDB (en %)
2014	470,6	1 315,1	35,8 %
2015	477,9	1 330,8	35,9 %
2016	486,3	1 353,3	35,9 %
2017	495,4	1 389,0	35,7 %

Source : Insee

ANNEXE 3

Les dépenses contraintes ont plus que doublé en soixante ans

Les dépenses contraintes. Une grande partie des dépenses (remboursement de crédits, chauffage, télécoms, banques et assurance…) ne sont pas renégociables à court terme : elles sont « pré-engagées » ou contraintes. Ces dépenses, qui ont doublé en cinquante ans, représentent désormais plus d'un tiers du budget des ménages. Le reste correspond au pouvoir d'achat « arbitrable », c'est-à-dire les dépenses sur lesquelles les consommateurs ont le sentiment de prendre des décisions.

Anne-Aël Durand,
Le Monde, 19 février 2018

ANNEXE 4

Prestations sociales : 714 milliards d'euros versés en 2016

Le montant total des prestations de protection sociale (santé, retraite, famille, chômage) a augmenté de 1,8 % en 2016, à 714 milliards d'euros, selon […] la Drees, le service de statistiques des ministères sociaux. Cette somme représente 32 % du produit intérieur brut (PIB), une proportion stable par rapport à 2015 […].

Comme les années précédentes, les prestations de santé ont progressé plus vite que la moyenne (+ 2 % à 249,9 milliards d'euros), en raison notamment d'une « dynamique plus soutenue des soins hospitaliers » et d'un recours prolongé aux pensions d'invalidité du fait du recul de l'âge légal de départ en retraite. Les prestations liées à l'emploi affichent également une forte hausse (+ 2,8 % à 44,8 milliards d'euros), essentiellement due à « la montée en charge du plan + 500 000 formations supplémentaires » lancé par François Hollande. Les dépenses consacrées à la pauvreté et à l'exclusion sociale (+ 2,9 % à 21,3 milliards d'euros) ont pour leur part été dopées par la revalorisation du revenu de solidarité active (RSA). Principal poste de dépense, les prestations de « vieillesse-survie » ont en revanche évolué en-deçà de la moyenne (+ 1,7 % à 325 milliards d'euros) en raison de la faible revalorisation des pensions de retraite et de réversion, indexées sur l'inflation. Les dépenses liées à la famille sont celles qui ont le moins varié (+ 0,9 % à 54,6 milliards), conséquence de la baisse de la natalité, mais aussi « de la modulation des allocations familiales en fonction des ressources ». Par ailleurs, les prestations destinées au logement ont augmenté de 1,3 % à 18,4 milliards d'euros.

Le Figaro, 30 novembre 2017

ANNEXE 5

Répartition des prestations sociales par risques en 2016

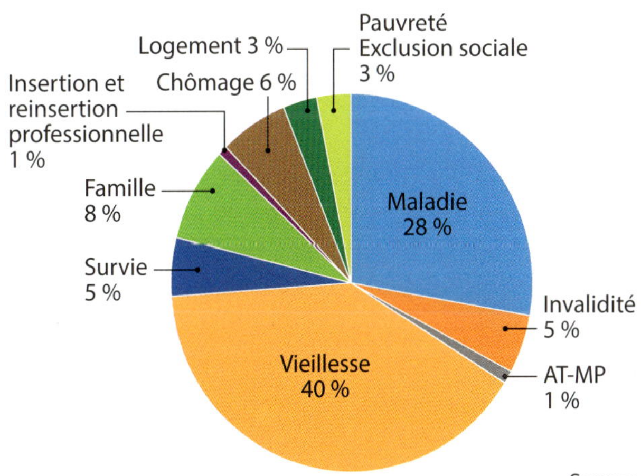

Source : DREES

SYNTHÈSE

Podcast

Synthèse
· rédigée
· animée

La dynamique de la répartition des revenus

1 Quels sont les revenus primaires des agents économiques ?

Les revenus primaires proviennent du partage de la valeur ajoutée

- **Revenus du travail** → Salaires
- **Revenus du capital** → Dividendes, Intérêts, Loyers
- **Revenus mixtes** → Revenus des entrepreneurs individuels (artisans, commerçants, professions libérales)

2 Comment se partage la valeur ajoutée créée ?

La richesse produite dans l'économie est répartie entre les principaux participants à la production

- Les salariés perçoivent environ les deux tiers de cette valeur ajoutée
- Les entreprises perçoivent le tiers restant sous la forme d'exédents bruts d'exploitation (EBE)

Certains facteurs comme le progrès technique peuvent déformer sur le long terme le partage de la valeur ajoutée

3 Comment se forme le revenu disponible des ménages ?

Le revenu brut des ménages (RDB) correspond au revenu effectivement utilisable pour consommer et épargner

↓

RDB = Revenus primaires - Impôts et cotisations + Revenus de transfert

Le pouvoir d'achat (RDB réel) correspond au RDB corrigé de la hausse des prix

MOTS-CLÉS

• Dividende • Excédent brut d'exploitation (EBE) • Impôts • Partage de la VA • Prélèvements obligatoires • Revenu disponible • Revenus mixtes • Revenus primaires • Revenus de transfert • Salaire et traitements

CHAPITRE 9

THÈME 3 : Comment les ménages décident-ils d'affecter leur revenu ?

L'arbitrage entre consommation et épargne

NOTIONS DU PROGRAMME

- Les déterminants de l'épargne et de la consommation
- La propension à consommer
- Le taux d'épargne
- Le patrimoine

PLAN DU CHAPITRE

1. Quels sont les déterminants à la consommation ?
2. Pourquoi les ménages épargnent-ils ?

Découvrir

L'INSTANTANÉ

↑ À l'aide de l'illustration, relevez les raisons qui poussent un individu à épargner.

EN DIRECT

Black Friday : plus important jour de shopping de l'année (4'49'') Vidéo

1. Expliquez le terme « Black Friday ».
2. Commentez son évolution, de ses origines à nos jours.

1 Quels sont les déterminants à la consommation ?

A Les critères économiques

DOC. 1

Les déterminants économiques de la consommation des ménages français

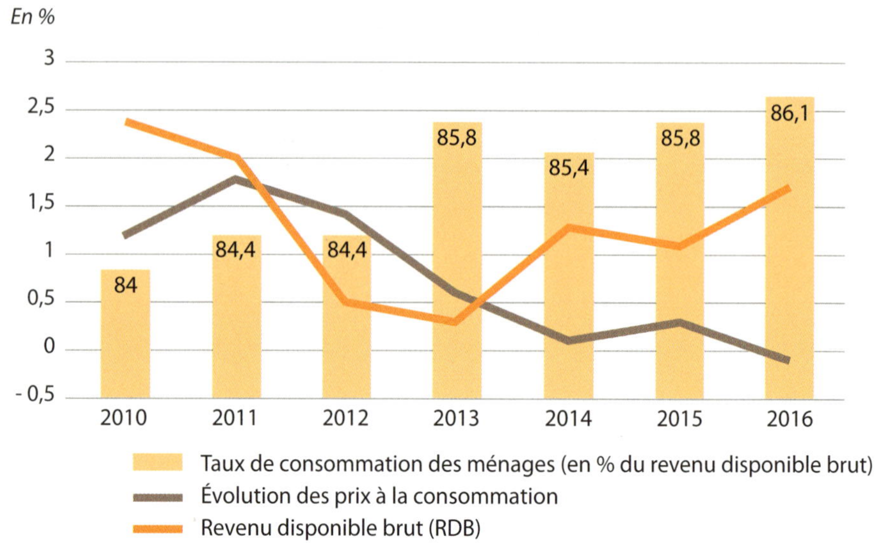

Source : Insee, Taux d'épargne des ménages en 2017 / comptes nationaux - base 2014

1 Identifiez les éléments économiques influençant la consommation des ménages français.

2 Interprétez l'évolution de la consommation des ménages français depuis 2010.

DOC. 2

Propension moyenne et marginale à consommer

Emma travaille depuis plusieurs années au service Ressources humaines d'une prestigieuse maison de parfumerie parisienne. Au début assistante de la Directrice des Ressources humaines, elle a atteint depuis un an la fonction de « DRH ». Depuis, ses revenus mais aussi ses dépenses ont évolué.

	Fonction d'Assistante DRH	Fonction de DRH
Revenu net mensuel	3 000	4 000
Postes de dépenses mensuelles		
Loyer	950	950
Dépenses courantes Alimentation, produits d'hygiène...	600	650
Transport	150	150
Sorties	200	400
Habillement, accessoires	250	500

COUP DE POUCE

Un revenu est consommé ou épargné. Pour évaluer la proportion de chaque poste, il faut calculer leurs **propensions** moyennes.

La **propension moyenne** à consommer est donc la « *part du revenu qui est consommée* » :

$$\frac{C}{R} = \frac{\text{Consommation}}{\text{Revenu}}$$

La **propension marginale** à consommer est la part du revenu supplémentaire consacrée à un supplément de consommation :

$$\frac{\Delta C}{\Delta R} = \frac{\text{Variation de la consommation}}{\text{Variation du revenu}}$$

3 Calculez la propension à consommer d'Emma en tant que :
a. assistante DRH ;
b. DRH.

4 Calculez la propension marginale à consommer d'Emma suite à sa promotion dans l'entreprise.

5 Faites de même pour la somme restante. Nommez-la.

B Les autres critères

DOC. 3

L'arbitrage consommation-épargne dans le temps

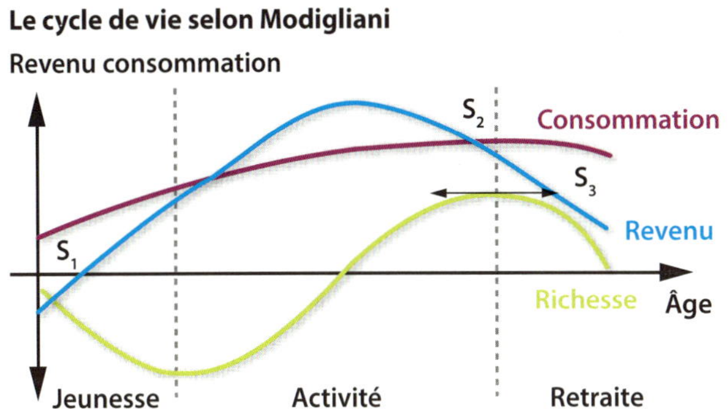

Source : OCDE

6 Expliquez les évolutions de la consommation tout au long de la vie d'un individu.

7 Analysez les situations S_1, S_2 et S_3, établissant un parallèle entre les courbes de consommation et de revenu.

DOC. 4

Étude de 2017 sur les habitudes alimentaires des Français

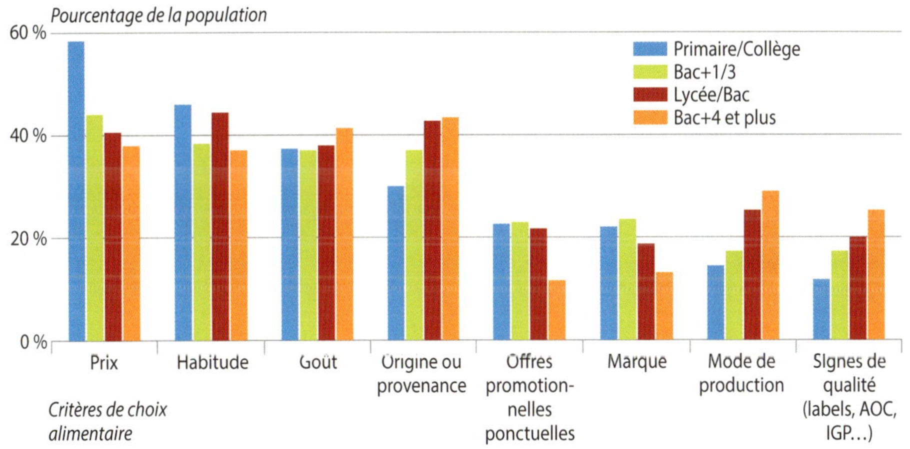

Source : www.anses.fr

8 À l'aide du graphique, relevez l'impact du niveau d'étude sur les choix de consommation alimentaire.

9 Réfléchissez à d'autres facteurs qui pourraient impacter la consommation alimentaire.

DOC. 5

Quand le 93 rhabille le luxe

De l'autre côté du périphérique, la fascination pour le luxe ne date pas d'hier. Intérêt qui s'est largement démocratisé ces dernières années, comme l'explique le sociologue Frédéric Godart : « L'attrait des jeunes de banlieue pour les marques de luxe a toujours existé. C'est l'accès à la connaissance qui a changé, notamment grâce aux réseaux sociaux. Avant, il fallait lire les magazines de mode, faire partie d'un certain milieu. Aujourd'hui, pas besoin de faire une école pour connaître les noms de tous les acteurs de la mode. » Quant au port de la casquette Burberry ou de la banane Gucci, nul besoin d'être Pierre Bourdieu[1] pour se rendre compte de l'importance des signes extérieurs de richesse pour la jeunesse se trouvant à Paris extra-muros. Les perspectives d'avenir y sont limitées ? On se reporte sur les logos de marques. On ne peut s'affirmer à travers le travail, trop aléatoire ? On s'empare de signes portables de réussite. […]

Maxime Leteneur, « Quand le 93 rhabille le luxe », *Technikart*, 10 septembre 2018

1. Sociologue français (1930-2002).

10 Relevez et expliquez les raisons qui poussent certains jeunes à consommer des produits de luxe.

2 Pourquoi les ménages épargnent-ils ?

A Les motifs à l'épargne

DOC. 6

Campagne publicitaire pour l'épargne

DOC. 7

Les raisons de l'épargne chez les ménages

Pour un ménage, l'épargne peut répondre à plusieurs objectifs :

- **Économiser** pour un achat futur, car les finances actuelles sont insuffisantes
- **Spéculer** dans le but de se constituer un capital financier. En fonction de sa peur du risque, le ménage choisira un placement plus ou moins aléatoire.
- **Prévoir** pour se prémunir des imprévus de la vie (chômage, maladie, décès, handicap, etc.).

1. À l'aide du document 7, retrouvez les motifs de l'épargne évoqués par le Crédit agricole (doc. 6).

CAS PRATIQUE Les propensions à consommer et à épargner de la famille Martin

Kinésithérapeutes, Stéphanie et Nicolas MARTIN sont un jeune couple actif, dont les revenus leur permettent de se constituer une épargne confortable. En effet à eux deux, ils dégagent un revenu mensuel de 4 500 €, pour des dépenses moyennes de 2 450 €.

Mais aujourd'hui une grande nouvelle vient bouleverser leur vie : Stéphanie est enceinte… de jumeaux !

Assis autour de la table, Stéphanie et Nicolas ont estimé que leurs dépenses vont augmenter d'environ 35 %, alors que la hausse de leurs salaires ne va pas excéder 5 % sur les cinq années à venir.

Cela inquiète Stéphanie qui veut mettre toutes les chances du côté de ses enfants : études, loisirs, équipements… Après discussion, les parents Martin ne sont pas d'accord : Stéphanie veut placer l'argent sur un livret d'épargne, alors que Nicolas préférerait investir en Bourse pour optimiser la rentabilité de leurs économies.

2. Calculez les propensions moyennes à consommer et à épargner du couple. Interprétez.
3. Déterminez les conséquences financières de la naissance des jumeaux, grâce aux calculs des propensions marginales à consommer et à épargner.
4. Identifiez les raisons respectives qui poussent Stéphanie et Nicolas à vouloir épargner.

B Les différentes formes de l'épargne

DOC. 8

L'évolution du taux d'épargne des ménages français

L'épargne totale comprend l'épargne financière et non financière. L'épargne non financière est la partie de l'épargne que les ménages consacrent à l'investissement : il s'agit des achats d'équipements par les ménages entrepreneurs individuels et des achats de logements pour les ménages en général. L'épargne financière regroupe les placements réalisés dans le but de percevoir des intérêts ainsi que l'argent liquide thésaurisé (c'est-à-dire mis en « bas de laine »).

DOC. 9

Le taux d'épargne des ménages français de 1950 à 2017

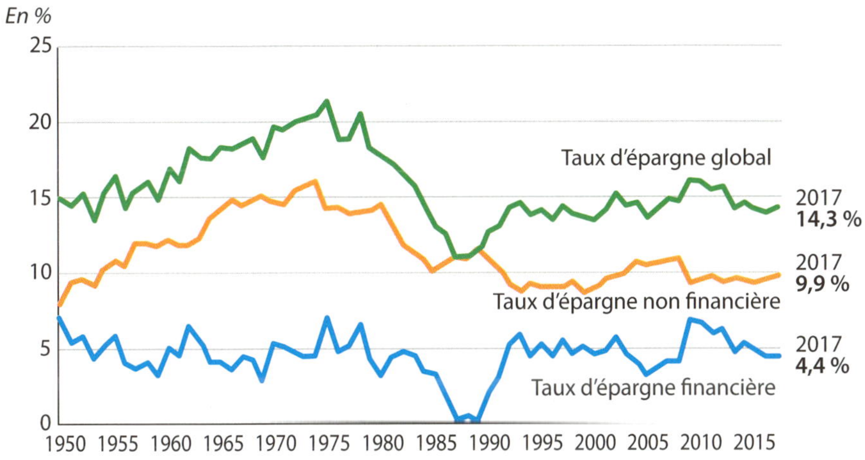

Source : Insee, comptes nationaux – base 2014

COUP DE POUCE

Taux d'épargne : $\frac{\text{Montant de l'épargne}}{\text{Revenu disponible}} \times 100$

5. Distinguez l'épargne financière de l'épargne non financière (doc. 8).
6. Commentez l'évolution des courbes du document 9.

DOC. 10

Épargne : les Français placent moins mais consomment plus

Le rapport du cabinet Xerfi fait état d'un changement notable : la part des ménages de France estimant qu'il est pertinent d'épargner est sur une courbe descendante depuis une dizaine années. Un record depuis les années 1990. Depuis 2009, le revenu brut disponible des Français a progressé de 12 %. La consommation a également augmenté, à + 14 % tandis que l'épargne a reculé de 2,1 %. [...]. Les Français ont tranché : ils favorisent l'investissement dans le logement plutôt que l'épargne financière.

Les taux particulièrement faibles des produits d'épargne classiques – PEL, Livret, CSL, LDD – apportent une première explication avec des rendements faiblards : 0,25 %, 0,75 % voire 1 % au mieux. [...] D'autant que pour les aider à franchir le pas, la BCE[1] a fait chuter les taux d'intérêt des crédits immobiliers, actuellement encore très bas, à 1,40 % en moyenne contre plus de 4 % il y a cinq années seulement. [...] Résultat : l'immobilier, valeur refuge par excellence, représente près de 29 % de l'actif brut des ménages.

1. **BCE** : Banque Centrale Européenne.

www.lejournaleconomique.com

7. Décrivez comment a évolué le comportement d'épargne des Français depuis 2009.
8. Repérez les éléments à l'origine de cette évolution.
9. Expliquez la phrase soulignée.

ACTIVITÉS

A Tester ses connaissances

Indiquez si chacune des affirmations suivantes est vraie ou fausse en justifiant votre réponse.

1. Le revenu disponible est utilisé à la fois pour consommer et épargner.
2. La consommation peut consister en l'utilisation d'un bien ou d'un service pour affirmer un statut, un rang social ou un mode de vie.
3. La propension à consommer est la part du revenu disponible consacrée à l'épargne.
4. Au cours de la vie active, le revenu est supérieur à la consommation.
5. Les ménages peuvent utiliser leur épargne disponible pour acquérir des biens immobiliers (logement).
6. La consommation n'est pas influencée par les pratiques commerciales des entreprises.
7. Les trois motifs pour épargner correspondent à la spéculation, la consommation et la constitution de patrimoine.
8. Le taux d'épargne est identique chez les ménages quel que soit le pays.

B Préparer ses arguments ORAL Fiche méthode 8 › p. 171

1. Définissez l'épargne.
2. En vous inspirant du dessin ci-contre, listez les arguments des ménages qui renoncent à la consommation au profit de l'épargne.

C Analyser une situation économique

DOC. 1

Les Français champions de l'épargne

Les Français épargnent ! C'est ce qui ressort du rapport annuel de l'Observatoire de l'épargne réglementée qui vient d'être publié par la Banque de France. 2017 a été l'année où le patrimoine financier des Français a passé le seuil des 5 000 milliards d'euros. [...]

Miser sur la sécurité

Les Français veulent pouvoir retirer leur argent quand ils le veulent, sans frais, et notamment en cas de coup dur, plutôt que de tenter de gagner plus en le plaçant sur des produits plus risqués. [...]

L'Observatoire constate que plus des deux tiers de l'épargne (70 %) des ménages est placée, directement ou indirectement, en produits sans risques contre 39 % aux États-Unis. [...]

La peur de la crise, du chômage, de l'avenir

Il y a une crainte vis-à-vis de l'avenir, une forme de défiance. Il faut dire que les crises ne sont pas si loin, celle de 2008, mais aussi celle de 2011. Et comme l'épargnant est plutôt un senior, il a plus de 55 ans en moyenne, il s'en souvient. Et plus on vieillit, plus on est soucieux de sécuriser son argent. En vue de la retraite, mais aussi de la dépendance, ou même pour transmettre à ses enfants et petits-enfants.

Ce n'est pas une bonne nouvelle pour l'économie, car l'argent dort. Le gouvernement aimerait bien le réorienter vers l'économie plus productive, notamment vers les entreprises, les PME. Pour financer leur innovation, leur développement. Mais pour cela, il va falloir contrarier la nature des Français

Fanny Guinochet (*L'Opinion*), www.francetvinfo.fr, le 27 juin 2018

DOC. 2

Les taux d'épargne des ménages par pays

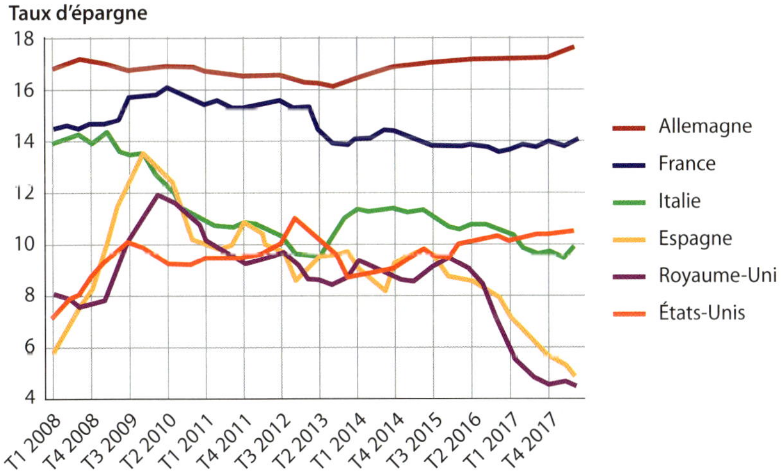

Sources : Eurostat, BEA et ONS / Banque de France, 6 novembre 2018

1. Comparez l'attitude des pays face à l'épargne.
2. Identifiez les raisons pour lesquelles les ménages français épargnent autant.
3. Expliquez la phrase soulignée dans le document 1.

D Utiliser les TICE

Recherche

Les grandes banques françaises présentent sur leurs sites les différents produits d'épargne à destination des particuliers dans la rubrique « Épargne » (exemples : https://mabanque.bnpparibas/, https://www.credit-agricole.fr/, www.societegenerale.fr).

- Utilisez les informations disponibles sur ces sites pour présenter les produits les mieux adaptés à un particulier souhaitant constituer une épargne de précaution.

POUR ALLER PLUS LOIN

Test interactif : Quel épargnant êtes-vous ?
https://www.macsf.fr/Nos-produits-services/Epargne-Retraite/Quel-epargnant-etes-vous

Entraînement 9

Les nouveaux modes de consommation

À partir de vos connaissances et des documents fournis en annexes :

1. Décrivez le concept de « consommation émergente ».
2. Présentez les motivations à ce nouveau mode de consommation.
3. Identifiez le profil du consommateur engagé.
4. Rédigez une argumentation qui vous permette de répondre à la question suivante : *La consommation est-elle en train de se renouveler ?*

ANNEXE **1**

« Le terme même de consommation est à remettre en question »

Entretien avec Nathalie Damery, présidente de l'Observatoire Société et Consommation.

Selon votre observatoire, un Français sur deux désire consommer autrement. Qu'est-ce que cela dit de la consommation ?
Tout simplement que le terme même de consommation est à remettre en question. Le mot correspond à un cadre mental connoté « Trente Glorieuses », un temps où les classes moyennes avaient massivement besoin de s'équiper (équipement de la maison, vêtements, culture, voyages, loisirs). Ce monde organisé de façon tayloriste est en train de disparaître. […]

Pourquoi ces nouvelles pratiques rencontrent-elles un tel succès ?
L'essor d'Internet a fait naître des plateformes d'intermédiation (Uber, Airbnb, la location entre particuliers) ou a relancé des pratiques anciennes (l'occasion, le co-voiturage). Il est intéressant de remarquer que ces comportements traditionnels, souvent gratuits et partagés dans un cercle de sociabilité (la famille, les voisins) connaissent un nouvel essor. Il y a vingt ans, acheter d'occasion était le signe d'un faible pouvoir d'achat ou un signe de pingrerie[1]. Aujourd'hui, ces pratiques sont devenues synonymes d'achat malin, intelligent, tendance, ludique. […]

Qui sont les consommateurs engagés dans les consommations émergentes ?
En moyenne, les 18-30 ans sont plus impliqués que les plus âgés (notamment les 61-70 ans). C'est particulièrement vrai pour les pratiques collaboratives[2] impliquant l'usage de plateformes numériques.
Les jeunes sont plus technophiles, même si la fracture numérique tend à s'effacer pour les jeunes seniors. Paradoxalement, l'engagement dans les consommations émergentes est croissant avec le niveau de revenus. Il est également plus élevé chez les CSP+.

1. La pingrerie : être avare, « radin ».
2. L'économie collaborative est basée sur le partage ou l'échange (gratuits ou non) entre particuliers de biens, de services ou de connaissances.

L'Observatoire Société et Consommation, http://lobsoco.com

ANNEXE **2**

L'économie collaborative pour vous c'est...

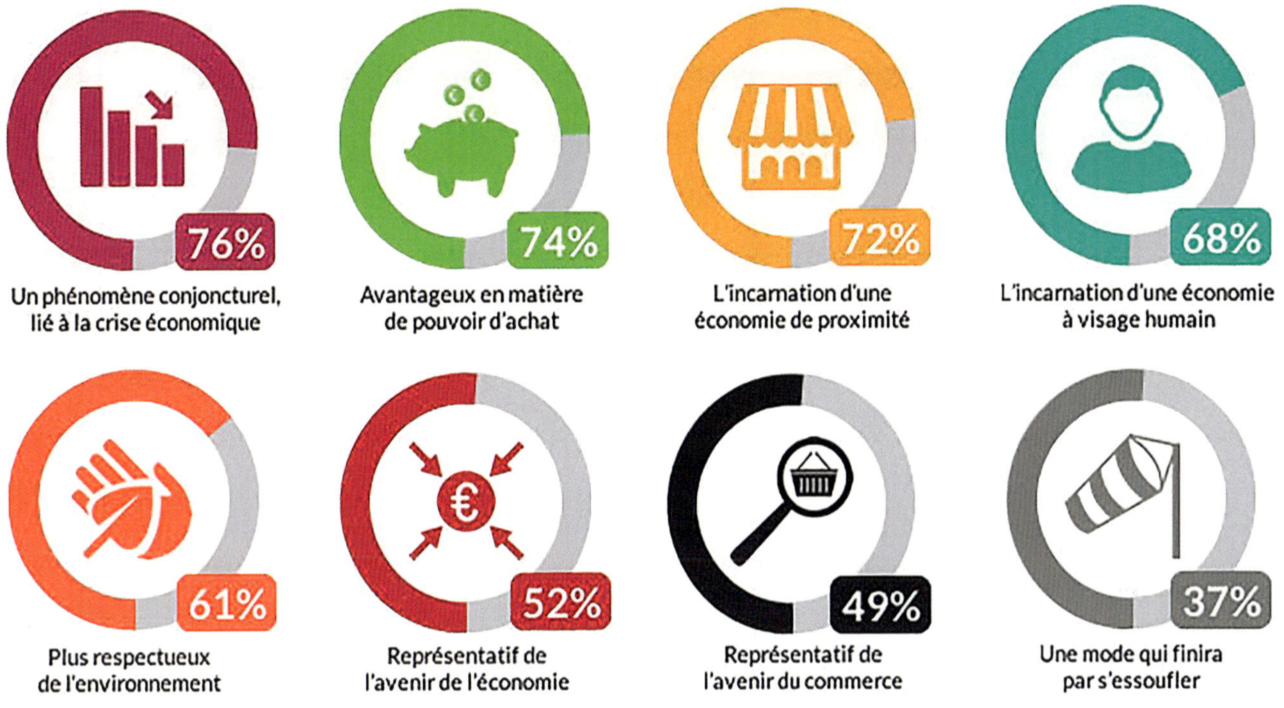

Source : © NeedHelp

ANNEXE **3**

Les modes de consommation des Français se diversifient de plus en plus

L'image du consommateur poussant son chariot dans les allées d'un supermarché sera-t-elle bientôt archaïque ? Dans sa nouvelle étude sur les « consommations émergentes » publiée ce jeudi, l'Observatoire société et consommation (Obsoco) prouve que les pratiques « alternatives », qui se sont développées pendant la crise, continuent de progresser. [...]

Le paradoxe de la consommation

L'Obsoco montre que la question environnementale est de plus en plus scrutée au moment des achats. Plus de 26 % des Français interrogés se disent désormais « très préoccupés » par les questions d'environnement et d'écologie (+ 12 points par rapport à 2012) et 77 % affirment avoir modifié leurs habitudes de consommation en conséquence.

Cette préoccupation pour l'avenir de la planète n'est pas dénuée de paradoxes. Car si 86 % des sondés jugent que leur manière de consommer « nuit à l'environnement », 74 % estiment aussi que « consommer, pouvoir acheter ce qui fait plaisir, contribue fortement au bonheur ». Un chiffre qui montre que la société de consommation, malgré quelques évolutions, est encore loin de disparaître.

Nicolas Raffin, « Les modes de consommation des Français se diversifient de plus en plus », *20 minutes*, 1er mars 2018

SYNTHÈSE

Podcast

Synthèse
· rédigée
· animée

L'arbitrage entre consommation et épargne

1 Quels sont les déterminants à la consommation ?

La consommation des ménages est influencée par plusieurs déterminants.

Déterminants économiques

La consommation est liée aux **prix** pratiqués et au **revenu** disponible.

Part du revenu consacré à la consommation :

Propension à consommer = $\frac{C}{R}$

Part du revenu supplémentaire consacrée à un supplément de consommation :

Propension marginale à consommer = $\frac{\Delta C}{\Delta R}$

Déterminants socio-culturels

- Cycle de vie (âge)
- Consommation ostentatoire (affirmer un statut)
- Classes sociales
- Marketing…

2 Pourquoi les ménages épargnent-ils ?

L'épargne est la part du revenu disponible non consommée.

Les motifs de l'épargne

- Précaution (faire face à des dépenses imprévues)
- Constitution d'un patrimoine
- Spéculation (réaliser un profit par le placement)

Les différentes formes d'épargne

- Épargne financière (placements)
- Épargne non financière (acquisition de logements)

MOTS-CLÉS

- Consommation
- Épargne
- Épargne financière
- Épargne non financière
- Propension à consommer
- Pouvoir d'achat
- Taux d'épargne

CHAPITRE 10

THÈME 3 : Comment les ménages décident-ils d'affecter leur revenu ?

La consommation des ménages

NOTIONS DU PROGRAMME

- L'indice des prix à la consommation
- Le panier de biens
- L'évolution à long terme du pouvoir d'achat
- La composition des dépenses des ménages
- Les coefficients budgétaires
- Les prix relatifs comparés des biens et services

PLAN DU CHAPITRE

1 Qu'est-ce que le pouvoir d'achat ?
2 Quelle est la structure de la consommation des ménages ?

Découvrir

L'INSTANTANÉ

Commentez la photo.

EN DIRECT

Budget 2019 : quel impact sur le pouvoir d'achat des Français ?
(0'50")

Vidéo

Identifiez les effets de la politique économique du gouvernement sur les Français.

1 Qu'est-ce que le pouvoir d'achat ?

A La notion de pouvoir d'achat

DOC. 1

Les composantes du pouvoir d'achat

Le pouvoir d'achat est la quantité de biens et de services que l'on peut acheter avec son revenu. Son évolution est liée à celles des prix et des salaires.

Cet indicateur est calculé à l'échelle de l'ensemble des ménages, ce qui permet de fournir une image globale de l'activité économique du pays. Une comparaison entre pays est alors possible.

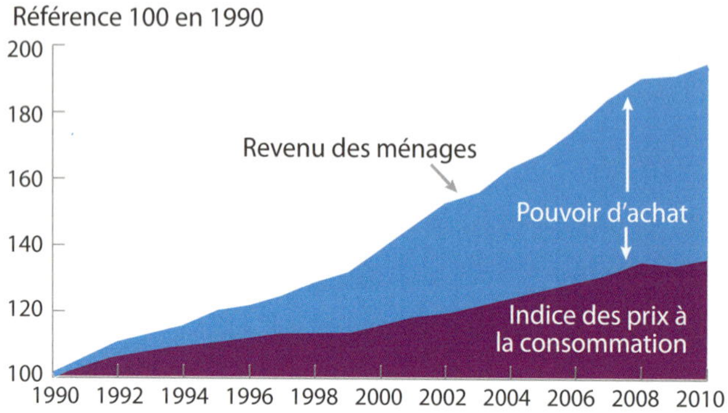

Source : Insee, www.economie.gouv.fr

1. Expliquez la notion de pouvoir d'achat.
2. Justifiez son intérêt.
3. Après avoir reproduit le tableau suivant, complétez-le en vous aidant de l'exemple.

Prix \ Revenu	Baisse	Stable	Hausse
Baisse	→	↗	↗
Stable			
Hausse			

Lecture du tableau :
→ : stabilité du pouvoir d'achat
↗ : hausse du pouvoir d'achat
↘ : baisse du pouvoir d'achat

CAS PRATIQUE Les revenus et dépenses de Monsieur X

	2018	2019
Revenu	100 €	110 €
Prix moyen d'un panier de courses	50 €	61 €
Nombre de paniers de courses consommés		

4. Calculez le nombre de paniers de courses que peut obtenir Monsieur X avec son revenu pour les années 2018 et 2019.
5. Concluez quant à l'évolution du pouvoir d'achat de Monsieur X.

DOC. 2

L'indice des prix à la consommation

L'indice des prix à la consommation (IPC) permet d'estimer, entre deux périodes données, la variation moyenne des prix des produits consommés par les ménages.

Il est basé sur l'observation d'un panier fixe de biens et services, actualisé chaque année.

Les mêmes articles sont suivis, mois après mois, dans les mêmes points de vente ; pour chacun, il doit s'agir exactement du même modèle, de la même marque, dans le même conditionnement.

Insee en bref, « Pour comprendre... le pouvoir d'achat et l'indice des prix ».

DOC. 3

Des tickets de caisse bien différents

POLYPRIX
Bienvenue !

25-01-2002 - 16 h 45

Pack eau minérale (6 * 1,5L)	1,52 €
Gel douche	2,40 €
Thé vanille	2,80 €
Dentifrice	2,20 €
Carte postale	0,70 €
Désodorisant toilettes	3,45 €
Tablette chocolat	2,25 €
Baguette	0,70 €
Litre de lait	0,90 €
Cassette audio	9,50 €

POLYPRIX
Bienvenue !

12-01-2018 - 19 h 10

Pack eau minérale (6 * 1,5L)	1,82 €
Gel douche	2,40 €
Thé vanille	2,25 €
Dentifrice	2,40 €
Désodorisant toilettes	3,80 €
Tablette chocolat	3,25 €
Baguette	0,87 €
Litre de lait	0,94 €
Clé USB	15 €

6 À partir des tickets de caisse et du document 2, calculez l'évolution du panier de biens entre 2002 et 2018.

7 Outre l'évolution de l'IPC, rappelez quelle autre information est nécessaire pour connaître la variation du pouvoir d'achat.

8 Posez les limites du calcul du panier moyen de biens.

9 D'après la vidéo, mentionnez les raisons pour lesquelles cet indicateur est indispensable à calculer pour une économie.

3 minutes pour comprendre le pouvoir d'achat (3'08")
Vidéo

B L'évolution du pouvoir d'achat

DOC. 4

L'évolution du pouvoir d'achat des ménages jusqu'en 2017

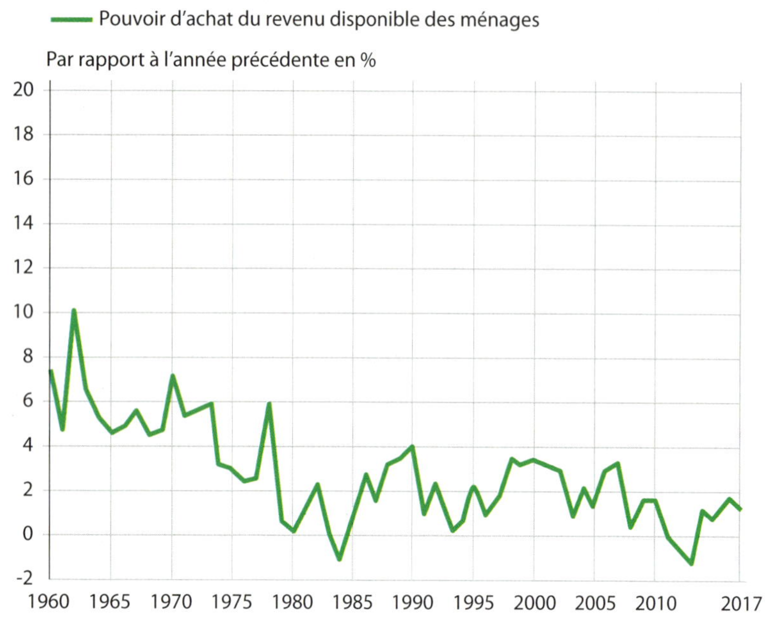

Champ : France, ménages y compris entreprises individuelles.

Source : Insee, comptes nationaux annuels – base 2014

10 Interprétez la courbe du graphique pour l'année 1960.

11 Analysez l'évolution de la courbe entre 1960 et 2017.

DOC. 5

Les mesures de la première année d'Emmanuel Macron avantagent-elles vraiment les plus riches ?

Depuis l'élection présidentielle, le gouvernement a multiplié les mesures favorables aux plus fortunés, qui sont les grands gagnants du début de ce quinquennat.

Les inégalités pourraient se creuser en 2018

Une fois toutes ces mesures prises en compte, il est possible d'estimer dans quelles proportions les différentes catégories de contribuables français bénéficieront ou non de la politique d'Emmanuel Macron. C'est ce qu'a fait l'Observatoire français des conjonctures économiques (OFCE), un organisme de prévision et d'évaluation des politiques publiques, dans une étude publiée le 15 janvier.

Selon ses estimations, les 5 % les plus riches sortiront, proportionnellement, nettement gagnants de l'année 2018, avec un gain de 1,6 % de pouvoir d'achat, qui s'explique principalement par la baisse de l'ISF[1] et la mise en place du prélèvement forfaitaire unique (PFU). Inversement, la plupart des catégories de ménages verront leur pouvoir d'achat stagner ou presque. Enfin, deux catégories de foyers verront leur niveau de vie diminuer :

- les 25 % de ménages les plus aisés (à l'exception des 5 % les plus fortunés), essentiellement des retraités pénalisés par la hausse de la CSG ;
- les 5 % de ménages les plus pauvres, à cause de la hausse de la fiscalité écologique et des prix du tabac. Deux mesures qui répondent à des enjeux de santé publique et environnementaux, mais qui les pénaliseront plus fortement.

1. ISF : Impôt sur la fortune.

Adrien Sénécat, *Le Monde*, 5 mai 2018

12 Résumez le point de vue des économistes de l'OFCE sur les mesures prises lors du budget 2018.

13 Rendez-vous sur https://www.economie.gouv.fr/particuliers/simulateur-pouvoir-achat pour effectuer une simulation de l'évolution du pouvoir d'achat du profil suivant : célibataire, salarié du privé, part sociale : 1, revenu fiscal de référence : 20 000, revenu brut mensuel : 1 500.

Recherche

DOC. 6

Les dépenses contraintes minent le pouvoir d'achat

[...] Si l'on en croit l'Institut national de la statistique et des études économiques (Insee), [le pouvoir d'achat] devrait augmenter de 1,3 % en 2018, sous l'effet des baisses de cotisation salariale et de la taxe d'habitation. D'où vient le décalage entre ces chiffres, plutôt positifs, et la perception bien moins optimiste d'une partie croissante de l'opinion ? L'explication réside en grande partie dans le poids des dépenses contraintes, qui est proportionnellement très élevé pour les ménages les plus modestes.

1. Toujours plus de dépenses contraintes

Le pouvoir d'achat se calcule en comparant le niveau des prix et le revenu brut disponible, (c'est-à-dire les salaires et prestations sociales, dont on déduit les impôts directs et indirects). Il correspond à la somme d'argent qu'un individu peut utiliser pour consommer. Mais, en réalité, cet argent n'est pas entièrement « disponible », puisque les ménages ont un volet de dépenses dites « pré-engagées » ou contraintes, qui correspondent à des contrats difficilement négociables à court terme : les loyers ou remboursements de prêts, les assurances, les abonnements d'électricité, gaz ou téléphonie, les assurances et mutuelles, etc.

Or, ces dépenses, qui correspondent à des prélèvements ou des factures régulières, ont beaucoup augmenté en proportion des revenus, puisqu'elles ont été multipliées par 2,5 depuis les années 1960, et « bloquent », désormais, près de 30 % du budget, ce qui ne laisse, en moyenne, que 70 % de dépenses dites « arbitrables », sur lesquelles les ménages ont le sentiment d'avoir prise. [...]

2. Un fardeau surtout pour les plus pauvres

La moyenne de 30 % de dépenses pré-engagées cache de nombreuses disparités en fonction des profils socio-économiques.

Ces contraintes budgétaires sont très élevées parmi les ménages situés sous le seuil de pauvreté : elles représentent largement plus de la moitié (60 %) de leurs revenus disponibles, selon une étude publiée en mars 2018 par la Direction des études statistiques du ministère de la santé et des solidarités (Drees). Cela signifie qu'il ne reste que 40 % du budget pour l'ensemble des dépenses « arbitrables », y compris l'alimentation ou les transports. [...]

Anne-Aël Durand, www.lemonde.fr, 23 novembre 2018

Loyers, factures, charges : les dépenses contraintes ont grimpé de 12 % à 29 % en soixante ans.

Part des revenus consacrés à des dépenses peu négociables à court terme (abonnement, facture mensuelle) dans le revenu brut disponible des ménages français depuis 1959

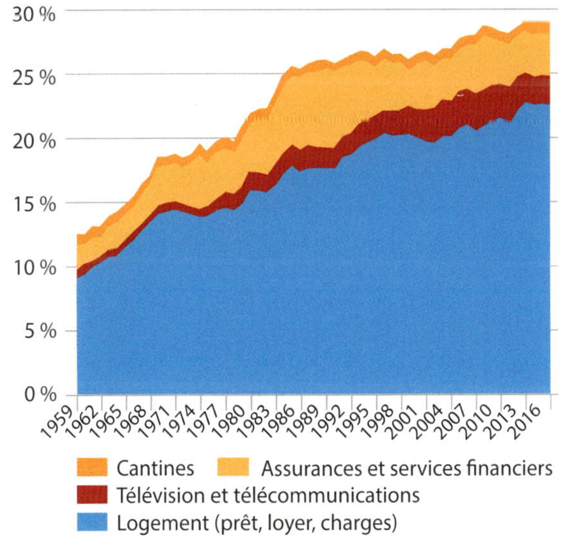

Source : Insee

Les dépenses contraintes absorbent plus de 60 % du budget des plus pauvres.

Part des dépenses pré-engagées dans le revenu disponible du ménage

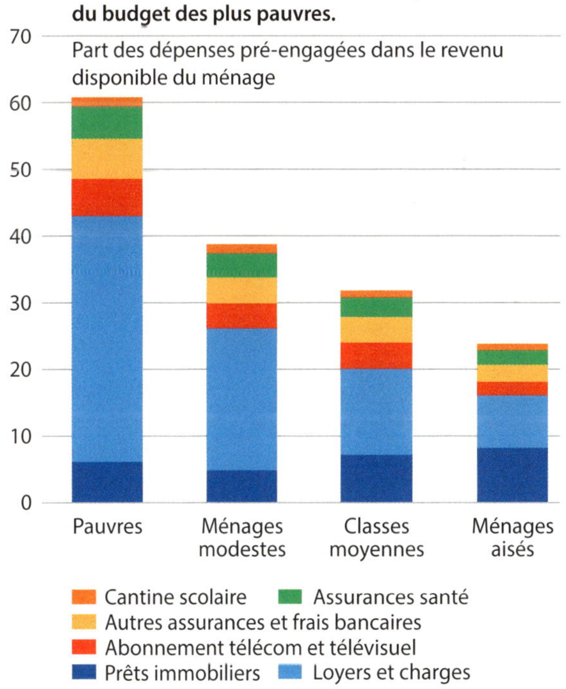

Source : DREES

14 Expliquez pourquoi les ménages ont le sentiment de faire face à une baisse de leur pouvoir d'achat.

15 Établissez le lien entre classes sociales et dépenses contraintes.

2 Quelle est la structure de la consommation des ménages ?

A Les coefficients budgétaires : l'outil de structure de la consommation

DOC. 7

La consommation effective des ménages par fonction en 2017

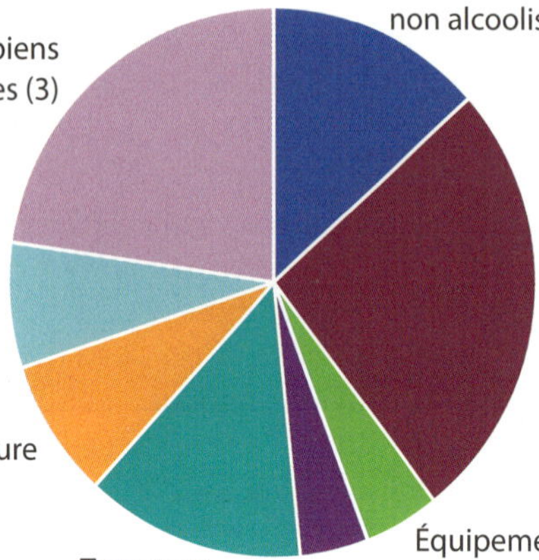

(1) y c. aides au logement
(2) y c. remboursements de Sécurité sociale
(3) y c. articles d'habillement et chaussures, boissons alcoolisées et tabac, communications et éducation.

Champ : France.

Type de dépense	Valeur (en milliards d'euros)
Alimentation et boissons non alcoolisées	159,80
Logement (1), chauffage, éclairage	316,60
Équipement du logement	58,70
Santé (2)	50,40
Transport	164,00
Loisirs et culture	96,50
Hôtels, cafés et restaurants	88,10
Autres biens et services (3)	274,00
Dépense de consommation des ménages	**1 208,10**

Source : Insee, Consommation effective des ménages par fonction en 2017

COUP DE POUCE

Le coefficient budgétaire est la part du budget d'un ménage dédiée à l'achat d'un produit (bien ou service) ou d'une famille de produits dans son budget total.

Calcul du coefficient budgétaire =

$$\frac{\text{Dépenses consacrées à un produit ou une famille de produits}}{\text{Dépenses totales du ménage}}$$

1. Calculez les coefficients budgétaires des ménages en 2017.
2. Interprétez le poids du poste « alimentation et boissons non alcoolisées » dans le total des dépenses de consommation.
3. Après avoir identifié les trois postes de dépenses principaux des ménages, analysez leur part totale dans la somme des dépenses.

B L'évolution de la structure de la consommation

DOC. 8

L'évolution de la structure de la consommation des ménages français entre 1960 et 2017

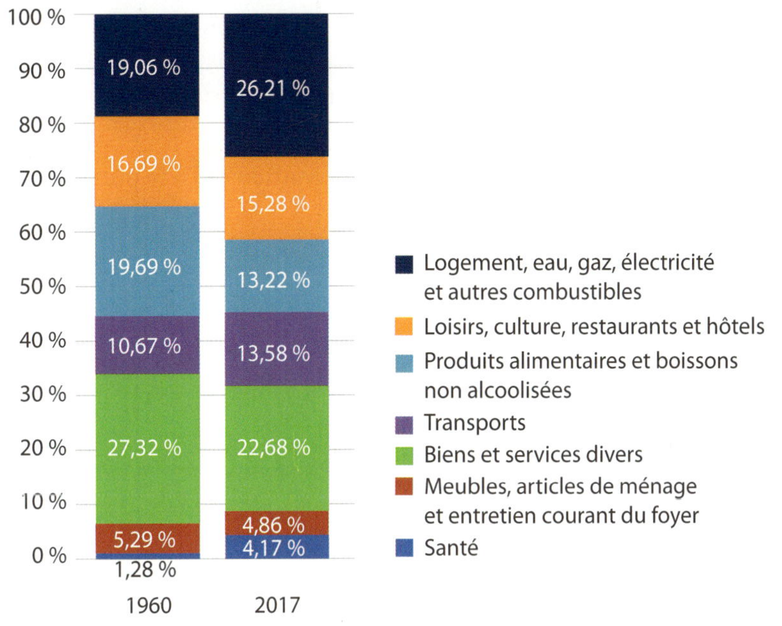

Source : Insee 2017

4 Relevez les trois postes de consommation qui ont :
- le plus augmenté entre 1960 et 2017 ;
- le plus baissé entre 1960 et 2017.

5 Selon vous, la baisse du poste « produits alimentaires et boissons non alcoolisées » signifie-t-elle que les ménages dépensent moins pour s'alimenter en 2017 qu'en 1960 ? Justifiez votre réponse.

DOC. 9

La consommation des ménages depuis 50 ans

Depuis cinquante ans, les Français ont, sauf en 1993, consommé un peu plus chaque année, si bien qu'aujourd'hui le volume annuel de consommation par personne est trois fois plus élevé qu'en 1960 [...]. Cette progression globale recouvre de profonds changements dans la répartition du budget des ménages [...]. Globalement, les services prennent aujourd'hui une part prépondérante dans le budget des ménages, bien plus importante qu'en 1960 : les loyers tiennent une place croissante, <u>et les prix des autres services ont progressé plus rapidement que ceux des biens</u>.

Georges Consales, Maryse Fesseau et Vladimir Passeron, « La Consommation des ménages depuis cinquante ans », www.insee.fr

COUP DE POUCE

Prix relatif d'un produit (bien ou service) =

$$\frac{\text{Prix du produit A}}{\text{Prix du produit B}}$$

Le résultat désigne la quantité de produit A nécessaire pour obtenir une unité du produit B.

6 Expliquez la phrase soulignée.

CAS PRATIQUE Les dépenses de la famille Ikiou

Entre 1980 et 2018, la famille Ikiou semble constater une croissance importante des services dans ses dépenses mensuelles. Elle souhaite connaître le prix relatif de certains biens et services entre ces deux périodes.

	1980	2018
Baguette de pain	0,25 €	0,87 €
Lait (au litre)	0,38 €	0,94 €
Place de cinéma	2,45 €	10 €

7 Calculez et interprétez les prix relatifs en 1980 et en 2018 :
- d'une place de cinéma par rapport à une baguette de pain ;
- d'un litre de lait par rapport à une baguette de pain.

ACTIVITÉS

A Tester ses connaissances

Identifiez la ou les réponses exactes.

1. **Le pouvoir d'achat en France est :**
   a. identique pour tous les ménages, aisés et modestes.
   b. variable selon le type de ménages, aisés ou modestes.
   c. en augmentation pour les ménages aisés et en baisse pour les ménages modestes.
2. **La mesure de l'IPC nécessite :**
   a. la comparaison entre des paniers de biens différents selon les époques.
   b. une mise à jour régulière du relevé des paniers de biens similaires.
   c. la prise en compte des prix des produits au niveau régional.
3. **Un coefficient budgétaire se définit comme :**
   a. le pourcentage de ménages qui possèdent un bien ou utilisent un service donné.
   b. le pourcentage du budget qui est épargné par un ménage une fois les dépenses de consommation réalisées.
   c. la part de la consommation d'un ménage par rapport à son revenu disponible.
   d. la part des dépenses consacrées à un bien ou à un service comparée à la dépense totale du ménage.
4. **Le poste de consommation qui a le plus augmenté depuis 40 ans est :**
   a. l'habillement.
   b. le logement.
   c. les transports.
   d. l'éducation.
5. **Identifiez les dépenses incompressibles parmi les propositions suivantes :**
   a. les dépenses alimentaires.
   b. les vacances.
   c. le logement.
   d. les dépenses de santé sans remboursement.

B Préparer ses arguments ORAL

Fiche méthode 8 > p. 171

1. Expliquez pour quelle raison les dépenses énergétiques liées à l'automobile augmentent.
2. Rédigez une argumentation montrant que cette évolution a des effets sur la structure de consommation des ménages, et en particulier pour les ménages les plus modestes.

C Analyser une situation économique

La famille Ben Amal possède un revenu net moyen identique à la moyenne des ménages français présenté dans le document 1.

1. En vous basant sur le document 1, calculez le nouveau revenu mensuel net moyen de la famille Ben Amal en 2018.
2. À partir du document 2, interprétez l'évolution de l'indice des prix à la consommation en octobre 2018.
3. La famille Ben Amal a-t-elle gagné ou perdu en pouvoir d'achat en 2018 ? Justifiez votre réponse.

DOC. 1

Le revenu net moyen des ménages français progresse

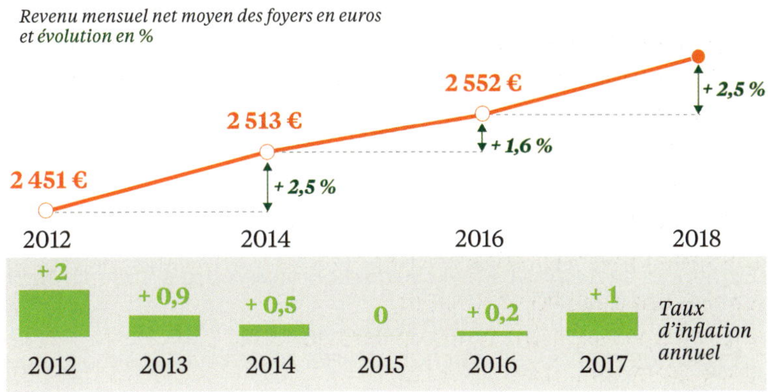

Idix, 20 novembre 2018

DOC. 2

Indices des prix à la consommation 2017-2018 (extrait)

	Oct. 2017	Oct. 2018 (p)
Ensemble IPC*	**1,1**	**2,2**
Alimentation	1,5	2,2
– Produits frais	4,5	6,9
– Autre alimentation	1,1	1,4
Tabac	2,4	16,7
Énergie	4,8	13,8
Produits manufacturés	– 0,3	– 0,4
Services	1,0	1,2

(p) : données provisoires.
*Indice des prix à la consommation.

Indice des prix à la consommation – résultats provisoires (IPC) – septembre 2018, www.insee.fr, 28 septembre 2018

D Utiliser les TICE

Recherche

1. Rendez-vous sur le site de l'Union nationale des associations familiales (www.unaf.fr) et consultez le dossier consacré aux budgets types dans la rubrique « Études et recherches ».
2. En vous basant sur les dernières données disponibles, repérez le montant minimal qu'une famille composée de deux adultes et deux adolescents (famille B) consacre à son alimentation, à l'information et aux communications, au logement.
3. Calculez les coefficients budgétaires pour cette même famille en utilisant les dernières données mensuelles disponibles.

POUR ALLER PLUS LOIN

www.credoc.fr (Centre de recherche pour l'étude et l'observation des conditions de vie) : pour consulter les enquêtes réalisées en continu sur les modes de vie, opinions et aspirations des Français.

www.inegalites.fr (Observatoire des inégalités), onglet « Conditions de vie » : pour prendre connaissance de nombreux articles sur les inégalités au niveau de la consommation et des conditions de vie des ménages français.

Entraînement 10

Le pouvoir d'achat des femmes en France

À partir de vos connaissances et des documents fournis en annexes :

1. Présentez l'évolution de la disparité salariale hommes-femmes.
2. Décrivez et expliquez les raisons à cette disparité.
3. Expliquez cette phrase « À partir du 6 novembre à 15 h 35, les Françaises travaillent gratuitement ».
4. Rédigez une argumentation pour répondre à la question suivante :
L'évolution du pouvoir d'achat est-elle seulement liée à des phénomènes économiques ?

ANNEXE **1**

La « taxe rose » : les produits pour femmes sont plus chers

1 euro de plus la brosse à dents rayon femme, prix doublé pour le jouet version fille... Quelle est cette « taxe rose » qui sévit dans les rayons supermarchés ?

Hier, le site Buzzfeed.fr a listé onze cas de « taxe rose » repérés sur les réseaux sociaux. Pour ne citer qu'eux, le site ASOS.fr, qui vend exactement les mêmes baskets Reebok à 109,99 € dans la catégorie Femme contre 45,45 € catégorie Homme, ou Leader Price avec son gel de rasage plus cher au rayon féminin qu'au rayon masculin. [...]

Cette fameuse taxe rose, c'est l'écart de prix qui existe entre des produits proches, voire similaires, dont le marketing vise les femmes d'un côté et les hommes de l'autre. La formule désigne également certains services dont les prix augmentent pour les femmes, tel que le coiffeur qui, historiquement, acte que ses clientes ont les cheveux plus longs.

En 2014, le collectif Georgette Sand avait lancé une pétition pointant du doigt Monoprix pour alerter sur le sexisme commercial qui sévit dans les e-shops, magasins en ligne, incitant le gouvernement à mener une étude sur la question.

Alors, est-ce que les marques considèrent que les femmes, qui gagnent pourtant en moyenne 25 % de moins que les hommes, sont prêtes à payer plus cher pour s'habiller et prendre soin de leur corps ?

C'est aux États-Unis, dans un article du magazine *Forbes*, que le terme « *woman tax* » est né. Dès 1996, estimant qu'à consommation égale, les Californiennes dépensaient en moyenne 1 351 $ de plus par an que leurs homologues masculins, l'État de Californie a décidé d'interdire le marketing différencié en fonction des genres.

Lina Rhrissi, « Produits pour femmes plus chers : la "taxe rose" existe-t-elle vraiment ? », www.neonmag.fr, 18 mai 2018

ANNEXE 2

Les Français gagnent toujours plus que les Françaises

La **parité de pouvoir d'achat** (PPA) est un taux de conversion monétaire qui permet d'exprimer dans une unité commune les pouvoirs d'achat des différentes monnaies.

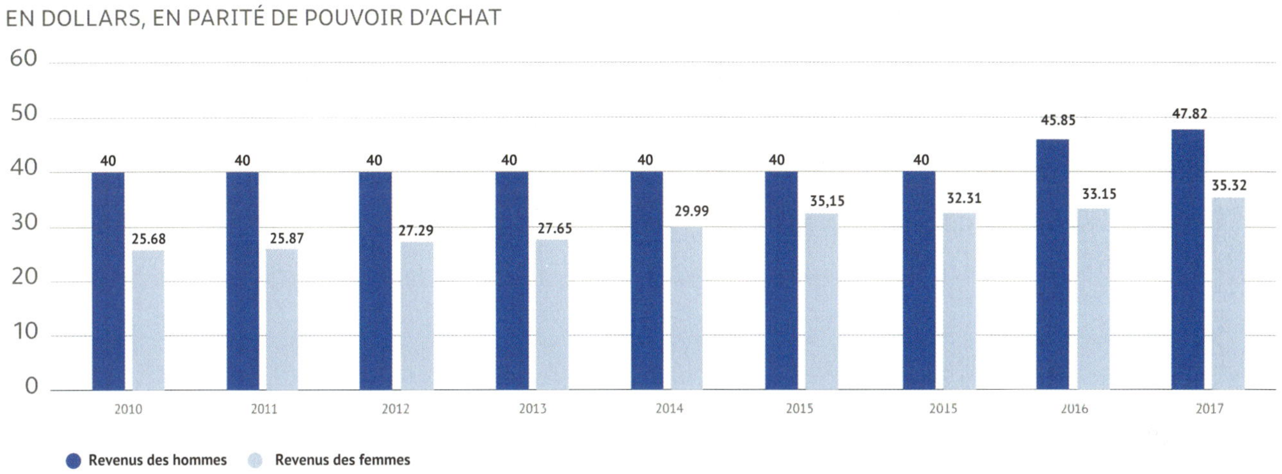

Source : WEF
© Service infographie *Le Figaro* 4/10/2018

ANNEXE 3

Pourquoi y a-t-il des inégalités de salaires entre les hommes et les femmes ?

En France, en moyenne, les femmes ont des revenus salariaux inférieurs de 24 % à ceux des hommes. Chez les cadres supérieurs par exemple, un homme gagne 25 % de plus qu'une femme. Et cette inégalité se retrouve dans tous les types d'emplois ! Comment l'expliquer ?

Le temps partiel

Premièrement, davantage occupées par les tâches domestiques, les femmes travaillent plus souvent à temps partiel, donc moins longtemps que les hommes. Elles font aussi moins d'heures supplémentaires, mieux payées que les heures normales.

Les emplois moins bien rémunérés

Deuxièmement, les femmes occupent souvent des types d'emplois moins bien rémunérés, comme caissières, assistantes maternelles ou vendeuses. Pourtant, elles sont plus diplômées en moyenne, puisque 28,6 % des femmes ont un diplôme du supérieur contre 26,9 % pour les hommes. Si cet avantage améliore leur situation, il corrige très peu les inégalités salariales dont elles sont victimes. Les causes possibles de ce phénomène sont diverses. Les stéréotypes attachés aux catégories d'emploi expliquent-ils que les femmes aillent plus souvent vers certains métiers ? La société favorise-t-elle moins la confiance en soi chez les jeunes femmes, limitant ainsi leurs ambitions professionnelles ? Ou s'agit-il encore des conséquences de la répartition des tâches domestiques dans le couple ?

La rémunération en dessous des hommes

Troisièmement, à poste, compétences et quantité de travail égales à celles de l'homme, les femmes restent rémunérées en dessous du salaire d'un homme. C'est ce que les économistes appellent la discrimination pure. En effet, aucun élément ne peut a priori expliquer cet écart de salaire, mais il existe bel et bien. [...] Et alors que 41,6 % des cadres sont des femmes, 90 % des hauts dirigeants du CAC 40 sont des hommes. La condition féminine au travail s'est améliorée, mais elles n'accèdent toujours pas aux emplois les plus convoités. Ce plafond de verre résiste encore fermement !

Maxime Chappet, « Pourquoi y a-t-il des inégalités de salaires entre les hommes et les femmes ? », série Décod'Éco saison 1, https://education.francetv.fr, 27 juillet 2018

SYNTHÈSE

Podcast

Synthèse
· rédigée
· animée

La consommation des ménages

1 Qu'est-ce que le pouvoir d'achat ?

Évolution du **revenu disponible** des ménages

−

Évolution de l' **indice des prix à la consommation (IPC)**

→ *Variation des prix d'un panier de biens et services identiques entre deux périodes*

=

Évolution du **pouvoir d'achat**

→ *Quantité de biens et services qu'un ménage peut acheter avec son revenu disponible*

Ex :
↗ Revenu – ↗ IPC = Pouvoir d'achat →
↗↗ Revenu – ↗ IPC = Pouvoir d'achat ↗
Revenu → – ↗ IPC = Pouvoir d'achat ↘

2 Quelle est la structure de la consommation des ménages ?

La structure de la consommation des ménages est caculée avec

→ **Le coefficient budgétaire**

$$\frac{\text{Dépenses consacrées à un produit ou une famille de produits}}{\text{Dépenses totales du ménage}}$$

→ **Évolution depuis 1960**
- Fortes dépenses de consommation
- Évolution inégale des postes budgétaires
- Place prépondérante des services dans le budget des ménages

MOTS-CLÉS

- Coefficient budgétaire
- Indice des prix à la consommation (IPC)
- Panier de biens et de services
- Pouvoir d'achat
- Prix relatifs comparés des biens et services

CHAPITRE
11

THÈME 4 : Quels sont les modes de financement de l'activité économique ?

Le financement de l'activité économique

NOTIONS DU PROGRAMME

- Les agents à besoin de financement et les agents à capacité de financement
- Autofinancement, emprunt
- Le financement direct et le marché financier
- Actifs financiers et titres financiers
- Le financement indirect et les banques

PLAN DU CHAPITRE

1 Qu'est-ce que le financement de l'économie ?
2 Quelles sont les solutions à disposition des agents à besoin de financement ?
3 Quels sont les caractéristiques et les instruments du financement direct ?
4 Quels sont les caractéristiques et les instruments du financement indirect ?

Découvrir

L'INSTANTANÉ

Présentez ce que vous évoquent ces termes.

EN DIRECT

Crédits conso : des taux historiquement bas en 2018 (1'56'')

Vidéo

1 Repérez les possibilités de financement d'un véhicule d'occasion pour un particulier.

2 Expliquez pourquoi l'évolution des taux d'intérêt encourage le crédit à la consommation.

1 Qu'est-ce que le financement de l'économie ?

A La capacité de financement et le besoin de financement

DOC. 1

Les différents agents

1. Classez les agents qui ont une capacité de financement et les agents qui ont un besoin de financement.
2. Proposez une définition de la capacité de financement et du besoin de financement.

B La situation des secteurs institutionnels en France

DOC. 2

Capacité (+) ou besoin (-) de financement des secteurs institutionnels en France de 2000 à 2017 (en % du PIB)

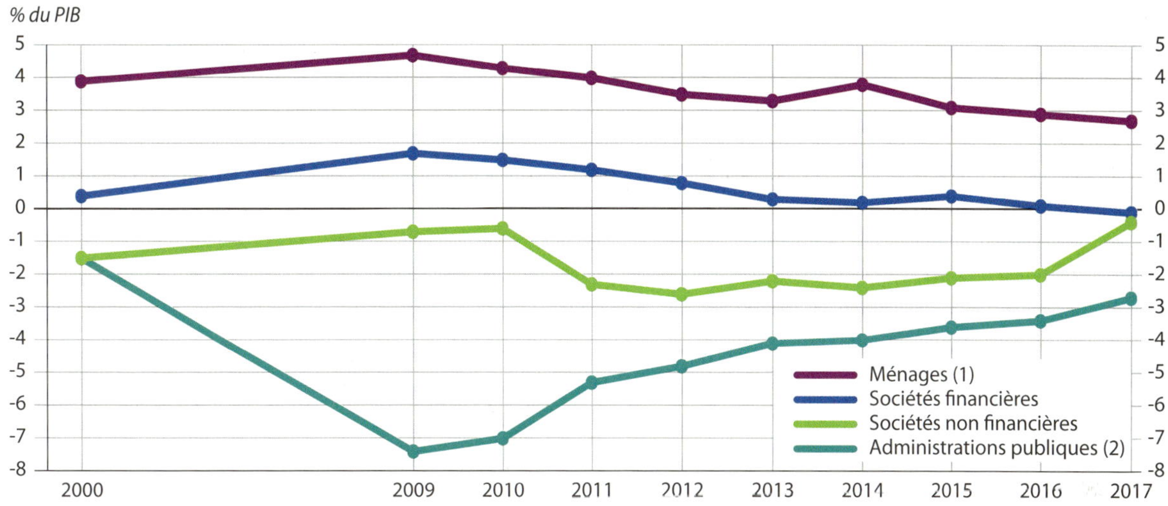

(1) Ménages (y compris entreprises individuelles).
(2) Le secteur des administrations publiques comprend les administrations publiques centrales, les administrations publiques locales et les administrations de sécurité sociale.

Lecture du graphique : l'axe des ordonnées indique le solde entre épargne disponible et investissements réalisés pour chacun des agents économiques (une courbe située au-dessus de l'axe indique que le secteur est en capacité de financement, une courbe en dessous indique que le secteur est en besoin de financement).

« Les chiffres 2019 », *Alternatives Économiques*, hors-série n° 115, octobre 2018

3 Repérez les secteurs institutionnels habituellement en besoin de financement.

4 Commentez l'évolution des situations de financement pour chacun des secteurs institutionnels.

5 Expliquez les conséquences d'une situation de besoin de financement pour un secteur institutionnel.

COUP DE POUCE

Secteurs institutionnels : ensemble d'agents économiques ayant une même fonction économique principale.

DOC. 3

Le solde du budget de la Sécurité sociale

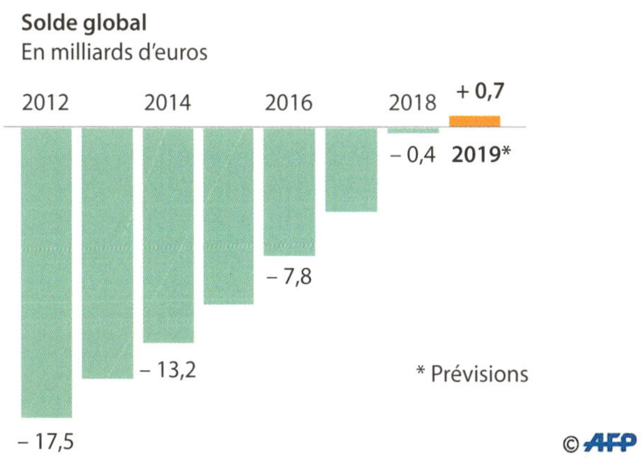

Sources : Commission des comptes de la sécurité sociale, PLF 2019

6 Montrez que la situation de financement des organismes de Sécurité sociale s'améliore.

2 Quelles sont les solutions à disposition des agents à besoin de financement ?

DOC. 4

Les différentes solutions de financement

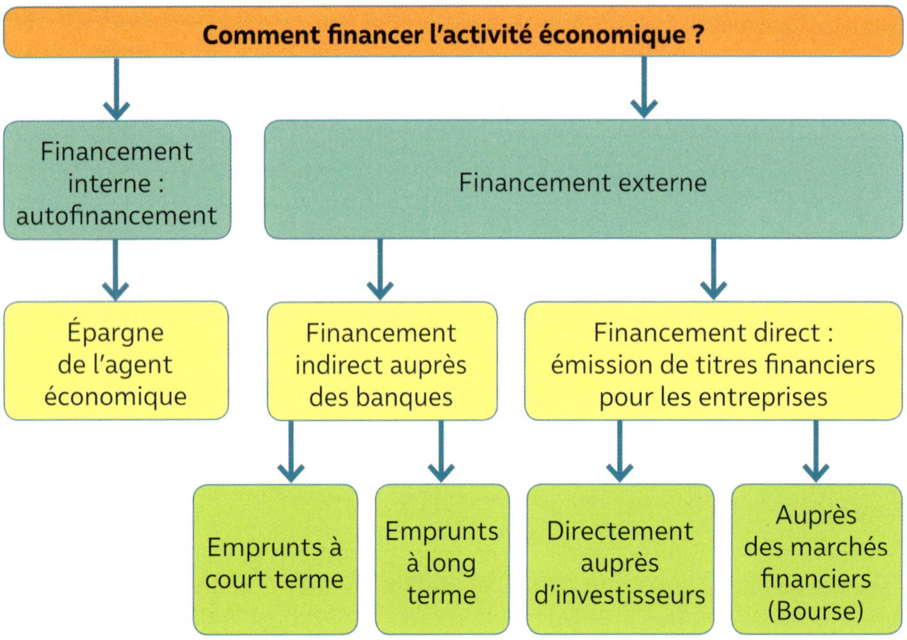

1. Repérez les différents modes de financement pour un agent économique.
2. Illustrez chacun de ces modes de financement avec un exemple de votre choix.
3. Listez, dans un tableau, les avantages et les inconvénients du financement interne et du financement externe.

CAS PRATIQUE La PME BatiPlus

Nicolas Berthier dirige BatiPlus, une PME de 55 salariés, spécialisée dans la rénovation de bâtiments anciens. Il a créé cette entreprise avec l'aide de ses deux frères : le capital est détenu à parts égales par les trois créateurs. Son entreprise enregistre de nombreuses commandes et, pour y faire face, l'entreprise doit investir. Nicolas prévoit d'acquérir un nouveau camion, ainsi que du matériel de chantier (coût : 85 000 euros).

Après avoir réuni ses économies (10 000 euros), il fait appel à ses frères, qui acceptent d'apporter chacun 5 000 euros au capital de l'entreprise. Pour compléter cette somme, Nicolas décide d'utiliser une partie des bénéfices réalisés par BatiPlus l'année précédente (35 000 euros). Pour la somme restante, il décide de s'adresser à BNP Paribas, qui gère le compte de l'entreprise.

4. Caractérisez les différentes modalités de financement choisies par Nicolas Berthier, en utilisant les termes présentés dans le document précédent.

3 Quels sont les caractéristiques et les instruments du financement direct ?

A Les caractéristiques du financement direct

DOC. 5

Les modes de financement

Octobre 2018 - Pour assurer son développement, Combles d'en France, leader national de l'aménagement des combles perdus et des surélévations, intègre trois nouveaux actionnaires.

Juin 2018 - Cotée en Bourse, l'entreprise Bayer augmente son capital de 6 milliards d'euros auprès d'actionnaires existants et prévoit jusqu'à 20 milliards d'euros d'emprunts obligataires pour finaliser l'achat de Monsanto.

1. Caractérisez les modes de financement utilisés par Combles d'en France et Bayer.
2. Justifiez le recours au financement externe direct pour ces deux entreprises.

DOC. 6

Le marché financier, à quoi ça sert ?

- Le **marché financier** est un marché réglementé où s'organisent des échanges d'actifs financiers. Il permet aux entreprises et à l'État de trouver des financements auprès d'investisseurs.
- L'**offre** vient des entreprises ou des États en **besoin de financement** qui émettent des titres financiers.
- La **demande** émane des agents à **capacité de financement** qui souhaitent investir.
- Le marché **primaire** est le marché sur lequel les titres financiers sont émis et souscrits par des investisseurs pour la première fois (marché « du neuf »). Ces titres sont ensuite échangés sur le marché **secondaire** (marché « de l'occasion »).

3. Repérez la fonction du marché financier.
4. Distinguez les fonctions du marché primaire et les fonctions du marché secondaire.

COUP DE POUCE

Actif financier : Un actif financier est un contrat ou un titre financier (comme une action ou une obligation) qui est généralement négociable sur un marché financier.

B Les instruments permettant le financement direct

DOC. 7

Les différents titres financiers

- Une **action** est un titre de propriété (part du capital) d'une entreprise qui a besoin de se financer. Elle donne le droit de voter aux assemblées générales. L'actionnaire perçoit un dividende, c'est-à-dire une part des bénéfices de l'entreprise (si celle-ci en réalise et décide d'en distribuer).
- Une **obligation** est un titre de créance émis par une grande entreprise ou un État. En contrepartie de cet emprunt, l'entreprise ou l'État verse des intérêts aux investisseurs. À la fin de la durée de l'emprunt, le capital reçu est remboursé.

5. Comparez dans un tableau les caractéristiques de l'action et de l'obligation : définition, niveau du risque, rendement du titre (ce que rapporte le titre).
6. Présentez les avantages et les limites du marché financier pour les entreprises.
7. Expliquez pourquoi le marché financier est un marché réglementé.

La Bourse et le financement des entreprises (3'00") — Vidéo

4 Quelles sont les caractéristiques et les instruments du financement indirect ?

A Le financement bancaire

DOC. 8

Le rôle des banques dans le financement de l'économie

Le rôle principal des banques est de collecter les dépôts des agents à capacité de financement et d'accorder, grâce à ceux-ci, des crédits aux agents qui ont un besoin de financement, à un certain taux d'intérêt.

Répartition des crédits accordés aux ménages en janvier 2018
(en milliards d'euros et %)

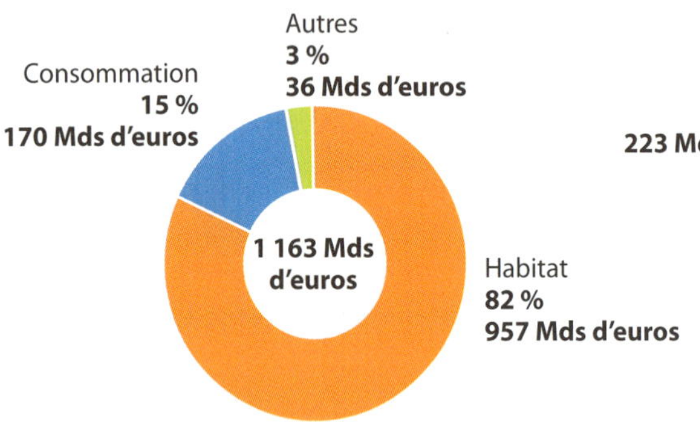

Répartition des encours de crédits aux entreprises en janvier 2018
(en milliards d'euros et %)

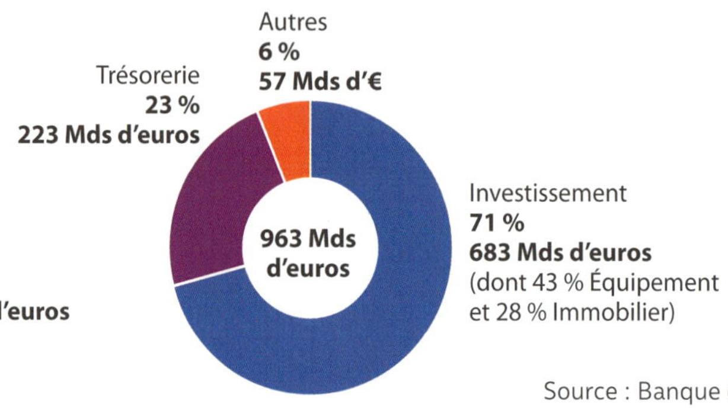

Source : Banque de France

1. Repérez les différents types de crédits que les banques accordent aux ménages et aux entreprises.
2. Expliquez à quoi correspond le taux d'intérêt.
3. Montrez le rôle essentiel des banques dans le financement de l'économie.

DOC. 9

Le lien entre le niveau du taux d'intérêt et le volume des crédits

Claire Fumat et Maude Hopsie, *Toute l'éco et la socio en BD T1 : La monnaie*, La Boîte à Bulles/Belin Éducation, 2018

COUP DE POUCE

Quand une banque ne dispose pas de ressources suffisantes, elle peut emprunter auprès des autres banques ou de la Banque centrale européenne (BCE), qui lui prêtera à un taux appelé **taux directeur**.

4. Présentez le rôle de la Banque centrale européenne par rapport aux banques commerciales.
5. Expliquez les conséquences d'une hausse du taux directeur sur le volume des crédits accordés et le niveau de l'activité économique.

DOC. 10

Principaux documents à fournir pour un crédit immobilier

Documents personnels :
- Justificatif d'identité
- Justificatif de la situation familiale
- Justificatif de domicile actuel

Justificatifs de ressources et de revenus :
- 3 derniers bulletins de salaire
- 3 derniers relevés de compte en banque
- 2 derniers avis d'imposition
- Documents sur les éventuels crédits en cours
- Justificatifs de l'éventuel apport personnel

Document lié au bien immobilier :
- Compromis de vente

6 Expliquez comment les banques commerciales gèrent les risques liés aux opérations de prêt.

B La complémentarité des banques et des marchés financiers

DOC. 11

Le financement des entreprises

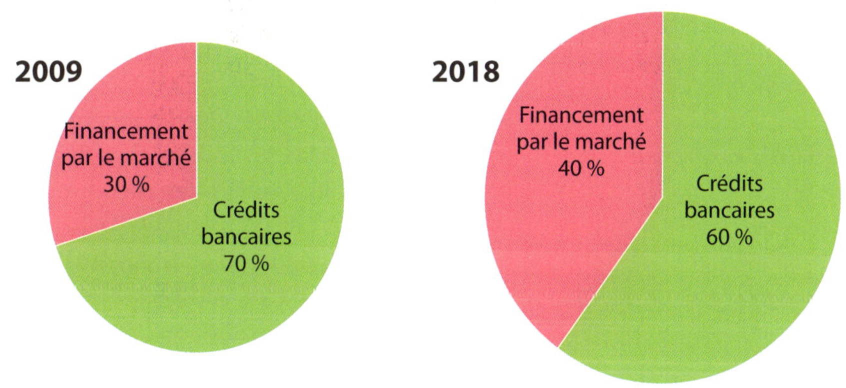

Source : Banque de France

7 Commentez l'évolution du financement des entreprises.

DOC. 12

L'intermédiation des banques sur les marchés financiers

Les banques

servent d'**intermédiaires** pour le compte de leurs clients ou pour leur propre compte, sur les bourses mondiales.

→ C'est ce que l'on appelle l'**intermédiation de marché**.

→ **conseillent les entreprises** notamment sur le montage du dossier, le choix des instruments financiers (actions, obligations), les conditions offertes (prix d'émission, durée de l'emprunt…).

→ **vendent les titres** auprès des clients souscripteurs.

→ **gèrent des portefeuilles d'actifs financiers** pour le compte de leurs clients.

8 Montrez l'interdépendance entre les marchés financiers et les banques.

ACTIVITÉS

A Tester ses connaissances

Identifiez la ou les réponses exactes.

1. **Un agent économique a besoin d'un financement externe :**
   a. pour consommer.
   b. car sa dépense est supérieure à son revenu.
   c. pour investir.
   d. car son revenu est supérieur à sa dépense.

2. **Citez le ou les agents économiques habituellement en besoin de financement :**
   a. l'État.
   b. les entreprises.
   c. les ménages.
   d. ces trois acteurs.

3. **L'autofinancement d'un investissement :**
   a. est le recours à l'émission d'actions pour financer un investissement.
   b. est l'émission d'obligations pour financer un investissement.
   c. est l'utilisation des bénéfices non distribués pour financer un investissement.
   d. est l'utilisation des bénéfices distribués aux actionnaires pour financer un investissement.

4. **Les obligations :**
   a. sont des titres de propriété.
   b. sont des titres de dettes.
   c. donnent droit au versement d'intérêts.
   d. donnent droit au versement de dividendes.

5. **La Bourse :**
   a. n'est accessible qu'aux entreprises privées qui cherchent des financements.
   b. est accessible à l'État, aux collectivités locales.
   c. est un marché réglementé.
   d. est un lieu où les agents à capacité de financement achètent des titres aux entreprises à besoin de financement.

6. **Il y a financement indirect lorsque :**
   a. les entreprises se financent en émettant des titres sur les marchés financiers.
   b. les collectivités publiques se financent en émettant des titres sur les marchés financiers.
   c. les entreprises se financent en recourant aux crédits accordés par les banques.
   d. les ménages se financent en recourant aux crédits accordés par les banques.

B Préparer ses arguments ORAL

Fiche méthode 8 > p. 171

98,7 milliards d'euros de déficit pour l'État en 2019

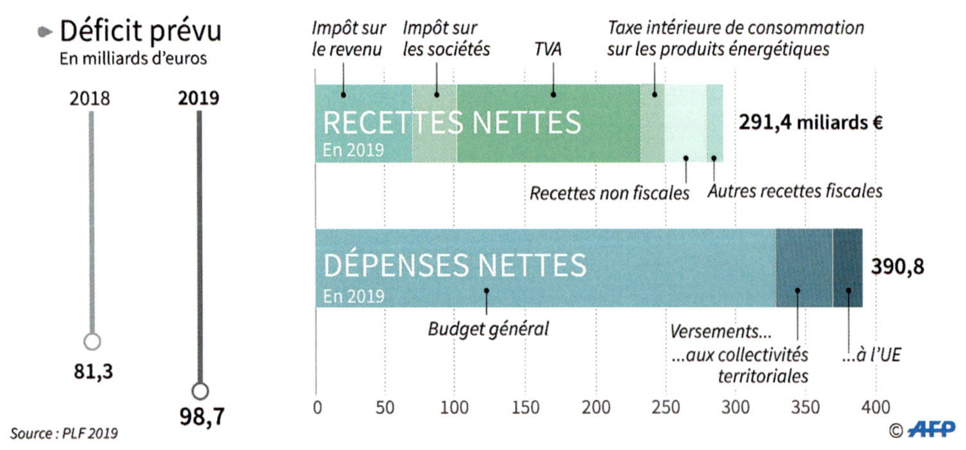

Source : PLF 2019

1. Caractérisez la situation de financement de l'État.
2. Expliquez comment l'État peut faire face à ce besoin de financement.

C Analyser une situation économique

DOC. 1

Le financement participatif ou *crowdfunding*

Le financement participatif, ou *crowdfunding* [...], est un mécanisme qui permet de collecter les apports financiers – généralement des petits montants – d'un grand nombre de particuliers au moyen d'une plateforme sur internet – en vue de financer un projet. [...] Plusieurs modalités de financement participatif existent : le don (avec ou sans contrepartie), le prêt (avec ou sans intérêts) et l'investissement en capital.

www.entreprises.gouv.fr

DOC. 2

Crowdfunding : levées de fonds et baisser de rideau

Depuis quelques années, le *crowdfunding* est passé en mode prêt aux entreprises, au point de devenir une alternative aux financements proposés par les banques. [...]

Les quelque 80 plateformes Internet qui opèrent dans ce métier mettent en contact des entreprises en besoin de financements et des prêteurs attirés par les taux d'intérêt proposés : entre 6 et 8 %. [...] Pour autant, l'envers du décor n'est pas aussi glamour qu'il n'y paraît. À la mi-octobre, l'un des plus anciens sites de *crowdfunding*, Unilend, a cessé son activité pour cause de liquidation judiciaire. Le volume de prêts qu'il accordait n'était plus suffisant pour couvrir ses frais de fonctionnement. [...]

Ce type de plateforme se finance en effet en prélevant une commission de 4 à 6 % sur les sommes prêtées. Il leur faut donc rechercher toujours plus de nouveaux prêts à accorder pour espérer atteindre un seuil de rentabilité. [...] Plus les sites de *crowdfunding* sont en quête d'entreprises à financer, moins ils sont exigeants sur la bonne santé économique ou la viabilité des projets proposés aux prêteurs. [...] Résultat, le risque de non-remboursement des crédits accordés augmente sensiblement. [...]

L'association de consommateurs UFC-Que choisir est venue tirer la sonnette d'alarme. [...] En un an, [...] le « taux de défaut » aurait progressé de 120 %, pour toucher près d'une entreprise sur dix ainsi financée. De quoi rendre ce type de placement nettement moins alléchant.

Franck Bouaziz, « *Crowdfunding* : levées de fonds et baisser de rideau », *Libération*, 11 novembre 2018

- Expliquez les avantages et les limites du financement participatif (*crowdfunding*).

D Utiliser les TICE

Recherche

1. Rendez-vous sur le site du groupe Cetelem pour utiliser son simulateur de crédit en ligne (www.cetelem.fr) et simulez le coût des crédits suivants :
   - achat d'un bien micro-informatique (valeur 5 000 €) ;
   - achat d'une moto neuve (valeur 10 500 €). Vos revenus se montent à 1 500 euros nets par mois. Vous ne voulez pas dépasser 30 % de taux d'endettement dans chacun des cas.
2. Quelle sera la durée minimale de prêt dans chacun des cas ?
3. Combien vous coûtera chaque bien par rapport à un achat au comptant (sans recourir au crédit) ?

POUR ALLER PLUS LOIN

Le site pédagogique Lafinancepourtous (www.lafinancepourtous.com) propose des fiches pédagogiques sur les banques et les marchés financiers (onglet « Décryptage » puis « Marchés financiers »).

Entraînement 11

L'impact du crédit sur l'activité économique

À partir de vos connaissances et des documents fournis en annexes :

1. Décrivez l'évolution des taux de crédit aux entreprises et aux ménages.
2. Déterminez les effets d'une baisse du taux d'intérêt sur les investissements des entreprises et sur la croissance économique.
3. Présentez l'influence des taux de crédit sur l'endettement des ménages et des entreprises.
4. Rédigez une argumentation, de manière structurée, qui vous permette de répondre à la question suivante : *Le crédit a-t-il toujours un impact favorable sur l'activité économique ?*

ANNEXE **1**

L'évolution des taux d'intérêt annuel des crédits

Les sociétés non financières comprennent toutes les entreprises ayant pour activité principale la production marchande de biens et services non financiers à l'exclusion des entrepreneurs individuels.

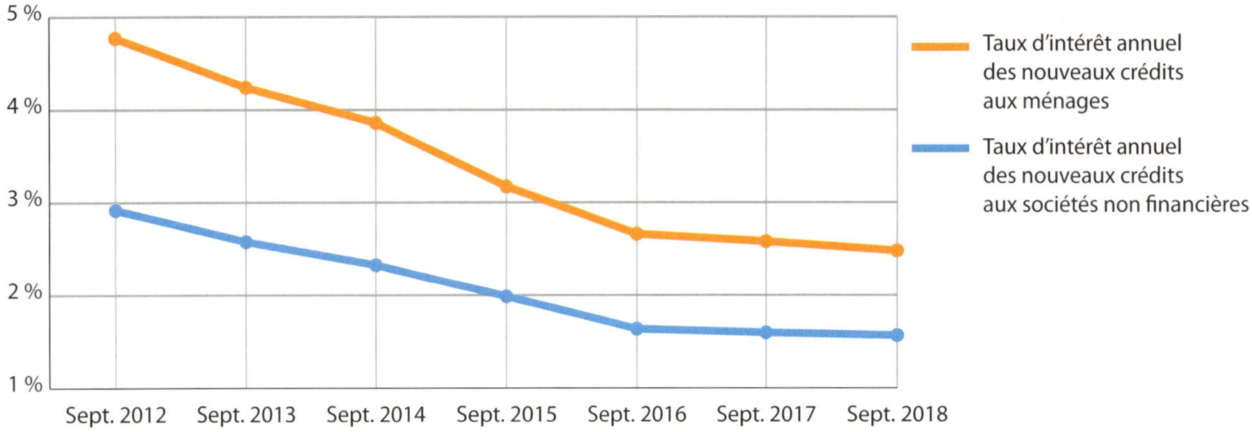

Source : Banque de France

ANNEXE **2**

L'investissement des entreprises fait preuve d'une belle santé

C'est la bonne nouvelle du deuxième trimestre sur le front de la croissance. Alors que la consommation des ménages a reculé, l'investissement des entreprises s'est montré, lui, plus vigoureux que prévu. [...] La raison de cette surprise ? Le retour de l'investissement dans les biens matériels - machines, voitures, constructions d'usines... [...]

Une bonne nouvelle alors qu'une partie de l'appareil productif est frappée d'obsolescence, après des années de déclin de l'investissement. Le rattrapage est en cours. [...] Les ventes de robots ont encore bondi de 20 % au premier semestre, après 30 % l'an dernier [...]. « Si on continue comme ça pendant cinq ans, nos usines seront au même niveau d'équipement que les Italiens et les Allemands », ajoute Bruno Grandjean [président de la Fédération des industries mécaniques].

Solveig Godeluck,
« L'investissement des entreprises fait preuve d'une belle santé »,
Les Échos, 29 juillet 2018

ANNEXE 3

L'évolution du Produit Intérieur Brut (PIB) en volume en France de 2000 à 2017

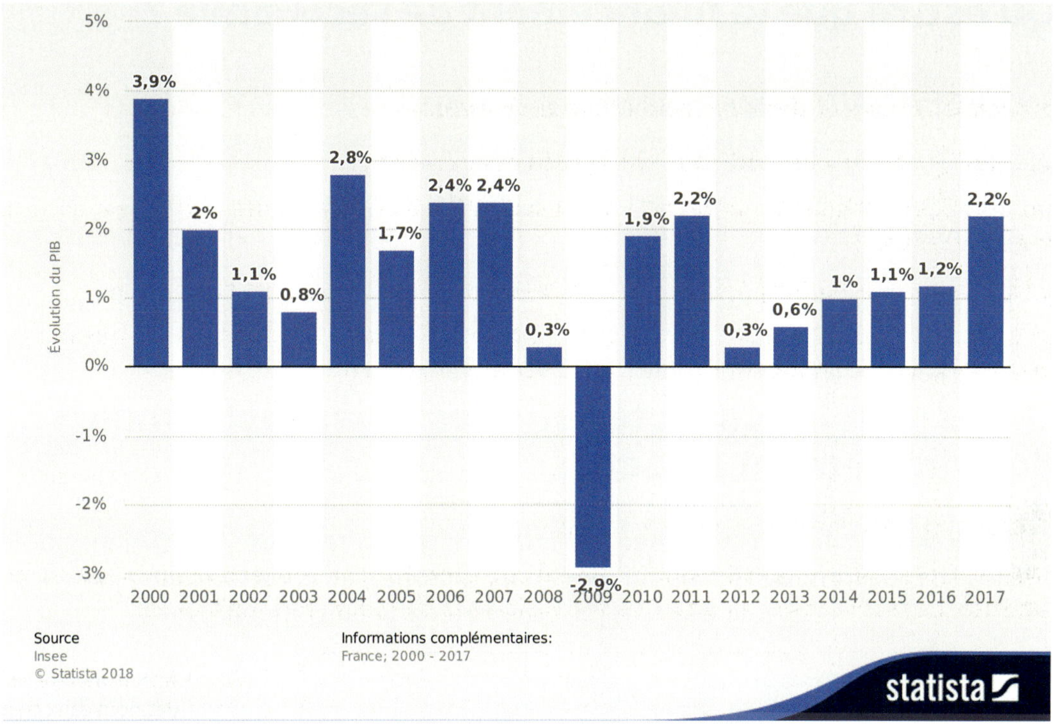

ANNEXE 4

L'augmentation préoccupante de la dette en France

Endettement des différents agents économiques

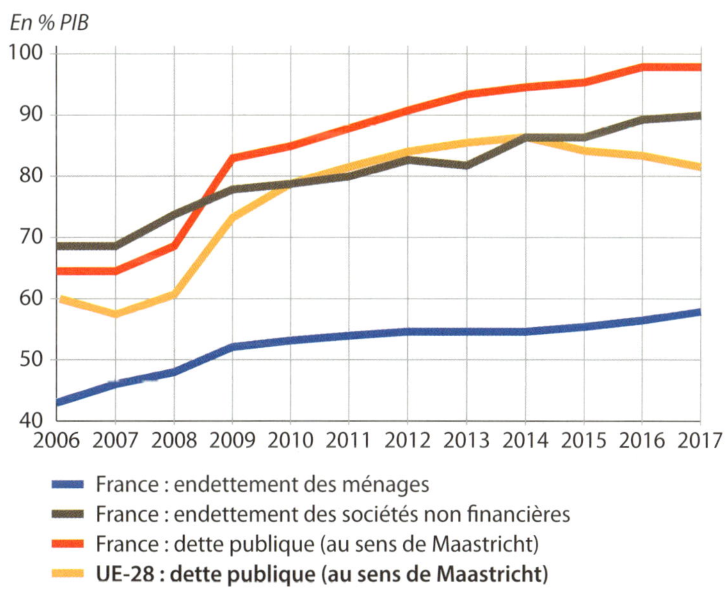

Source : Insee

SYNTHÈSE

Podcast

synthèse
· rédigée
· animée

Le financement de l'activité économique

1 Qu'est-ce que le financement de l'économie ?

Les agents économiques disposent de ressources financières qu'ils peuvent utiliser pour satisfaire leurs besoins.

Certains agents ont des ressources supérieures à leurs besoins de financement. Ils ont une **capacité de financement**.

Certains agents ont des ressources inférieures à leurs besoins de financement. Ils ont un **besoin de financement**.

2 Quels sont les caractéristiques et les instruments du financement direct ?

Le financement direct est réservé aux entreprises et à certaines institutions publiques. Elles se procurent des fonds sur le marché financier, en émettant des titres achetés par des agents à capacité de financement.

Entreprises

- **Émission d'actions** achetées par des investisseurs.
- **Émission d'obligations** achetées par des investisseurs.

Collectivités publiques

- **Émission de titres d'emprunt**

3 Quels sont les caractéristiques et les instruments du financement indirect ?

Le financement indirect est appelé « financement intermédié ».
Les agents à besoin de financement se procurent des fonds auprès des banques grâce au crédit.

- Crédit grâce aux dépôts des agents à capacité de financement
- Création monétaire (pas d'épargne préalable)

→ À un certain taux d'intérêt (rémunération de la prise de risque du prêteur)

← Influence du taux directeur de la BCE

MOTS-CLÉS

- Autofinancement
- Banque Centrale Européenne
- Besoin de financement
- Capacité de financement
- Emprunt
- Financement externe direct et indirect
- Marché financier
- Taux d'intérêt
- Titres financiers

CHAPITRE 12

THÈME 5 : Les marchés des biens et services sont-ils concurrentiels ?

Le degré de concurrence selon les marchés

NOTIONS DU PROGRAMME

- L'offre et la demande
- Le prix d'équilibre
- La concurrence (oligopole, monopole, barrières à l'entrée)
- L'élasticité et le coût marginal

PLAN DU CHAPITRE

1. Quelles sont les caractéristiques des marchés concurrentiels ?
2. Comment se réalise l'équilibre sur un marché concurrentiel ?

Découvrir

L'INSTANTANÉ

Enseignes de restauration rapide à Barentin (76).

Décrivez ce que vous inspire l'image en matière de concurrence.

EN DIRECT

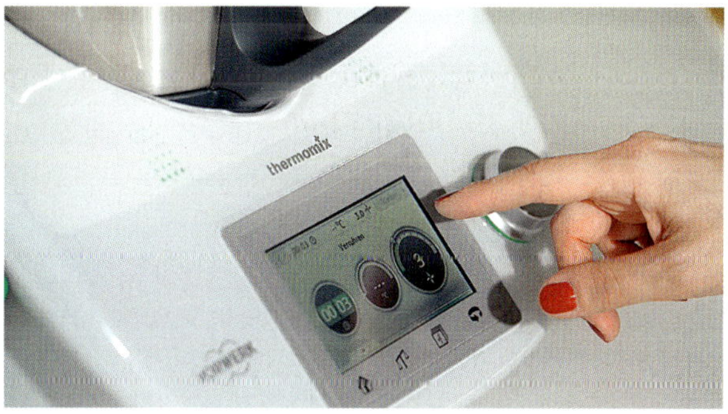

Thermomix : La fin de la *success story*
(2'22'')

Vidéo

Montrez que la concurrence impacte les ventes du robot de cuisine Thermomix.

1 Quelles sont les caractéristiques des marchés concurrentiels ?

A Les types d'offreurs et de demandeurs et l'accès à l'information

DOC. 1

Le marché français de l'électricité

1946
Service public assuré par un quasi-monopole : EDF

2007
Ouverture à la concurrence conformément aux directives européennes. Des producteurs et des fournisseurs d'électricité peuvent librement proposer des offres aux particuliers et professionnels français.

2018
EDF possède environ 80 % des parts de marché, mais est en perte de clientèle.

DOC. 2

Énergie : la concurrence progresse à grands pas

Deux Français sur trois savent désormais qu'ils peuvent changer de fournisseur de gaz et / ou d'électricité. Un progrès notable dans la connaissance des consommateurs. [...] Un Français sur cinq est déjà passé à l'acte en changeant de fournisseur. Au passage, rappelons que le régulateur recense aujourd'hui une trentaine de fournisseurs dans l'électricité. Les particuliers ont donc le choix.

Frédéric de Monicault, « Énergie : la concurrence progresse à grands pas », *Le Figaro*, 13 novembre 2018

COUP DE POUCE

Concurrence : situation de marché caractérisée par une multitude d'offreurs et de demandeurs qui n'ont pas le pouvoir d'influencer le prix du marché et peuvent librement entrer et sortir du marché.

DOC. 3

Résultats d'un site comparateur de prix pour l'électricité

MON LOGEMENT ET MOI
Je suis **particulier**
Type d'énergie : **électricité**
Commune : **ROUEN**
Distributeur électricité : **ENEDIS**

MA CONSOMMATION D'ÉLECTRICITÉ
Puissance souscrite : **9kVA**
Option tarifaire : **Base**
Consommation annuelle : **4013 kWh**

PRIX DE 667 € A 866 €
55 OFFRES CORRESPONDENT À MA RECHERCHE

https://comparateur-offres.energie-info.fr, le 25 novembre 2018

1. Repérez les offreurs et les demandeurs sur le marché de la fourniture d'électricité.
2. Expliquez à quoi correspond une situation de quasi-monopole.
3. Montrez que les sites comparateurs de prix contribuent à la concurrence sur le marché.

B La libre entrée sur le marché

DOC. 4

L'offensive de Total sur le marché de l'électricité

Avec le rachat de Direct Énergie, finalisé en septembre, Total vise [...] environ 15 % du marché d'ici à quatre ans, contre 6 % à fin 2017. [...] « On attaque ce marché avec un modèle très low cost, fondamentalement à base de digital. [...] » a estimé vendredi son P.-D.G. Patrick Pouyanné lors du salon Actionaria, dédié aux investisseurs individuels. « On a considéré que la concurrence dormait un peu, donc on la réveille, mais c'est pour le bien des consommateurs. »

Pour expliquer son succès, Total souligne en effet qu'il propose des prix 10 % moins chers que les tarifs réglementés d'EDF [...]. EDF a commencé à riposter dès fin 2017 [...]. Mais l'intensification de la concurrence, avec l'arrivée de nouveaux opérateurs tels que Leclerc, va probablement contraindre les acteurs historiques à aller toujours plus loin dans l'innovation.

Benjamin Mallet, « Comment Total ubérise les marchés historiques d'EDF et d'Engie », www.capital.fr, 26 novembre 2018

4 Repérez les nouveaux entrants sur le marché de la fourniture d'électricité.

5 Montrez que l'arrivée de nouveaux concurrents est favorable aux consommateurs.

DOC. 5

Énergies renouvelables : les coopératives citoyennes gagnent du terrain

De plus en plus de citoyens européens décident de rejoindre des coopératives pour produire eux-mêmes leur électricité à partir des énergies renouvelables. [...]

Pour autant, [...] les coopératives d'énergie renouvelable rencontrent des résistances importantes qui freinent leur déploiement. [...] La législation est adaptée aux grandes entreprises et ne permet pas toujours à des groupements citoyens de s'investir dans la production, et surtout dans la fourniture d'énergie. Et il s'avère souvent compliqué de rassembler du capital.

Benjamin Huybrechts, « Énergies renouvelables : les coopératives citoyennes gagnent du terrain », *La Tribune*, 26 avril 2018

6 Montrez qu'il existe des barrières à l'entrée du marché de la fourniture d'électricité.

7 À partir des documents 1 à 5, proposez une définition de la notion de « marché concurrentiel ».

COUP DE POUCE

Barrière à l'entrée : obstacle qui limite l'entrée de nouveaux concurrents sur un marché. Il peut s'agir de barrières juridiques (réglementation), techniques (savoir-faire), économiques (besoins en capitaux) ou commerciales (notoriété).

2 Comment se réalise l'équilibre sur un marché concurrentiel ?

A La détermination du prix sur le marché

DOC. 6

Le prix d'équilibre en situation de concurrence

- Le **marché** est le lieu de rencontre entre l'offre et la demande.
- L'**offre** est croissante en fonction du prix : un prix élevé incite les producteurs à augmenter les quantités offertes pour maximiser le profit.
- Au contraire, la **demande** est décroissante en fonction du prix : une hausse de prix dissuade les achats.
- C'est la loi de l'offre et de la demande qui permet de déterminer un **prix d'équilibre**, c'est-à-dire le prix pour lequel les quantités offertes et demandées s'égalisent. Ainsi, si l'offre est supérieure à la demande, le prix va baisser, et inversement.

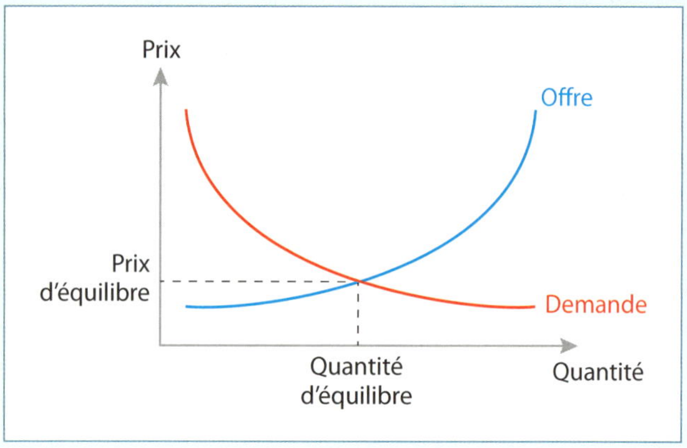

DOC. 7

Patate, vers une flambée des prix ?

L'heure est à la pesée. Non seulement en France, mais dans le « club des cinq ». Comprendre la France, la Belgique, la Hollande, l'Allemagne et la Grande-Bretagne. [...]

« Pour qu'il y ait un équilibre offre-demande sur cet ensemble, il faut une production de 26 millions de tonnes [de pommes de terre] », explique Arnaud Delacour, du Comité national interprofessionnel de la pomme de terre (CNIPT).

En 2017, la balance indiquait 28 millions de tonnes. Un surplus qui a fait s'effondrer les cours. « Sur le marché libre, le prix est même tombé à 10 euros la tonne » [...].

Cette année, l'aiguille est descendue à 24 millions de tonnes. [...] Alors que la canicule a fait s'évaporer une partie de la récolte, le prix sur le marché libre s'est enflammé. « La tonne se négocie à 200 ou 230 euros ».

Laurence Girard, « Patate, vers une flambée des prix ? », *Le Monde*, 10 novembre 2018

1. Identifiez les effets de la canicule sur l'offre de pommes de terre.
2. Montrez que la loi de l'offre et de la demande s'applique sur le marché de la pomme de terre.
3. Repérez pourquoi le prix du logement reste élevé.
4. Expliquez pourquoi le prix du logement est plus élevé en centre-ville.
5. Identifiez les facteurs qui influencent l'offre et la demande de logements.

Comment expliquer la hausse du prix du logement en France ? (3'00'')

B La relation entre le prix du marché et les coûts de production

DOC. 8

Le prix et le coût marginal de production

- En situation de **monopole**, l'entreprise est qualifiée de « ***price maker*** » (faiseur de prix). Étant le seul offreur, le monopoleur peut **augmenter son prix au-delà du coût marginal** sans perdre beaucoup de clients.
- En situation de **concurrence pure et parfaite**, l'entreprise n'a pas suffisamment de pouvoir pour fixer le prix du marché (elle est « ***price taker*** » : preneur de prix). Dans cette situation, **la recette marginale de l'entreprise est égale au prix de vente**. L'entreprise doit donc produire la quantité qui égalise le prix de vente et le coût marginal.

COUP DE POUCE

Coût marginal : coût de la dernière unité produite.
Recette marginale : recette (chiffre d'affaires) issue de la vente d'une unité supplémentaire.

6 Montrez que le prix est plus avantageux pour le consommateur lorsque le marché est concurrentiel.

COUP DE POUCE

$$\text{Coût moyen} = \frac{\text{Coût total}}{\text{Quantité produite}}$$

CAS PRATIQUE **Le coût d'un bien**

L'entreprise Zeramika est une poterie artisanale française. Elle fabrique des pots en terre cuite qu'elle vend à 60 € l'unité. Son coût total varie en fonction des quantités produites :

Quantités produites (Q)	Coût total (CT)	Coût moyen = $\frac{CT}{Q}$	Coût marginal = $\frac{CT_{q1} - CT_{q0}}{Q1 - Q0}$
10	500		20
11	525		
12	562		
13	618		

7 Calculez le coût moyen et le coût marginal selon la quantité produite.

8 Déterminez si l'entreprise a intérêt à produire 13 unités.

9 L'arrivée d'un nouvel entrant avec une politique de prix bas a modifié le prix du marché. Il s'établit désormais à 55 €. Identifiez l'impact pour l'entreprise Zeramika qui souhaite vendre ses pots au prix du marché.

C L'impact du prix sur la demande

DOC. 9

L'élasticité de la demande au prix

La demande est-elle sensible au prix ? Le calcul de l'élasticité permet de mesurer la réaction de la demande à la variation du prix.

- En principe, l'élasticité est **négative** : la demande **diminue** lorsque le prix augmente (et inversement).
- Mais certains biens ont une élasticité **positive**, la demande **augmente** avec le prix. Il peut s'agir des biens de luxe.
- D'autres biens ont une élasticité **faible** (proche de – 1 à + 1), la demande **varie peu ou pas** par rapport aux prix. C'est le cas des biens de première nécessité et des biens pour lesquels il n'existe peu ou pas de produits de substitution.

COUP DE POUCE

Élasticité = $\frac{\text{Taux de variation de la demande}}{\text{Taux de variation de prix}}$

CAS PRATIQUE La demande de sandwichs

L'entreprise Bonapéti vend des sandwichs à emporter et à déguster sur place. Le gérant a changé son prix de vente le mois dernier et souhaite en connaître l'incidence sur les ventes.

	Mois 1	Mois 2	Variation en %
Prix de vente unitaire	3 €	3,20 €	
Quantités vendues	100	95	

10 Calculez l'élasticité de la demande au prix du sandwich et interprétez le résultat.

DOC. 10

L'élasticité croisée

Parfois la demande d'un bien varie parce que le prix d'un autre bien varie. Une élasticité croisée positive indique que les biens sont **substituables** : l'augmentation du prix du bien B entraîne l'augmentation de la demande du bien A. Une élasticité croisée négative indique que les biens sont **complémentaires**.

COUP DE POUCE

Élasticité croisée = $\frac{\text{Taux de variation de la demande du bien A}}{\text{Taux de variation du prix du bien B}}$

Bien substituable : bien pouvant être consommé à la place d'un autre, pour satisfaire le besoin du consommateur. Exemple : le train et le bus.

Biens complémentaires : biens qui se consomment conjointement pour satisfaire un besoin. Exemple : la voiture et l'essence.

CAS PRATIQUE La demande de sandwichs et de burgers

Dans la même rue d'une ville, il y a deux entreprises de restauration rapide : l'une propose des sandwichs jambon-beurre à 3 € et l'autre des hamburgers à 5 €. Le prix du hamburger augmente de 20 %. Certains consommateurs de hamburgers se reportent alors vers les sandwichs, dont la consommation augmente de 10 %.

11 Calculez l'élasticité croisée de la demande de sandwich par rapport au prix du hamburger et interprétez le résultat.

D L'impact du prix sur les caractéristiques des produits

DOC. 11

Le faux miel envahit les rayons des supermarchés

Les Français consomment quatre fois plus de miel que n'en produit le pays. Mais cet aliment est souvent l'objet de fraudes qui le dénaturent, notamment par ajout de sucre. [...]

La Chine est le principal exportateur de miel dans le monde, et elle propose les prix les plus bas. [...] « Quand ils achètent en dessous d'un certain prix, les importateurs savent très bien qu'il s'agit de faux miel. » [...]

Le faux miel déstabilise le marché et nuit aux producteurs de vrai miel, les apiculteurs. [...] Une concurrence que l'on retrouve aussi dans les rayons des supermarchés. « [...] 90 % des références sont constituées d'importations au prix de 10 à 15 euros le kilo, et le reste, c'est du français entre 15 et 30 euros » regrette Joël Schiro [président du Syndicat des producteurs de miel de France]. La commission du Développement durable de l'Assemblée nationale a décidé, lors de sa réunion du 27 mars, d'imposer une traçabilité du miel, avec indication des origines sur l'étiquetage.

Marie Astier, « Le faux miel envahit les rayons des supermarchés », https://reporterre.net, 28 mars 2018

12 Montrez que le niveau du prix peut impacter les caractéristiques du produit.

13 Expliquez pourquoi un prix bas nuit aux producteurs de vrai miel.

14 Expliquez l'intérêt de mettre en œuvre une traçabilité du miel.

DOC. 12

Quelques références de pâte à tartiner dans un Leclerc Drive

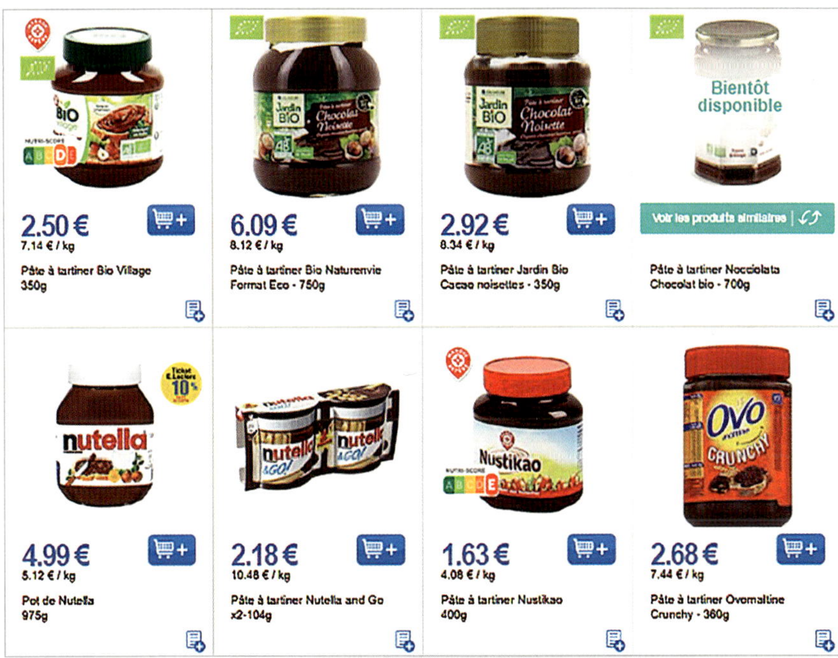

www.leclercdrive.fr

15 Repérez les caractéristiques de ces pâtes à tartiner qui peuvent justifier les différences de prix.

ACTIVITÉS

A Tester ses connaissances

Indiquez si chacune des affirmations suivantes est vraie ou fausse en justifiant votre réponse.

1. Un marché est dit concurrentiel si les prix peuvent varier librement.
2. La demande sur le marché baisse lorsque les prix baissent.
3. L'offre sur le marché augmente dans le même sens que les prix.
4. L'information sur les prix et les produits doit être accessible aux offreurs et demandeurs pour qu'un marché soit considéré comme concurrentiel.
5. Des prix faibles encouragent les producteurs à augmenter les quantités produites.
6. En situation de monopole, le prix est plus avantageux pour le consommateur.
7. La demande d'un bien ne varie pas toujours en fonction du prix.

B Préparer ses arguments ORAL Fiche méthode 8 › p. 171

Les ventes de cigarettes

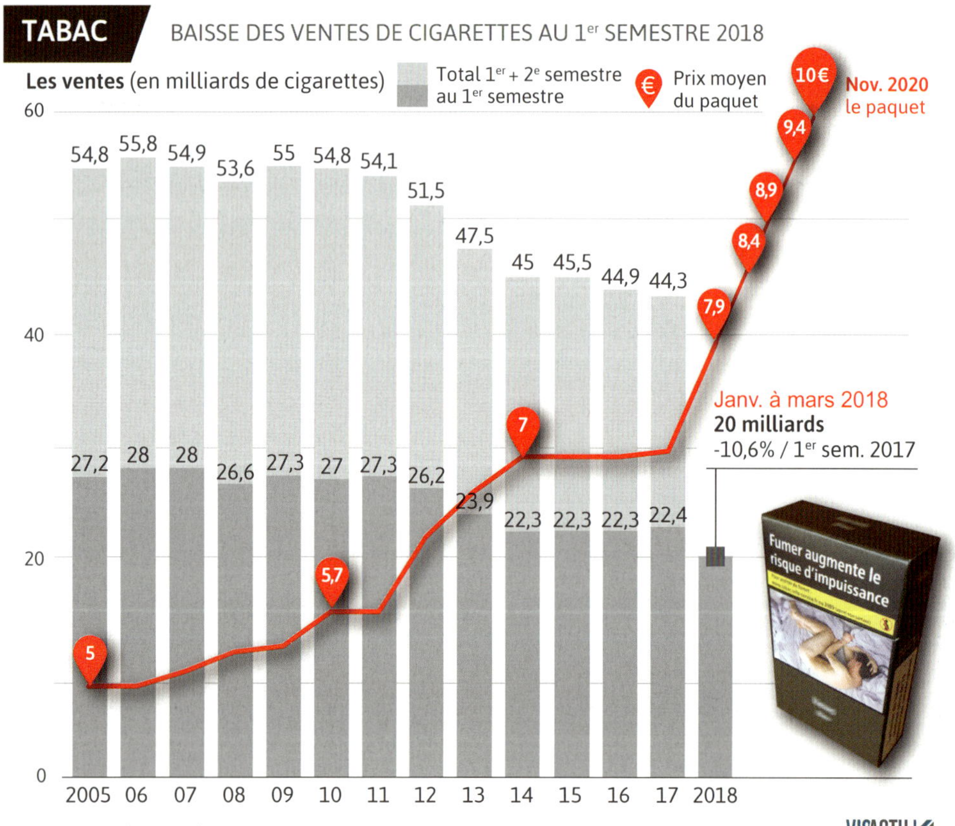

Source : OFDT (août 2018).

1. Commentez les données présentées dans le graphique.
2. Montrez que la loi de l'offre et de la demande s'applique au marché des cigarettes.

C Analyser une situation économique

DOC. 1

La SNCF se prépare à vitesse accélérée à la concurrence

La réforme ferroviaire a été adoptée en juin dernier, et les premières mises en concurrence des TER pourront être réalisées en 2020, tandis que les lignes à grande vitesse seront ouvertes à la fin de la même année. [...]

Qui seront les concurrents? Ceux que la SNCF verrait bien venir titiller son monopole actuel [...] sont connus. En première ligne viennent des opérateurs ferroviaires traditionnels: du néerlandais Abellio au chinois MTR en passant par le Britannique Arriva ou l'italien Trenitalia... Sans oublier les français Transdev et RATP. Mais l'entreprise historique [...] ne veut écarter aucune possibilité. [...]

Depuis trois ou quatre ans, la SNCF travaille donc sur le sujet. La création de Ouigo marque ainsi sa volonté d'occuper le créneau des trains à grande vitesse à bas coûts. [...]

Pour être prête à ces évolutions, la SNCF a proposé des engagements à ses responsables locaux. Le nombre de voyageurs doit progresser de 25 % d'ici à 2026 alors que le chiffre d'affaires doit augmenter de 20 %. Les prix devraient donc baisser.

Les coûts doivent, eux, baisser de 15 à 20 % pour réduire l'écart de compétitivité avec les concurrents. La SNCF investira 72 milliards d'euros entre 2018 et 2026.

Michel Waintrop,
« La SNCF se prépare à vitesse accélérée à la concurrence »,
La Croix, 10 octobre 2018

DOC. 2

Les retards de la SNCF

1. Caractérisez la situation de la concurrence actuelle et à venir sur le marché ferroviaire.
2. Repérez et justifiez la stratégie mise en œuvre par la SNCF pour faire face à la concurrence.
3. Montrez que l'ouverture à la concurrence est favorable aux utilisateurs du train.

D Utiliser les TICE

Recherche

Jouez sur www.citeco.fr à un jeu collectif sur la formation des prix et la convergence vers un prix d'équilibre à travers l'exemple d'un marché fictif du mouton.

- Durée : entre 1 h 00 et 1 h 30
- Nombre de joueurs : 8 à 20 joueurs (plusieurs élèves peuvent jouer ensemble).
- La classe est répartie en 2 équipes : les vendeurs et les acheteurs. Les vendeurs sont des éleveurs de moutons qui cherchent à vendre leurs moutons le plus cher possible sur le marché. Les acheteurs sont des industriels qui achètent des moutons pour les transformer, ils cherchent à les acheter le moins cher possible.

POUR ALLER PLUS LOIN

https://economics-games.com/games/fr : Jeux pour l'enseignement de l'économie : impact des prix sur la concurrence, prix dans une situation de concurrence ou de monopole, etc. Gratuits et en ligne, sans inscription, en anglais.

Entraînement 12

La concurrence sur le marché du café

À partir de vos connaissances et des documents fournis en annexes :

1. Identifiez les facteurs qui influencent le cours du café.
2. Caractérisez l'intensité de la concurrence entre les torréfacteurs de café.
3. Montrez que la concentration des torréfacteurs influence le prix des dosettes de café.
4. Rédigez une argumentation qui vous permette de développer l'affirmation suivante : *Le manque de concurrence sur un marché nuit aux fournisseurs et aux consommateurs.*

ANNEXE **1**

Le cours du café plonge au plus bas depuis 12 ans

Les cours du café sont au plus bas depuis douze ans. Les producteurs de café ont fait part de leur grande inquiétude, le 17 septembre à Londres, à l'occasion de la réunion du Forum mondial des producteurs de café, qui représente 85 % de la production mondiale.

« C'est une période désespérante pour les 25 millions de caféiculteurs du monde entier. Une crise qui dépasse l'imagination », a déclaré Roberto Velez, directeur général de la Fédération colombienne des producteurs de café, rapporte Reuters. Les caféiculteurs estiment que les prix actuels ne couvrent plus leurs coûts de production. En Colombie, troisième pays producteur, la baisse des prix du café risque fort de détourner les producteurs vers d'autres cultures comme la coca, et son dérivé beaucoup plus lucratif, la cocaïne. [...]

Pour les deux variétés, les causes de la baisse des cours sont identiques : une production à la hausse parmi les plus grands pays producteurs et une spéculation à la baisse sur les marchés à terme. La récolte record enregistrée au Brésil (premier producteur) a fait plonger l'arabica, tandis que celle du Vietnam en hausse de 15,5 % par rapport à 2016/17 a fait chuter le robusta.

Sylvie Rantrua,
www.usinenouvelle.com,
19 septembre 2018

ANNEXE 2

Le succès des dosettes ne profite pas aux producteurs

La consommation de café s'envole, notamment en France, depuis l'avènement des dosettes. Ce format fait gonfler les prix sur le ticket de caisse. Un surplus d'argent qui échappe aux producteurs d'Amérique du Sud et d'Afrique. Ils peinent de plus en plus à vivre de leur activité. [...]

Avec ces nouvelles manières de consommer, notamment les dosettes, « les gens ne s'en rendent pas compte, mais ils achètent leur café beaucoup plus cher », affirme Christophe Alliot [auteur d'une étude sur le sujet pour le cabinet de décryptage Basic]. « Alors qu'un paquet de café arabica moulu de 250 g se vend 3 euros en moyenne en France, soit 12 euros le kilo ; sous forme de capsule individuelle, le kilo de café coûte entre 50 et 60 euros » [...]. Même en ajoutant 10 à 15 euros pour le surcoût d'emballage, « il reste environ la moitié du prix inexpliqué pour les dosettes, soit environ 25 euros le kilo » [...].

À l'autre bout de la chaîne, les producteurs de café ont de plus en plus de mal à vivre, sur fond d'effondrement des cours mondiaux de la précieuse graine. [...]

L'étude [...] met en cause la concentration des torréfacteurs, trois d'entre eux contrôlant 81 % du marché mondial de café, Nestlé, JDE et Lavazza. Mais aussi le poids des gros négociants.

« Le succès des dosettes ne profite pas aux producteurs »,
Le Télégramme, 1er octobre 2018

ANNEXE 3

Le marché français du café en 2017

Le marché français

Part des ventes en France en 2017

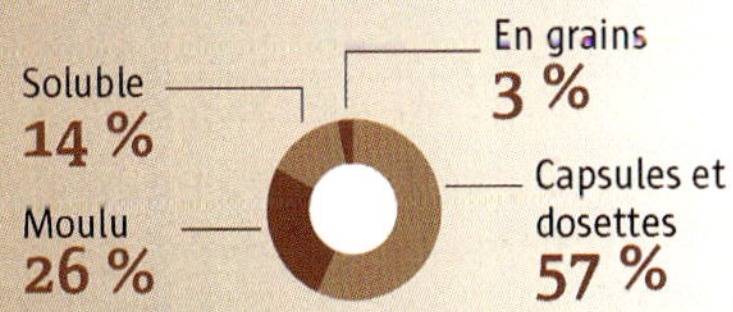

Les marques

Nestlé	
Nespresso	19 %
Nescafé	8
Dolce Gusto	6
Jacobs Douwe Egberts	
Maison du café	5
L'or Expresso	6
Senseo	9
Tassimo	5
Jacques Vabre	2
Grand-Mère	1
Maxwell	2
Lavazza	
Carte Noire	14
Lavazza	2
Segafredo	2
Legal	1
Café royal	2
Malongo	2
Marques de distributeurs et autres	14

Le Télégramme - Photo : EPA

« Le succès des dosettes ne profite pas aux producteurs »,
Le Télégramme, 1er octobre 2018

SYNTHÈSE

Podcast

Synthèse
· rédigée
· animée

Le degré de concurrence selon les marchés

1 Quelles sont les caractéristiques des marchés concurrentiels ?

Un marché est dit « **concurrentiel** » s'il possède certaines caractéristiques fondamentales

- **Atomicité**
  Multitude d'offreurs et de demandeurs
- **Transparence**
  L'information sur les prix et les produits est disponible
- **Libre entrée**
  Les offreurs et les demandeurs peuvent accéder librement au marché

Les prix varient librement. Le choix est plus important.

2 Comment se réalise l'équilibre sur un marché concurrentiel ?

Prix d'équilibre
=
Prix pour lequel
offre = demande

Facteurs qui agissent sur le prix d'équilibre :

- **Loi de l'offre et de la demande**
  - L'**offre** est une fonction **croissante** des prix (↗ prix → ↗ offre)
  - La **demande** est une fonction **décroissante** des prix (↘ prix → ↘ offre)
- **Concentration** du marché
  Stratégie des entreprises
- **Coût** de production
- **Élasticité** de la demande au prix
  Élasticité croisée
- **Caractéristiques** des produits

MOTS-CLÉS

• Barrières à l'entrée • Concurrence • Concurrence imparfaite • Coût marginal
• Élasticité croisée • Élasticité prix-demande • Loi de l'offre et de la demande • Prix d'équilibre

CHAPITRE 13

THÈME 5 : Les marchés des biens et services sont-ils concurrentiels ?

Les stratégies pour dépasser l'intensité concurrentielle

NOTIONS DU PROGRAMME

- L'innovation, la différenciation des produits
- La course à l'innovation
- Le monopole, l'oligopole, les ententes illicites
- Le pouvoir de marché
- Preneur de prix, faiseur de prix

PLAN DU CHAPITRE

1 Quelles sont les stratégies mises en œuvre par les entreprises pour réduire la concurrence ?

2 Quelles sont les structures de marché et les pratiques non concurrentielles ?

Découvrir

L'INSTANTANÉ

Présentez ce que vous inspire ce dessin.

EN DIRECT

Comment les magasins de jouets tentent de se démarquer du web
(1'15")

Repérez comment certains magasins de jouets essaient de se démarquer des sites de vente en ligne.

1 Quelles sont les stratégies mises en œuvre par les entreprises pour réduire la concurrence ?

A Innovation et différenciation

DOC. 1

Thuasne innove pour durer

Le groupe familial français Thuasne, spécialiste des dispositifs médicaux à base de textiles (bas de contention, ceintures lombaires, coudières...) a célébré ses 170 ans en 2017. Pour faire face à la concurrence d'importateurs des pays asiatiques, le leader européen a dû innover :

- 3,5 % du chiffre d'affaires investi en Recherche et Développement (R & D) ;
- 4 centres de R & D en Allemagne, États-Unis, France et Royaume-Uni ;
- 2 ou 3 brevets déposés par an ;
- Plus de 100 brevets déposés ;
- Des partenariats avec des start-up pour innover dans le numérique et la santé connectée.

1. Repérez pourquoi l'entreprise Thuasne doit innover.
2. Identifiez les différents moyens mis en œuvre dans l'entreprise pour réduire la concurrence.

MANAGEMENT

La différenciation est une stratégie qui consiste à se démarquer de la concurrence par d'autres éléments que le prix.

DOC. 2

Les brosses à dents électriques veulent convaincre

Du côté des acteurs, Oral-B est toujours archileader avec 88 % de part de marché. Loin derrière, Philips a atteint 10 % grâce à l'innovation [...].

Parmi les nouveaux acteurs qui se sont lancés cette année, le plus surprenant est sans doute le chinois Xiaomi [...]. La Mi Electric Toothbrush est une brosse à dents connectée [...]. Xiaomi annonce un prix de vente indicatif très attractif de 34,99 €. Le fabricant affirme que ses têtes de brossage présentent une densité de poils accrue de 40 % par rapport aux standards du marché, ce qui rendrait le brossage plus efficace. [...]

Autre arrivant [...] : Colgate [...] a commencé la commercialisation de sa première brosse à dents connectée [...] vendue au prix indicatif de 99,95 €. Colgate Connect E1 possède des capteurs en temps réel et des algorithmes d'intelligence artificielle pour détecter l'efficacité de brossage dans 16 zones de la bouche. Les données sont envoyées en Bluetooth à l'application [...] afin de donner des conseils en temps réel pour améliorer les habitudes de brossage de dents et aider à la prévention des problèmes.

Mirabelle Belloir, « Les brosses à dents électriques veulent convaincre », www.lsa-conso.fr, 18 octobre 2018

3. Repérez les caractéristiques des nouvelles brosses à dents des concurrents Xiaomi et Colgate.
4. Expliquez pourquoi la concurrence oblige les entreprises à innover et à se différencier.
5. Montrez que la course à l'innovation des entreprises permet au consommateur de bénéficier de nouveaux produits de meilleure qualité.

B Le rapprochement d'entreprises

DOC. 3

Voiture autonome : Fiat-Chrysler rejoint une alliance menée par BMW

Le constructeur automobile italo-américain Fiat-Chrysler (FCA) a rejoint l'alliance dans le projet de voiture autonome entre BMW, Intel et Mobileye. L'union fait la force, et permet de gagner du temps dans la course à la voiture autonome. Le constructeur allemand de voitures haut de gamme BMW, le géant américain de puces informatiques Intel et le spécialiste israélien de caméras utilisées dans le système anticollision Mobileye [...] avaient lancé en 2016 une plateforme en vue de développer le concept de voiture capable de rouler sans intervention du conducteur [...].

[...] FCA est le premier constructeur à en faire de même. Le groupe apporte avec lui des capacités de recherche et développement de même qu'un volume significatif de ventes et un réseau géographique dense [...]. FCA a déjà tissé depuis la mi-2016 un partenariat avec Google/Waymo sur les voitures autonomes. Pour permettre d'avancer dans la technologie de voiture autonome, les ingénieurs vont coopérer en Allemagne et dans les autres pays concernés par l'alliance. [...] Le constructeur ambitionne avec ses partenaires de mettre des voitures autonomes en circulation à compter de 2021.

Le Point / AFP, 17 août 2017

6 Repérez les intérêts d'une alliance avec un concurrent pour le constructeur automobile Fiat-Chrysler.

DOC. 4

Les acquisitions de Thuasne

Les implantations de Thuasne dans le monde, https://fr.thuasne.com

Entre autres acquisitions réalisées par le groupe Thuasne, citons [...] Thämert (en 2008) en Allemagne, [...] Townsend Design (en 2011) et Quinn Medical (en 2016) aux États-Unis, Mediband (en 2015) en Suède, Orthotic Composites (en 2016) au Royaume-Uni...

« La plupart du temps, ces acquisitions nous apportent une nouvelle technologie, très pointue, dont nous ne bénéficiions pas auparavant et que nous transférons ensuite dans les autres pays où nous sommes implantés », explique la dirigeante.

Julie Le Bolzer, « Thuasne, un savoir-faire qui rayonne à l'échelle mondiale », *Les Échos*, 9 octobre 2017

7 Montrez que l'acquisition d'entreprises permet de réduire la concurrence.

2 Quelles sont les structures de marché et les pratiques non concurrentielles ?

A Le monopole et l'oligopole

DOC. 5

L'oligopole des diamants

Extrait de *Economix*, Dan E. Burr, Michael Goldwin, traduit de l'anglais (États-Unis) par Hélène Dauniol-Renaud, © Éditions des Arènes, Paris, 2017

DOC. 6

La situation de monopole

On parle de monopole quand une entreprise a une position tellement dominante sur son marché, qu'elle empêche ses concurrents de se développer au point d'entraver le bon fonctionnement des règles du marché. Dans certains cas, un monopole peut être institutionnel. En France, c'est le cas par exemple de la SNCF, seule entreprise de transport ferroviaire autorisée par l'État. […]
Depuis le développement de l'informatique, des entreprises comme Microsoft ou Google sont régulièrement qualifiées de monopoles et menacées de sanctions pour entraves aux règles de la libre concurrence, aux États-Unis ou en Europe.

www.journaldunet.fr, 5 février 2019

1. Caractérisez les situations de concurrence présentées dans les documents 5 et 6.
2. Présentez les conséquences possibles d'une concurrence imparfaite pour les acheteurs.

DOC. 7

Un abus de position dominante sanctionné

L'Autorité de la concurrence prononce à l'encontre de la société Sanicorse une sanction d'un montant de 199 000 euros pour avoir, de 2011 à 2015, abusé de sa position dominante. Elle a tiré parti de son monopole […] en augmentant de façon brutale, durable, significative et injustifiée les tarifs de l'élimination des déchets d'activités de soins à risque infectieux […] produits par les établissements de soins corses. […]

Le tarif moyen pratiqué par Sanicorse a ainsi augmenté d'environ 88 % entre 2010 et 2012. […] Ne disposant d'aucune solution alternative, les établissements de soins […] se sont trouvés finalement contraints de conclure des contrats […] aux tarifs que fixait alors Sanicorse.

Communiqué du 20 septembre 2018, www.autoritedelaconcurrence.fr

COUP DE POUCE

L'Autorité de la concurrence est une autorité administrative indépendante, chargée de réguler le fonctionnement de la concurrence sur les marchés.

3. Identifiez en quoi la société Sanicorse disposait d'un pouvoir de marché qui lui a permis de fixer les prix.
4. Repérez ce qui justifie la sanction de l'Autorité de la concurrence à l'encontre de la société Sanicorse.
5. Définissez les notions de concurrence imparfaite, monopole et oligopole.
6. Présentez les trois raisons évoquées dans la vidéo qui expliquent les situations de concurrence imparfaite.

Vidéo **L'État doit-il interdire les monopoles et les oligopoles ?** (3'36")

B Les ententes illicites

DOC. 8

Cartel de l'électroménager : amende de 189 millions pour six fabricants

[…] L'Autorité de la concurrence […] a sanctionné, […] six fabricants d'électroménager pour s'être « concertés sur une hausse des prix ». La sentence : une amende de 189 millions d'euros. L'entente portait sur des « produits blancs » : réfrigérateurs, congélateurs, lave-linge, cuisinières, fours... BSH, Candy Hoover, Eberhardt Frères, Electrolux, Indesit et Whirlpool ont tous reconnu les faits. […]

Deux pratiques frauduleuses ont été constatées. D'une part, « des hausses de prix concertées sur les prix de vente conseillés (PVC) transmis aux distributeurs ». Par exemple, en 2008, les fabricants ont décidé d'une hausse de 20 euros de certains produits aux PVC inférieurs à 200 euros, de 30 euros pour les produits entre 200 et 400 euros et de 50 euros pour les produits à plus de 400 euros. D'autre part, « une concertation sur les conditions commerciales appliquées aux cuisinistes1 ». […]

La forte sanction prononcée contre les fabricants d'électroménager est justifiée par plusieurs éléments, selon l'Autorité. D'abord, à eux six, les fabricants couvrent 70 % du marché. Ensuite, il s'agit de produits pouvant être chers, et dont les consommateurs peuvent difficilement se passer. […]

1. Cuisiniste : professionnel(le) qui conçoit, vend ou installe le mobilier de cuisine.

Enrique Moreira, *Les Échos*, 6 décembre 2018

6. Présentez les faits reprochés aux six fabricants d'électroménager.
7. Expliquez les conséquences de cette entente pour les clients.
8. Expliquez pourquoi cette entente est illicite.

COUP DE POUCE

L'entente illicite (ou cartel) est un accord entre des entreprises indépendantes visant à réduire la concurrence.

ACTIVITÉS

A Tester ses connaissances

Indiquez si chacune des affirmations suivantes est vraie ou fausse en justifiant votre réponse.

1. Une stratégie de différenciation permet de réduire la concurrence.
2. On peut évaluer le degré de concurrence sur un marché en observant le nombre de salariés de chaque entreprise offreuse.
3. Les monopoles signifient qu'il n'y a pas de concurrence sur le marché.
4. Une entente entre entreprises concurrentes est toujours autorisée.
5. L'oligopole signifie qu'une multitude d'offreurs sont présents sur le marché.

B Préparer ses arguments ORAL Fiche méthode 8 > p. 171

Le Parisien/Infographie, 5 septembre 2018

- Expliquez comment la marque permet à une entreprise de se différencier de la concurrence.

C Analyser une situation économique

Seb déploie des services à la carte pour ses clients

Si le numéro un mondial du petit électroménager fabrique poêles, robots pâtissiers et friteuses, il propose aussi une palette de nouvelles offres [...].

En octobre, le groupe a ainsi lancé un service de location d'appareils ménagers avec Monoprix [...]. L'idée est de répondre à un besoin occasionnel [...] Mais pas seulement. « Louer va permettre de tester certains appareils d'un certain prix avant un achat [...] », indique Joël Tronchon [directeur du développement durable chez Seb].

Autre service proposé depuis 2015 : garantir la réparation de ses appareils pendant dix ans. [...] « Cela ne nous fait pas perdre des ventes. Au contraire, [...] nous avons constaté que 8 % des consommateurs basculaient sur nos marques, quand ils découvraient cette garantie [...] », note Alain Pautrot, le directeur de la satisfaction des consommateurs. [...] « Nous avons pris une sérieuse avance sur nos concurrents car nous fabriquons les deux-tiers de ce que nous vendons. » [...] « Depuis le lancement de notre label Produits réparables, les marques de SEB ont grimpé dans le baromètre des marques préférées des Français », indiquent les responsables. Et le groupe a généré une plus forte fidélité. [...]

Depuis 2015, sa gamme connectée de robots ou autres cocottes, communiquait vers une application mobile qui aidait à composer des repas. [...] En novembre, le groupe a passé un cap, en rachetant [...] un éditeur de sites culinaires, 750 g International. [...] « [...] Ce savoir-faire nous permettra d'aller encore plus loin dans l'offre de services innovants aux amateurs de cuisine », souligné Thierry de La Tour d'Artaise, le PDG de SEB.

Dominique Chapuis, Seb déploie des services à la carte pour ses clients, *Les Échos*, 29 novembre 2018

1. Repérez les nouveaux services proposés par l'entreprise Seb.
2. Montrez que ces nouveaux services permettent à Seb de se différencier de la concurrence et de conserver sa place de numéro un mondial.

D Utiliser les TICE

Vidéo

Visionnez la vidéo « La concurrence » de la Cité de l'Économie : www.citeco.fr/la-concurrence

1. Rappelez comment se fixent les prix en situation de concurrence parfaite et en situation de concurrence imparfaite.
2. Montrez, dans un court développement, que les conditions de la concurrence parfaite sont rarement réunies dans les faits.
3. Repérez les situations dans lesquelles le législateur intervient pour agir sur le niveau de la concurrence.

POUR ALLER PLUS LOIN

Sur le lien http://www.autoritedela-concurrence.fr/user/index.php, vous trouverez les décisions et les avis rendus par l'Autorité de la concurrence pour garantir aux consommateurs une libre concurrence.

Entraînement 13

La position dominante de Google sur Internet

À partir de vos connaissances et des documents fournis en annexes :

1. Caractérisez la situation concurrentielle sur le marché des moteurs de recherche en France.
2. Présentez les arguments de la Commission européenne qui justifient la condamnation de Google.
3. Montrez que le moteur de recherche Qwant cherche à la fois à imiter et à se différencier de Google.
4. Rédigez une argumentation qui vous permette de répondre à la question suivante :
La position dominante de Google nuit-elle aux concurrents et aux consommateurs ?

ANNEXE **1**

Les parts de marché des moteurs de recherche en France en novembre 2018

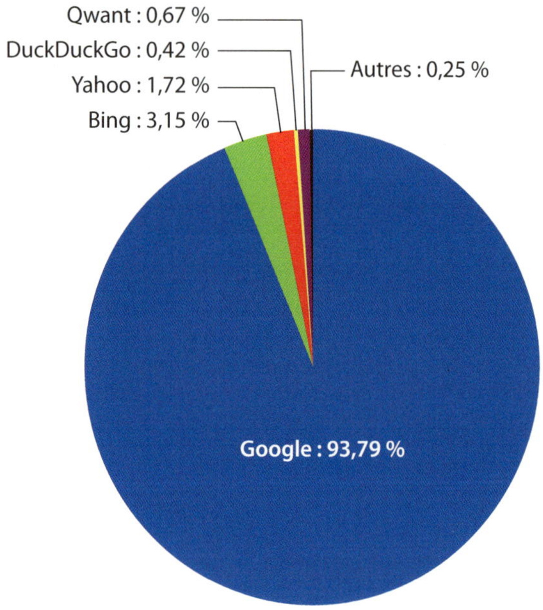

ANNEXE **2**

Bruxelles inflige une amende record à Android

Margrethe Vestager [la commissaire européenne à la concurrence] a déclaré : « Google utilise Android [...] pour consolider la position dominante de son moteur de recherche. Ces pratiques ont privé ses concurrents de la possibilité d'innover et de lui livrer concurrence [...]. Elles ont privé les consommateurs européens des avantages d'une concurrence effective sur le marché important des appareils mobiles. [...]. »
Google a aussitôt annoncé dans un communiqué son intention de faire appel de cette décision : « Android a créé davantage de choix pour tout le monde, pas moins. Ainsi qu'un écosystème vivant, des innovations incessantes et des prix plus faibles qui sont des marqueurs classiques d'une concurrence robuste », a répliqué Al Verney, le porte-parole du groupe. [...]
Lancé en 2007, Android équipe 80 % des smartphones dans le monde [...]. Google a « exigé des fabricants qu'ils préinstallent l'application Google Search et son navigateur (Chrome) comme condition à l'octroi de la licence pour sa boutique d'applications en ligne (Play Store) », rappelle ainsi le communiqué de la Commission.

Cécile Ducourtieux, « Bruxelles inflige une amende record de 4,34 milliards d'euros à Android », *Le Monde*, 18 juillet 2018

ANNEXE 3

Qwant, le petit moteur de recherche français, voit son avenir en grand

Lancé en 2013, le moteur de recherche français Qwant, présent dans 166 pays, passe à la vitesse supérieure. Son P.-D.G., Éric Leandri, ne manque pas d'ambition.

Vous rêvez de détrôner Google ?
L'objectif est de proposer une alternative [...]. On est huit moteurs de recherche dans le monde. Je suis le 7e et souhaite devenir 5e. [...] En attendant, le seul qui respecte la vie privée, c'est nous. [...]

Vous avez aussi Qwant Junior...
C'est le moteur de recherche numéro un dédié aux 6-12 ans. [...] Sans publicité, il filtre toutes les images choquantes [...].

Vous avez des projets de diversification ?
Le but est de constituer une plateforme complète avec un service de musique, de sport, une messagerie Internet, un service cloud pour conserver ses documents ou photos en ligne, un service de paiement sans que je sache ce que vous achetez...

Virginie de Kerautem, « Qwant, le petit moteur de recherche français, voit son avenir en grand », *Le Parisien*, 3 septembre 2018

ANNEXE 4

Google, le grand méchant loup de la Tech

Jadis portée aux nues[1] pour ses innovations, la start-up devenue mastodonte inquiète. [...] Google ne permet toujours pas à ses utilisateurs d'empêcher la collecte massive de leurs données, souvent à leur insu. L'exploitation de ces données à des fins publicitaires reste le fonds de commerce du groupe. [...] Le succès de Google n'est pas la simple inconséquence[2] des choix des consommateurs : s'ils optent massivement pour les services du groupe Alphabet, c'est pour de bonnes raisons. Les recherches Google sont pertinentes, Chrome est un navigateur fiable et Android fonctionne (très) bien. La contrepartie de tout cela est les moyens financiers dont dispose Google pour investir et maintenir son avance sur d'éventuels concurrents.

1. **Porter quelqu'un aux nues** : couvrir d'éloges, féliciter quelqu'un.
2. **Inconséquence** : action irréfléchie, imprudente.

Elsa Bembaron et Élisa Braun, « Google, le grand méchant loup de la Tech », *Le Figaro*, 7 septembre 2018

ANNEXE 5

Quelques services gratuits de Google

Android · Chrome · Gmail · Google Calendar · Google Drive

Google Maps · Google News · Google Play · Google Plus · Google Translate

www.blog.google

SYNTHÈSE

Podcast

Synthèse
· rédigée
· animée

Les stratégies pour dépasser l'intensité concurrentielle

1 Quelles sont les stratégies mises en œuvre par les entreprises pour réduire la concurrence ?

Les entreprises peuvent utiliser diverses méthodes pour réduire la pression des entreprises concurrentes :

- **L'innovation** : Elle permet à l'entreprise de proposer des produits non disponibles chez les concurrents.
- **La différenciation** : Elle met en avant les caractéristiques uniques de son produit, afin de le différencier des offres des concurrents.
- **La concentration entre entreprises** : Elle consiste en l'augmentation de la taille des entreprises et la diminution de leur nombre.

2 Quelles sont les structures de marché et les pratiques non concurrentielles ?

Lorsque le nombre d'offreurs est réduit, la concurrence est imparfaite.

- **Monopole**
  - Au sens strict : situation dans laquelle il n'existe qu'un seul offreur face à de nombreux demandeurs.
  - Au sens large : situation dans laquelle une entreprise possède une part de marché largement dominante.
- **Oligopole** : Situation dans laquelle un nombre limité d'entreprises se partagent le marché de manière à peu près égale.

Les entreprises disposent d'un pouvoir de marché : elles peuvent fixer un prix supérieur au prix d'équilibre sur un marché concurrentiel. Les entreprises peuvent également abuser de leur position dominante pour limiter la concurrence.

Ententes illicites : Accord entre plusieurs concurrents pour réduire ou limiter la concurrence (exemples : fixation des prix, répartition du marché).

MOTS-CLÉS

- Différenciation
- Ententes licites et illicites
- Innovation
- Monopole
- Oligopole
- Pouvoir de marché
- Preneur de prix et faiseur de prix

Les épreuves du baccalauréat technologique STMG à partir de la session 2021

Les enseignements de spécialité en première et en terminale STMG

Première STMG	Terminale STMG
1 Sciences de gestion et numérique	1 Management, sciences de gestion et numérique dont un enseignement spécifique parmi : • gestion et finance • mercatique • ressources humaines et communication • systèmes d'information de gestion
2 Management	
3 Droit et économie	2 Droit et économie

Les épreuves du baccalauréat technologique STMG en 2021

Dans la série STMG comme dans les autres filières de l'enseignement technologique et général, le baccalauréat 2021 reposera pour une part sur un contrôle continu et pour une autre part sur des épreuves terminales.

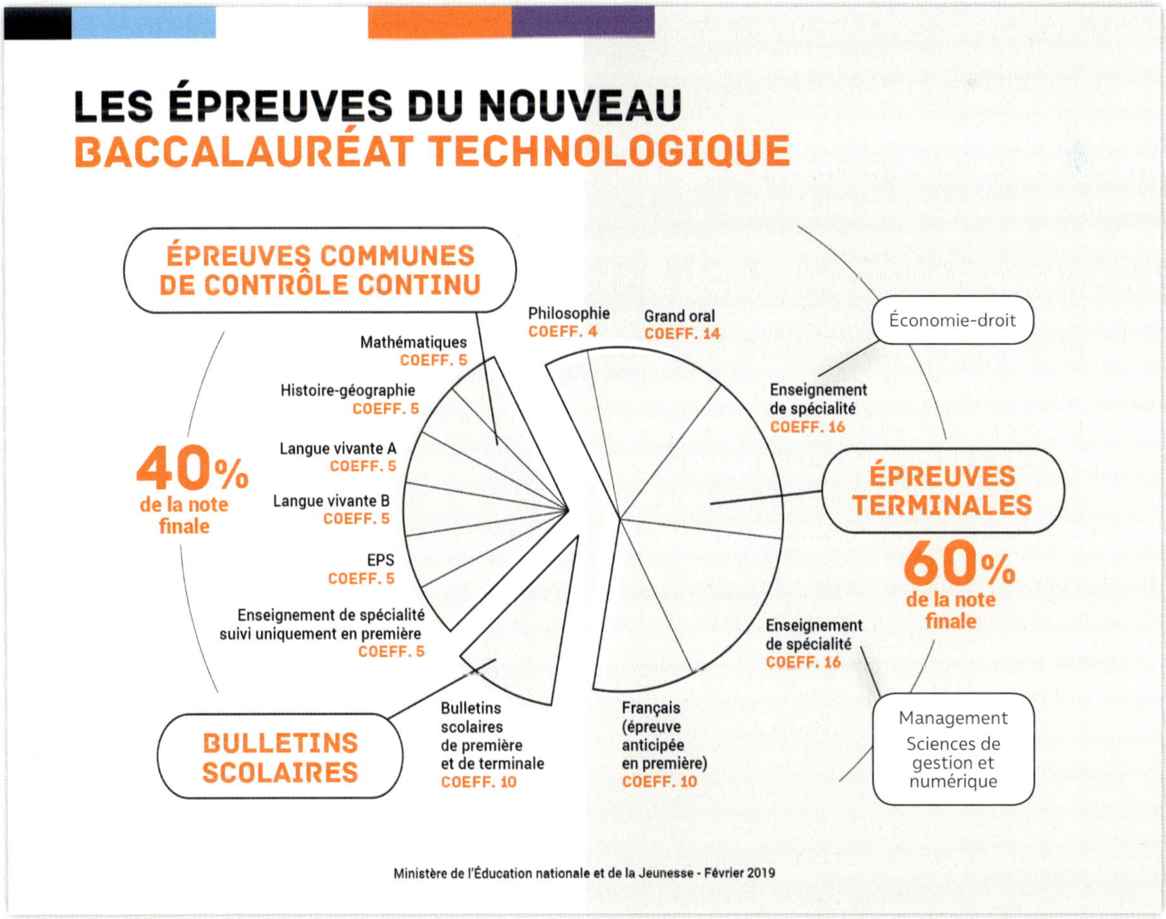

http://quandjepasselebac.education.fr

Dossier Bac

Des connaissances et des capacités attendues à l'issue de la terminale

Les méthodes de travail utilisées en première et en terminale pour l'enseignement de spécialité d'Économie sont :

- L'utilisation systématique de supports faisant référence à des données réelles ;
- La mobilisation importante de ressources numériques et documentaires ;
- La production de synthèses, commentaires et argumentations écrits ou oraux.

Par ailleurs, l'élève candidat au baccalauréat doit maîtriser les connaissances, les concepts et des méthodes propres à l'Économie et doit être capable de construire des réponses argumentées face à des situations économiques particulières. Pour cela, l'élève développe tout au long des deux années du cycle terminal des capacités spécifiques dans le domaine.

Retrouvez sur notre site

- Le contenu et les modalités des épreuves de contrôle continu et des épreuves finales
- Un sujet 0
- Des sujets d'entraînement

lycee.hachette-education.com/enjeux/eco1re

Exploiter un texte économique

L'analyse des documents qui vous sont fournis est presque toujours guidée par une série de questions. Elle comprend dans ce cas trois étapes :
- la lecture et l'analyse du document afin d'en repérer les idées et les arguments essentiels ;
- l'étude des questions ;
- la rédaction des réponses aux questions.

1 Lire et analyser le document

- Première phase : identifier l'environnement du texte
- Deuxième phase : lire et organiser le texte pour faciliter sa compréhension

EXEMPLE

La première rue « zéro déchet » de France s'installe au Paradis

À Paris, le Paradis se veut sans déchet ! La rue du même nom, située près des gares du Nord et de l'Est, a en effet décidé de devenir la première rue zéro déchet de France. Le défi lancé à tous les habitants, passants, commerçants de cette artère du xe arrondissement courra sur l'année et s'inscrit dans le cadre du Plan Climat de la ville de Paris. « En une semaine, 9 tonnes de déchets sont produites dans cette artère… C'est trop ! », constate Léa Vasa, adjointe à la maire en charge du projet. En collaboration avec l'association Zéro waste Paris, l'arrondissement se mobilise ainsi pour y réduire les détritus.

[…]

Cette flopée de projets crée l'enthousiasme dans la rue. Auprès des commerçants notamment où même le Franprix accueille l'initiative avec bienveillance. Les restaurants et spécialistes de la vente à emporter de la rue sont déjà sensibilisés à la nécessité de valoriser leurs déchets. Le café Woodies utilise des pailles de maïs et des contenants biodégradables et, alors qu'un client vient récupérer un panier surprise commandé via l'application Toogoodtogo, le gérant regrette de devoir jeter une quantité astronomique d'épluchures.

Mathilde Golla, www.lefigaro.fr, 17 décembre 2018

Le titre du document révèle le phénomène étudié.

Repérez et surlignez de différentes couleurs les idées principales (ici en jaune), les arguments (en bleu) et les exemples (en vert).

La date permet de situer historiquement l'article et de déterminer son ancienneté.

La source indique l'auteur et le nom du journal, de la revue ou du site.

2 Étudier les questions

A. La forme des questions

Les questions commencent souvent par un verbe d'action à l'impératif. Savoir précisément sa signification vous guidera dans vos réponses.

- **Analyser** : examiner les faits.

EXEMPLE

« Analysez l'évolution du chômage » suppose d'en dégager les principales tendances d'après les documents proposés, mais aussi d'examiner les causes et les conséquences de ce phénomène.

- **Citer** : énumérer pour les expliquer des éléments sans les commenter.
- **Comparer** : mettre en évidence les points communs et les différences.
- **Expliquer** : faire comprendre un texte en le développant.

EXEMPLE

« Expliquez les raisons de la baisse du chômage en France » suppose de rassembler les informations disponibles dans les documents, de les ordonner et de les compléter éventuellement par des connaissances personnelles.

- **Identifier** : reconnaître, repérer dans le texte.

EXEMPLE

« Identifiez l'activité de la société E-bay » suppose de retrouver dans les documents des phrases permettant de déterminer le métier de cette entreprise.

- **Justifier** : apporter des arguments permettant de prouver ou de donner de la crédibilité à ce qui est avancé.
- **Rechercher** ou **repérer** : trouver des arguments dans les différents documents proposés.
- **Résumer** : présenter brièvement les idées principales du document.

B. Les différents types de questions

1. Les questions de lecture : citez, identifiez, repérez

Il s'agit de reprendre un élément du texte et de le reproduire (ce sont par exemple les questions où l'on vous demande de citer des éléments du texte ou de donner des chiffres). Ces questions réclament de l'attention, mais peuvent être traitées quel que soit votre degré de connaissance du cours.

EXEMPLE

Quel est le pourcentage de ménages qui souhaitent épargner pour faire face à d'éventuels « coup durs » ?

2. Les questions de compréhension : expliquez, résumez, justifiez

Ces questions visent à vérifier que vous avez bien compris le sens du document. Il peut par exemple s'agir de questions qui vous demandent de relever les arguments utilisés par l'auteur pour défendre son point de vue.

EXEMPLE

Résumez les influences de la crise économique sur le comportement des ménages européens.

3. Les questions de réflexion et d'argumentation : analysez, comparez

Ces questions sont les plus complexes, puisque vous devez prouver que vous avez compris les mécanismes présentés dans les documents, ou apporter une part de réflexion personnelle dans la réponse.

EXEMPLE

Analysez l'impact des « dépenses contraintes » sur l'évolution de la consommation des ménages.

3 Rédiger des réponses aux questions

- **Répondre aux questions de lecture** : une fois la réponse trouvée dans le texte, il vous suffit de la restituer sans la recopier mot à mot.
- **Répondre aux questions de compréhension** : rédigez en évitant de recopier textuellement le document (paraphrase) : il faut au moins essayer de reformuler vos réponses, c'est-à-dire les organiser avec vos propres mots.
- **Répondre aux questions de réflexion et d'argumentation** : rédigez en reformulant vos réponses avec vos propres mots. Votre réponse dépendra du **verbe d'action** donné dans la question.

Exploiter un tableau

1 Les différents types de tableaux

A. Les tableaux à double entrée

Les données quantitatives analysées en économie se présentent souvent sous forme de tableau. Le tableau 1 est dit « à double entrée » : il combine un critère en ligne (le type d'équipement) et un critère en colonne (la tranche d'âge des ménages).

EXEMPLE

Tableau 1 • Taux d'équipement des ménages en biens durables selon l'âge (en 2016)

	16-24 ans	25-39 ans	40-59 ans	60 ans ou plus	Ensemble
Lave-linge	84,3	96,1	96,9	97,0	96,4
Lave-vaisselle	22,1	58,7	67,8	58,3	60,8
Téléviseur couleur	87,0	94,6	95,8	98,4	96,3
Téléphone fixe	47,2	76,5	90,1	93,0	87,1
Téléphone portable	100,0	99,4	98,3	85,8	93,6
Ordinateur (y compris portable)	93,3	94,1	91,7	63,4	81,1
Connexion à Internet	94,0	94,9	92,7	63,5	81,7
Voiture	77,1	87,5	89,5	79,3	84,7
2 voitures ou plus	22,0	42,9	46,3	25,5	36,6

Champ : France métropolitaine, ensemble des ménages dont la personne de référence a 16 ans ou plus.

Insee, SRCV-Silc, *Tableaux de l'économie française*, édition 2018.

B. Les tableaux multicritères

Les tableaux multicritères comprennent plusieurs critères en colonne, qui peuvent être combinés avec plusieurs critères en ligne.

Par exemple, le niveau de diplôme et la situation professionnelle précédant la création d'entreprise.

Les règles générales d'analyse sont les mêmes que pour les tableaux à double entrée, mais le travail est plus long et plus complexe.

EXEMPLE

Tableau 2 • Répartition des créateurs d'entreprises selon leur diplôme et leur situation antérieure

	2014	2010
Niveau de diplôme du créateur		
Sans diplôme qualifiant	17,2	17,8
CAP, BEP	19,0	21,2
Baccalauréat	17,6	18,3
Diplôme du 1er cycle du supérieur	15,4	15,6
Diplôme du 2e ou 3e cycle du supérieur	30,8	27,1
Ensemble	**100,0**	**100,0**
Situation préalable du créateur		
Indépendant ou à son compte	16,2	14,3
Chef d'entreprise salarié	9,7	9,2
Salarié, apprenti, stagiaire rémunéré	35,8	32,3
Au chômage	26,8	33,0
Sans activité professionnelle	7,6	7,9
Étudiant ou scolaire	3,9	3,2
Ensemble	**100,0**	**100,0**

Insee, *Tableaux de l'économie française*, édition 2016.

2 La démarche d'analyse d'un tableau

L'analyse d'un tableau chiffré se fait généralement en trois grandes étapes. Le tableau 1 est utilisé comme exemple dans la suite de la section.

A. Repérer les caractéristiques générales du tableau

- **Le titre du tableau** permet d'identifier le phénomène étudié.

EXEMPLE

ici, il s'agit des taux d'équipement des ménages (thème lié au chapitre 10).

- **La source et la date** permettent de connaître l'auteur du tableau et son actualité.

EXEMPLE

La source du tableau est l'Insee, la principale source de données économiques en France.
Les phénomènes décrits sont toujours d'actualité, ici 2016.

- **Les unités utilisées** permettent d'évaluer l'ampleur du phénomène. Vous devez bien repérer s'il s'agit de données brutes ou de pourcentages.

EXEMPLE

S'agissant d'un taux d'équipement, les données sont donc présentées en pourcentage.

- **Les critères de classement en ligne et en colonne**, c'est le « sujet » du tableau.

EXEMPLE

Dans l'exemple, il s'agit d'étudier l'équipement des ménages en fonction de leur tranche d'âge.
Ce tableau permet notamment de vérifier si les modes de consommation des ménages sont différents selon leur tranche d'âge.

B. Lire le tableau et sélectionner l'information utile

- Il faut dégager une grande tendance ou un phénomène important (une hausse, une baisse, une répartition ou une évolution particulière des données), et repérer les valeurs extrêmes ou les ruptures.
- Il peut être utile de faire des calculs simples pour mesurer précisément les évolutions.

EXEMPLE

Dans le tableau 1, on peut d'abord repérer les biens dont le taux d'équipement est le plus élevé (lave-linge, téléviseur couleur, téléphone portable, jugés indispensables pour avoir un confort de vie minimal) et ceux dont le taux d'équipement est le plus faible (lave-vaisselle, deux voitures ou plus).
Dans un second temps, il faut voir si les taux d'équipement varient en fonction du critère de la tranche d'âge. Pour simplifier, il est possible de se focaliser sur les tranches d'âge extrêmes.

- Équipements davantage présents chez les jeunes (16 à 24 ans) : téléphone portable, ordinateur, Internet.
- Équipements davantage présents chez les seniors (plus de 60 ans) : téléphone fixe.

3 Extraire et présenter les arguments tirés de l'étude du tableau

Cette phase est la plus difficile. Il s'agit d'utiliser le tableau en vue d'une argumentation. L'exercice consiste à mobiliser des informations contenues dans le tableau pour soutenir ou illustrer une idée.

EXEMPLE

L'étude des taux d'équipement des ménages selon l'âge montre qu'en 2017, les modes de consommation diffèrent selon les tranches d'âge pour un certain nombre d'équipements.
Les habitudes de consommation des jeunes et des seniors divergent en effet pour un certain nombre de biens. Cette tendance est illustrée par des chiffres particulièrement significatifs : les jeunes sont presque 1,5 fois plus équipés en ordinateurs et Internet que les seniors. Malgré ces différences, on relève que certains biens jugés comme éléments de confort minimal sont équitablement répartis selon les générations.

Exploiter un graphique

La méthode d'analyse d'un graphique présente de nombreux points communs avec la méthode d'analyse d'un tableau. L'analyse suit la même progression :

- la première étape consiste à repérer les caractéristiques générales du graphique ;
- la deuxième étape consiste à lire et comprendre le graphique ;
- la troisième étape correspond à la phase d'interprétation et d'identification des arguments extraits du graphique.

La seule différence porte sur la première étape et tient au repérage du type de graphique et à l'identification des critères. Il existe, en effet, de multiples formes de graphiques, destinés à illustrer les dimensions spécifiques d'un phénomène (évolution, répartition, comparaison, etc.).

Les types de graphique les plus courants sont les suivants.

1 Les graphiques simples

A. Les histogrammes

Les histogrammes, appelés aussi « diagramme en barres », peuvent représenter l'évolution d'un phénomène dans le temps, une répartition ou encore une comparaison (le taux de chômage dans plusieurs pays de l'Union européenne, le taux de pauvreté selon l'âge des individus, etc.). Les aires des rectangles sont proportionnelles aux effectifs.

EXEMPLE

Taux d'épargne des ménages dans 4 pays de la zone euro en 2017 (en % du revenu disponible)

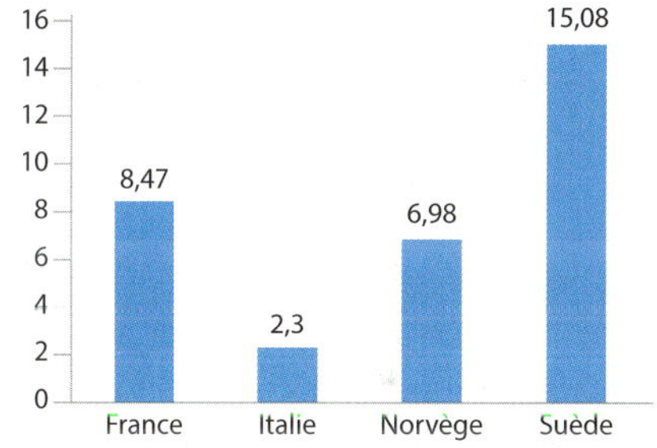

Source : OCDE

B. Les courbes

Les courbes représentent en général l'évolution d'un phénomène dans le temps (exemples : l'évolution de la dette publique de l'État, l'accroissement de la part des salaires dans la valeur ajoutée). Il est possible de présenter plusieurs courbes pour permettre les comparaisons (l'évolution du nombre de bacheliers depuis 1980 par type de baccalauréat).

EXEMPLE

Évolution du taux d'épargne des ménages français entre 2007 et 2017

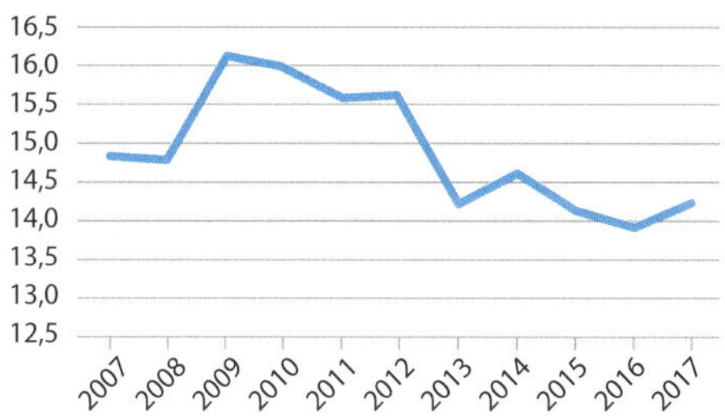

Source : Insee

C. Les diagrammes circulaires ou à secteurs

Les diagrammes à secteurs, aussi appelés « camemberts », sont l'équivalent des histogrammes mais construits à partir de cercles. Ils servent à représenter la répartition d'un phénomène, généralement exprimée en pourcentage (la répartition par mission des dépenses de l'État, la part des dépenses de santé, etc.).

EXEMPLE

Répartition des logements en 2018

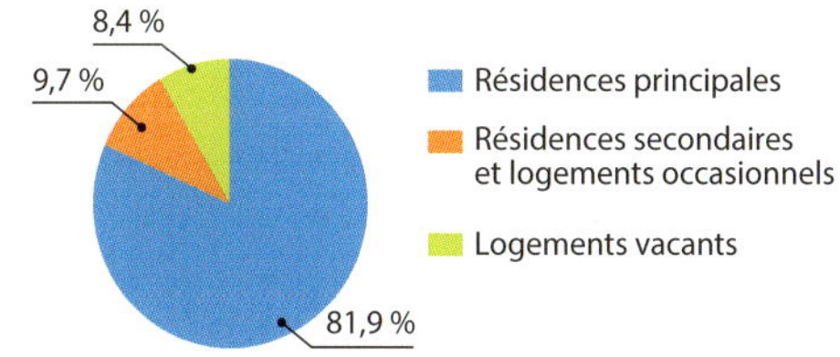

Source : Insee

2 Les graphiques composés

Les graphiques composés permettent généralement de représenter les données issues de tableaux multicritères. Leur analyse se fait de la même manière (et présente les mêmes difficultés) que celle des tableaux multicritères. Les graphiques multicritères peuvent être de différents types.

A. Les histogrammes empilés

Ces histogrammes représentent une répartition combinée à un autre critère. Dans l'exemple ci-contre, il s'agit de comparer la répartition des sexes dans les différentes catégories socio-professionnelles.

EXEMPLE

Graphique 1 • Population selon le sexe et la catégorie socio-professionnelle en 2017 (en %)

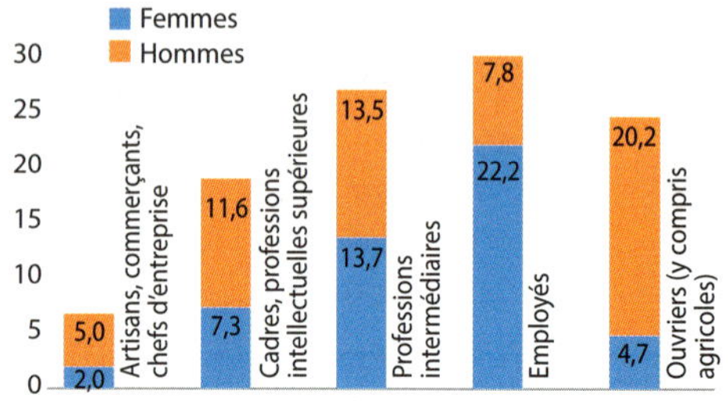

Source : Insee

B. Les histogrammes de répartition empilés

Ces histogrammes représentent une répartition en pourcentage combinée à un autre critère : les colonnes ont toutes une taille identique, soit 100 % du phénomène étudié. Dans l'exemple ci-contre, près de 34 % des plus de 55-64 ans sont sans diplôme, avec un CEP ou un brevet des collèges.

EXEMPLE

Graphique 2 • Niveau de diplôme selon l'âge en 2017 (en %)

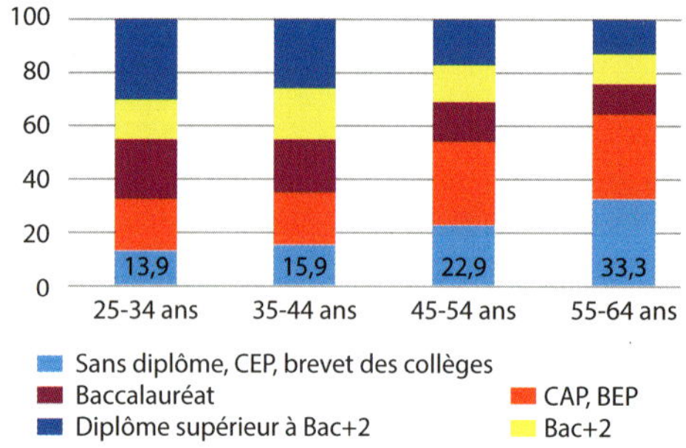

Source : Insee

C. Les courbes empilées

Les courbes empilées permettent de représenter l'évolution dans le temps d'un phénomène et de ses composants. Dans l'exemple ci-contre, les courbes permettent d'apprécier à la fois l'évolution de la proportion de bacheliers et la répartition des élèves par voie d'accès au bac.

EXEMPLE

Graphique 3 • Proportion de bacheliers par voie d'accès au baccalauréat (en %)

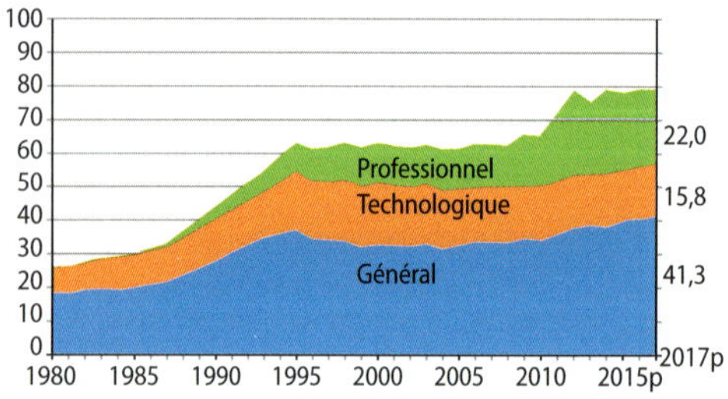

www.education.gouv.fr

Lorsque vous analysez un graphique, vous devez tout d'abord être capable de repérer les critères et les unités utilisés en fonction du type de graphique présenté.

La méthodologie d'analyse à appliquer ensuite est exactement la même que celle utilisée pour les tableaux car un graphique est simplement la représentation graphique des données d'un tableau.

Analyser un schéma

Un schéma est un moyen de résumer un phénomène, sous la forme d'une représentation graphique. Les schémas sont souvent utilisés pour présenter de manière simplifiée et attractive des informations ou des mécanismes complexes. On peut distinguer les schémas illustratifs et les schémas explicatifs.

1 Les schémas illustratifs

L'analyse d'un schéma illustratif est simple : elle consiste à traduire en une ou deux phrases l'idée principale ou l'argument illustrés par le schéma.

EXEMPLE

Le développement durable

On voit sur ce schéma que le développement durable est à l'intersection des trois piliers que sont l'économie, le social et l'environnement. Ce schéma permet d'illustrer que le développement économique doit concilier ces trois dimensions pour être durable.

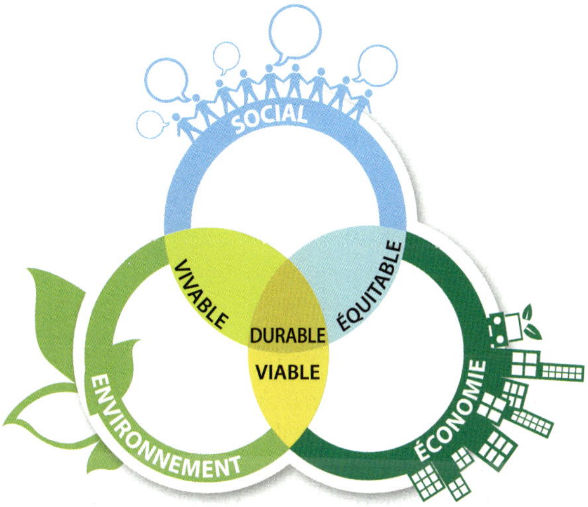

2 Les schémas explicatifs

Ce type de schéma a pour but de faciliter la compréhension des phénomènes économiques qui apparaissent souvent comme des enchaînements de cause à effet, plus ou moins complexes. L'analyse consiste à retrouver l'argument principal illustré par le schéma.

EXEMPLE

Le cercle vicieux de la pauvreté

Dans ce schéma, il s'agit de montrer que la pauvreté constitue un phénomène qui s'auto-entretient dans les pays les moins avancés (on parle de « cercle vicieux de la pauvreté »).

Les faibles revenus des agents ne leur permettent ni de consommer ni d'épargner suffisamment. Il en découle de faibles possibilités d'investissements, qui empêchent de moderniser l'outil de production, ce qui entraîne une faible productivité, ce qui ralentit la création de richesse, et ne permet pas de distribuer des revenus suffisants, etc.

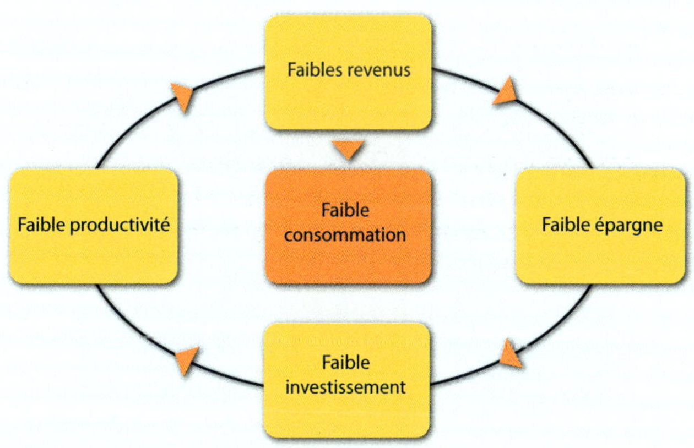

Banque mondiale, www.worldbank.org

Effectuer des recherches sur Internet

On peut tout d'abord utiliser des moteurs de recherche, puis consulter les sites de revues spécialisées dans le domaine ou les sites des entreprises ou institutions spécialisées.

1 Les moteurs de recherche : la méthodologie

A. Rechercher l'information

Étape 1 : sélectionner les mots-clés de votre sujet
Pour cela, utilisez la méthode QQOQCP (Qui ? Quoi ? Où ? Quand ? Comment ? Pourquoi ?).
Vous pouvez également utiliser des synonymes.

Étape 2 : rédiger la formule de recherche sur un moteur de recherche
Vous pouvez utiliser des opérateurs de recherche comme les mots et/ou/or, les signes +/-, les guillemets pour rechercher une expression exacte… Vous pouvez filtrer votre recherche en sélectionnant les onglets « actualités », « images » ou « vidéos » par exemple, en fonction de votre recherche.

B. Valider l'information

Vous devez être capable de sélectionner une information fiable, crédible.
Pour cela, vous pouvez vérifier les points suivants :
- Qui est l'auteur ? Un organisme, un professionnel, un particulier ?
- Quel est l'objectif du site ? Informer, vendre, convaincre ?
- Quel est le type du site ? Un site institutionnel, une encyclopédie en ligne, un site professionnel, un site personnel, un blog ?
- Comment est présenté le contenu ? Quel est le registre de langue (formel, familier, etc.) ? Y a-t-il des fautes d'orthographe ? Quelle est la teneur des propos (neutres, orientés, juridiquement condamnables, etc.) ?

2 Quelques liens incontournables pour vos recherches en économie

A. Sites économiques généralistes comportant des statistiques officielles

- www.insee.fr : site de l'Insee
- http://travail-emploi.gouv.fr : portail du ministère du Travail, de l'Emploi, de la Formation professionnelle et du Dialogue social
- www.economie.gouv.fr : portail du ministère de l'Économie et des Finances
- http://ec.europa.eu/eurostat/fr/home : site d'Eurostat, institut de statistiques de l'Union européenne
- www.imf.org : site du Fonds monétaire international (FMI)
- www.oecd.org : site de l'Organisation de coopération et de développement économique (OCDE)

B. Sites de quotidiens nationaux et magazines

- www.lefigaro.fr : Le Figaro (quotidien généraliste)
- www.liberation.fr : Libération (quotidien généraliste)
- www.lemonde.fr : Le Monde (quotidien généraliste)
- www.lesechos.fr : Les Échos (quotidien économique)
- www.alternatives-economiques.fr : Alternatives Économiques (à noter, sur le site du magazine se trouve une rubrique intéressante : « Les 300 sites de référence en économie »)
- www.usinenouvelle.com : L'Usine Nouvelle
- http://lexpansion.lexpress.fr : L'Expansion
- www.capital.fr : Capital

Effectuer des calculs simples

Les textes économiques contiennent souvent des informations chiffrées qu'il faut savoir interpréter.

1 Les rapports

Un rapport est le « résultat de la division de deux nombres ». Il se calcule de la manière suivante :

$$\text{Numérateur} \leftarrow \frac{\textbf{Nombre a}}{\textbf{Nombre b}} \quad \textbf{= Rapport}$$

Dénominateur ← Nombre b : *Le total*

= Rapport *Appelé aussi « quotient »*

A. Exprimer la part d'une grandeur par rapport à une autre

EXEMPLE

Sur un budget de 1 600 euros mensuels, la famille Thibaut en consacre 400 à son alimentation et 200 à l'habillement.

- La part des dépenses consacrées à l'alimentation par rapport à l'habillement est égale au rapport $\frac{400}{200} = 2$.
- La part des dépenses consacrées à l'habillement par rapport à l'alimentation est égale au rapport $\frac{200}{400} = 0{,}5$.

Ce comparatif d'une grandeur par rapport à une autre est utilisé entre autres dans l'analyse de la structure de consommation des ménages.

B. Calculer une grandeur dans un total

EXEMPLE

Sur un budget de 1 600 euros mensuels, la famille Thibaut en consacre 400 à son alimentation et 200 à l'habillement.

- La part des dépenses consacrées à l'alimentation dans le budget total est égale au rapport 400/1 600 = 0,25.
- La part des dépenses consacrées à l'habillement est égale au rapport 200/1 600 = 0,125.

On peut ainsi dire que la famille Thibaut consacre le quart de son revenu mensuel à l'alimentation.

2 Les pourcentages

Pour faciliter la compréhension/lecture d'un rapport, il est intéressant de transformer le quotient en pourcentage. Un pourcentage est un « **rapport multiplié par 100** ». Le pourcentage représente la part du « nombre a » dans le total exprimé par le « nombre b ».

Il se calcule de la manière suivante :

$$\frac{\textbf{Nombre a}}{\textbf{Nombre b}} \times 100 \quad \textbf{= Pourcentage}$$

Nombre b : *Le total*

= Pourcentage *Exprimé en %, lu « pour cent » !*

Dans les textes économiques, vous pourrez lire l'expression « **point de pourcentage** ». Passer de 5 % à 10 % est une augmentation de 5 points de pourcentage, et non une augmentation de 5 %.

En fait, on a $\frac{10\ \% - 5\ \%}{5\ \%} \times 100 = 100\ \%$.

EXEMPLE

Si l'entreprise Dubreuil a un chiffre d'affaires d'un million d'euros et qu'elle consacre 200 000 euros à payer ses salariés, le pourcentage des frais de personnel par rapport au chiffre d'affaires est :
200 000/1 000 000 = 0,2
0,2 × 100 = 20 %
Les frais de personnel représentent donc 20 % du chiffre d'affaires de l'entreprise Dubreuil.

3 Les évolutions

Dans les documents économiques, il y a souvent des textes ou des tableaux avec des données sur plusieurs années. Il est donc pertinent de mettre en évidence la progression/variation entre elles.

Les principales recettes du budget de l'État en 2017 et 2018 (en milliards d'euros)

Recettes fiscales nettes	Budget 2017	Budget 2018
Impôt sur le revenu	73,35	72,55
Impôt sur les sociétés	29,13	25,87
Taxe sur la valeur ajoutée	149,27	154,56

En valeur

Il suffit de faire la différence entre les années pour obtenir une évolution « brute ».

Valeur année N – Valeur année N–1 = Valeur brute

En pourcentage

Pour faciliter la compréhension/lecture de la valeur brute, il est intéressant de la transformer en pourcentage.

$$\frac{\text{Valeur d'arrivée} - \text{Valeur de départ}}{\text{Valeur de départ}} \times 100 = \text{Taux d'évolution}$$

Exprimé en %

EXEMPLE

Taux d'évolution des recettes de TVA :

$$\frac{\text{Recettes TVA } \mathbf{2018} - \text{Recettes TVA } \mathbf{2017}}{\text{Recettes TVA } \mathbf{2017}} \times 100 = \text{Indice base 100}$$

On constate donc que les recettes de la TVA progressent de 5,29 milliards d'euros entre 2017 et 2018, soit une augmentation de 3,54 %.

Interprétation/lecture des résultats

- Taux négatif = diminution par rapport à la période précédente.
- Taux positif = augmentation par rapport à la période précédente.

Si les données portent sur plusieurs années, il faudra calculer :

- le **taux d'évolution global**, c'est-à-dire entre la première et la dernière année ;
- les **taux d'évolution annuels**, c'est-à-dire année après année.

4 Les indices

Les indices sont une autre façon de présenter des variations entre deux dates. Ils permettent d'apprécier une évolution dans le temps par rapport à une année de référence.

Pour calculer un indice, il faut donc respecter les étapes suivantes :

- Définir au préalable l'année élément qui servira de **point de comparaison**, appelée « valeur de référence ». Elle devient donc l'indice 100. Dit autrement son indice est de « 100 ».
- Calculer la valeur des autres éléments par rapport à cette base.

Un indice se lit le plus souvent comme un **taux d'évolution** ou un **coefficient multiplicateur**.

EXEMPLE

Si l'année de base est 2009, cela signifie que l'indice de 2009 est 100. Donc l'indice pour 2018 est de 121 car : 753 148/622 000 × 100 = 121.

Nombre de candidats au baccalauréat en 2009 et 2018

Années	2009	2018
Nombre de candidats	622 000	753 148
Indice, base 100	100	121

L'indice des candidats pour le bac en 2009 valait 100, il valait 121 en 2018. L'indice a donc été multiplié par 1,21 (121/100). Par extension, on peut dire que le nombre de candidats a évolué de 21 %.

Construire une argumentation économique

L'argumentation est une méthode qui permet de soutenir une idée (appelée « thèse ») sur un thème donné, en suivant un raisonnement cohérent. L'argumentation a pour but de convaincre, sous forme écrite ou orale.
En économie, vous pourrez souvent vous appuyer sur des documents pour construire votre argumentation, ce qui constitue une aide précieuse.

1 Les types d'arguments

Une argumentation cohérente et efficace repose sur l'utilisation d'arguments logiques et doit s'appuyer autant que possible sur des données réelles.
Dans le domaine économique, ces données qui peuvent servir de preuves sont le plus souvent chiffrées : ce sont, par exemple, des données issues de tableaux ou de graphiques.

Le tableau suivant recense les principaux types d'arguments utilisables en économie :

TYPES D'ARGUMENTS	EXEMPLES
Les rapports de cause à effet : telle cause entraîne tel effet.	Selon la loi de l'offre et de la demande, la rareté d'un produit entraîne une hausse de son prix. Donc, si les conditions climatiques entraînent de mauvaises récoltes, le prix des denrées agricoles doit augmenter.
Les avantages ou les inconvénients : mise en avant des avantages ou des inconvénients d'une mesure économique.	La baisse des salaires peut encourager les entreprises à embaucher MAIS elle va réduire le revenu et le pouvoir d'achat des salariés, ce qui constitue un inconvénient très important.
L'utilisation de preuves chiffrées : les preuves chiffrées émanant de sources officielles apportent un soutien très convaincant à l'idée avancée.	Les ménages français restent inquiets et prudents face à l'avenir. La preuve en est que leur taux d'épargne est passé de 14 % en 2016 à 14,6 % au premier semestre 2017.
L'alternative : il s'agit ici de proposer un choix forcé au lecteur en présentant la réalité de manière très simplifiée.	« Soit les usines automobiles françaises améliorent leur productivité, soit elles seront forcées de délocaliser. » « Soit les entreprises s'adaptent à la concurrence, soit elles disparaissent. »
L'analogie : utilisation d'exemples tirés de domaines voisins pour soutenir la validité d'une idée.	« L'inflation est comme l'alcoolisme : lorsqu'un homme se livre à une beuverie, le soir même, cela lui fait du bien. Ce n'est que le lendemain qu'il se sent mal. » (Milton Friedman)

2 Les méthodes d'argumentation

Une bonne argumentation repose sur un raisonnement cohérent.
Pour y parvenir, il existe différentes stratégies d'argumentation, qui vous permettent d'organiser vos arguments de manière cohérente et convaincante.
Les deux stratégies de base (qui peuvent être employées dans toute discussion) sont la déduction et l'induction.

MÉTHODES	PRINCIPES	EXEMPLES DE QUESTIONS TRAITÉES	
Méthode déductive	On part d'une idée générale, d'un principe ou d'une loi, pour en tirer une conséquence particulière.	**Question :** *le malus appliqué aux véhicules automobiles les plus polluants peut-il contribuer à augmenter la part des véhicules « propres » ?*	
		Une loi générale…	Selon la loi de l'offre et de la demande, toute hausse des prix sur un marché entraîne à la fois une baisse de la demande et la recherche de produits de substitution.
		… est appliqué au sujet traité.	**Par conséquent**, la mise en place d'un « malus » sur les véhicules polluants doit amener les consommateurs à réduire leurs achats de ce type de véhicules et à se tourner vers des véhicules propres. Les producteurs seront ainsi incités à produire ce type de véhicule.
≠			
Méthode inductive	On part d'un ou de plusieurs faits particuliers pour en tirer un principe, une loi, une idée générale. Ce raisonnement est inverse au précédent.	**Question :** *l'arrivée d'un nouvel opérateur sur le marché de la téléphonie mobile est-elle une bonne nouvelle pour le consommateur français ?*	
		Des faits particuliers…	**On constate que** les pays dans lesquels il règne une réelle concurrence sur le marché de la téléphonie mobile sont ceux dans lesquels les consommateurs payent le moins cher la minute de consommation.
		… débouchent sur une loi.	**La concurrence incite donc à la réduction des prix.** L'arrivée d'un nouvel opérateur sur le marché des téléphones mobiles constitue bien une bonne nouvelle pour les utilisateurs français de téléphones mobiles.

S'exprimer à l'oral

En tant que futurs bacheliers (puis plus tard futurs étudiants du supérieur), vous allez régulièrement passer des examens oraux. Ils consisteront à tester vos connaissances ou, pour reprendre l'exemple de l'épreuve orale terminale du bac STMG, à présenter en 20 minutes votre projet préparé pendant le cycle terminal.

Un examen oral ne se prépare pas comme un examen écrit. Il faut non seulement avoir des connaissances, mais aussi savoir les présenter de façon claire à l'examinateur en un temps limité. Il s'agit d'un véritable exercice de communication où s'entremêlent prise de parole et communication non verbale. Pour être efficace à l'oral, il faut donc s'entraîner et se préparer.

1 Vous passez un oral... quelle chance !

Avant de passer un oral, bon nombre de personnes sont très émues et très stressées. C'est humain. Mais au fait, pourquoi stresser ? Peut-être qu'on a tendance à croire que l'examinateur va juger notre personne, qu'il va tout faire pour nous piéger, qu'on va se sentir ridicule, qu'on n'a rien d'intéressant à dire...

En fait, il n'en est rien ! Les examinateurs sont là pour mettre en valeur et évaluer votre travail, votre capacité à raisonner, à construire un projet, à communiquer... et ce, en toute bienveillance. Cet oral est enfin pour vous l'occasion de montrer la qualité de ce que vous faites et votre interlocuteur est là pour vous écouter, c'est chose assez rare et vous avez donc beaucoup de chance !

2 La prise de parole, un acte de communication

Qui n'a jamais entendu un orateur, un enseignant... qui a des choses intéressantes à dire mais qui est désespérément soporifique ? Pour faire passer un message, il faut allier le fond à la forme car comme le disait Nicolas Boileau : « Ce que l'on conçoit bien s'énonce clairement ». Ne négligez pas l'art et la manière de dire les choses, votre propos n'en sera que mieux entendu et compris.

A. Diction, placement de la voix et maîtrise de la respiration

ÉVITEZ DE...	PRÉFÉREZ PLUTÔT...
Manger vos mots (sans quoi votre propos sera confus).	Des pauses dans votre discours pour permettre à votre interlocuteur d'assimiler vos propos.
Parler trop vite, trop fort ou trop doucement (car on aura du mal à vous comprendre).	Une parole calme, bien articulée, distincte qui mettra en valeur votre propos.
Respirer trop vite (cela augmente l'agitation mentale).	Des expirations profondes qui ont un effet apaisant sur le corps, les muscles et l'esprit.

B. Vocabulaire et syntaxe

ÉVITEZ DE...	PRÉFÉREZ PLUTÔT...
Utiliser des expressions trop familières ou un vocabulaire relâché.	Une syntaxe traduisant un niveau d'expression plus soutenu et « professionnel ».
Des périphrases.	Le vocabulaire appris au cours de l'année et utilisé dans les manuels. → Vos connaissances se manifestent par la maîtrise du vocabulaire « expert ».
Dire « heuuu » tous les trois mots.	Des phrases construites.

C. Communication non verbale

ÉVITEZ DE...	PRÉFÉREZ PLUTÔT...
Être avachi, d'avoir le dos voûté ou le coude posé sur le bureau.	Une assise le dos droit, les deux pieds posés au sol pour dégager un sentiment d'assurance.
Faire des gestes saccadés, compulsifs ou parasites (pied qui tressaute...).	Des gestes contrôlés, au service de votre discours (mains posées sur le bureau...).
Avoir un regard fuyant, regarder en l'air, ne regarder qu'un seul membre du jury...	Un regard franc, direct, en somme souriant qui s'adresse à tous les membres du jury !

D. Respect des consignes

La prise de parole se fait dans un cadre donné. Il est essentiel de savoir en quoi consiste l'épreuve que vous allez passer. Quelle est sa durée ? Existe-t-il un temps de préparation ? Quelles sont les attentes/critères d'évaluation de vos interlocuteurs ? À quels supports avez-vous droit ? De combien de temps de parole disposez-vous ?

3 Comment s'exercer ?

Un des meilleurs entraînements reste celui où vous vous mettez en situation devant vos amis ou votre famille. Cet exercice vous permet de tester votre élocution, le temps dont vous avez besoin pour exprimer une idée, votre réaction face à des personnes qui vous observent...

Vous pouvez aussi profiter des manuels Enjeux & Repères des Éditions Hachette Éducation pour vous mettre en situation tout au long de l'année : choisissez parmi les activités proposées en fin de chapitre (par exemple l'activité « Préparer ses arguments » dans le manuel d'économie) et dès qu'il est question de proposer une réflexion, de faire une synthèse ou autre, entraînez-vous plutôt à faire l'exercice à l'oral !

A

Abus de position dominante : pratique prohibée consistant en l'exploitation abusive par une entreprise de sa position de domination sur un marché pour imposer des conditions à un client ou fournisseur.

Actif financier : C'est un contrat ou un titre financier qui est généralement négociable sur un marché financier.

Action : part du capital d'une société.

Administrations publiques : ensemble des unités institutionnelles qui ont pour rôle de produire des services non marchands ou d'effectuer des opérations de redistribution du revenu et des richesses nationales.

Agent économique : entité qui adopte un comportement économique spécifique (exemples : les ménages, les entreprises).

Arbitrage : choix que les agents économiques sont amenés à effectuer en fonction de leurs besoins et de la rareté des ressources disponibles.

Autofinancement : possibilité pour un agent de financer son activité sur ses propres ressources.

Autorité administrative indépendante (AAI) : institution de l'État, indépendante du gouvernement et chargée d'assurer la régulation dans certains secteurs considérés comme essentiels (exemples : la concurrence, les marchés financiers…).

Autorité de la concurrence : autorité administrative indépendante chargée de la régulation de la concurrence sur le marché français.

Autorité des marchés financiers : autorité administrative indépendante chargée d'organiser et de surveiller le fonctionnement des marchés financiers en France.

B

Barrière à l'entrée : obstacle qui limite l'entrée de nouveaux concurrents sur un marché.

Besoin : sentiment de manque ou d'envie ressenti par un agent économique. Ce manque ou cette envie disparaît grâce à la consommation d'un bien ou d'un service.

Besoin de financement : situation d'un agent dont les besoins d'investissement excèdent l'épargne disponible.

Bien : chose utilisable pour satisfaire un besoin d'un agent économique. On distingue le bien économique (rare et produit par l'homme) et le bien naturel (bien librement disponible dans la nature).

Bien non excluable : bien économique possédant la caractéristique de ne pas pouvoir être « réservé » à certains consommateurs en excluant les autres (exemple : l'éclairage public en ville bénéficie à tous, y compris aux citoyens qui ne paient pas d'impôts locaux).

Bien non rival : bien économique possédant la caractéristique de pouvoir être utilisé par plusieurs consommateurs simultanément (exemples : routes, éclairage public).

Biens collectifs : biens qui ont la caractéristique de pouvoir être consommés simultanément par plusieurs consommateurs (exemple : éclairage public). Cette caractéristique rend les biens publics difficiles à produire dans le cadre d'un marché concurrentiel.

Bourse : marché financier réglementé sur lequel s'échangent des titres financiers (exemples : actions, obligations).

C

Capacité de financement : situation d'un agent économique dont l'épargne disponible est supérieure aux besoins d'investissement.

Capital fixe technique : ce sont les moyens de production durables qui permettent de fabriquer des biens ou de produire des services (exemples : biens d'équipement : machines, outils).

Capital humain : ensemble des connaissances, aptitudes, compétences et autres attributs de la population qui présentent de l'intérêt pour l'activité économique.

Capital technique : moyens de production (machines, équipements) utilisés pour produire des biens et services.

Cartel (entente illicite) : accord entre des entreprises indépendantes visant à réduire la concurrence.

Circuit économique : représentation schématique des flux monétaires et réels reliant les agents économiques.

Coefficient budgétaire : rapport entre la dépense consacrée à un bien ou à un service et la dépense totale de consommation.

Collectivités locales : structures administratives distinctes de l'administration de l'État, qui doivent prendre en charge les intérêts de la population d'un territoire précis. Ce sont principalement les communes, les départements et les régions.

Combinaison productive : utilisation par une entreprise d'une certaine quantité de travail et de capital pour aboutir à la production d'un bien ou d'un service.

Concurrence : situation de marché caractérisée par la liberté des prix et la possibilité d'accéder au marché (libre entrée).

Concurrence imparfaite : situation de marché qui n'est pas parfaitement concurrentiel. Il s'agit notamment du monopole, de l'oligopole et de l'entente illicite (cartel).

Consommation : achat de biens ou de services visant à satisfaire les besoins d'un ménage (consommation finale) ou à être incorporés dans une production (consommation intermédiaire).

Consommations intermédiaires : biens et services transformés ou entièrement consommés au cours du processus de production.

Coût marginal : coût de la dernière unité produite.

Crédit : opération de prêt d'argent en échange du versement d'un taux d'intérêt (sens financier du terme).

Croissance économique : augmentation du PIB d'une économie sur une période de référence (en général une année).

LEXIQUE

D

Déficit public : solde négatif entre les recettes et les dépenses des administrations publiques (État, collectivités locales, administrations de sécurité sociale).

Demande (du marché) : ensemble des quantités demandées par les acheteurs sur un marché. La demande est, en général, décroissante en fonction du prix (un prix faible est une incitation à augmenter la demande).

Dépenses pré-engagées (ou incompressibles) : dépenses régulières qu'un ménage peut difficilement éviter car elles entrent dans le cadre d'un contrat à long terme (exemples : loyer, électricité, assurances…).

Dette publique : sommes dues par les administrations publiques auprès de divers prêteurs (la dette publique est constituée par l'accumulation des déficits publics).

Différenciation : ensemble des actions par lesquelles une entreprise cherche à rendre ses produits différents de ceux offerts par ses concurrents.

Dividende : revenus de la propriété versés aux actionnaires qui ont mis des capitaux à la disposition d'une société.

E

Élasticité croisée : mesure la variation de la demande d'un bien par rapport à la variation du prix d'un autre bien.

Élasticité prix-demande : mesure la réaction de la demande à la variation du prix du bien.

Entente (licite ou illicite) : accord entre entreprises visant à réduire la concurrence. Les ententes sont, en principe, interdites car elles nuisent à la concurrence. Elles peuvent toutefois être licites si elles sont réalisées dans l'intérêt du consommateur.

Entreprise : unité de production de biens et/ou de services.

Entreprises publiques : entreprises dont la majorité du capital est détenu ou contrôlé par l'État.

Épargne : part du revenu disponible des ménages non consommée.

Épargne financière : épargne constituée par des placements financiers (livrets d'épargne, assurance vie…).

Épargne non financière : épargne constituée par des biens immobiliers (logement).

Excédent brut d'exploitation (EBE) : profit réalisé par une entreprise. L'EBE s'obtient en retranchant les salaires versés à la valeur ajoutée créée.

Externalité (ou effet externe) : phénomène se produisant lorsque l'activité de consommation ou de production d'un agent influence le bien-être d'un autre en dehors de tout mécanisme de marché.

F

Faiseur de prix : une entreprise dispose d'un pouvoir de marché suffisant pour fixer les prix sur le marché.

Financement direct : mode de financement dans lequel l'investisseur et l'épargnant sont en relation directe (exemple : les entreprises émettent des obligations ou des actions auprès des ménages) – Voir intermédiation financière.

Financement indirect : mode de financement dans lequel il existe un intermédiaire (banque ou institution financière) dont le rôle est de mettre en relation les agents à capacités et à besoins de financement.

Flux monétaire : échange de capitaux entre plusieurs agents économiques.

Flux réel : échange de biens et/ou de services entre plusieurs agents économiques.

Fonctions régaliennes de l'État : fonctions historiquement assurées par l'État. On peut citer la sécurité (armée et police) et la justice.

G I

Gains de productivité : amélioration de la productivité (dans une entreprise ou un pays) durant une période donnée. Les gains permettent notamment de diminuer le coût de fabrication des produits, ce qui permet d'augmenter la part de revenus reversée aux salariés, d'augmenter la part des profits et de diminuer le prix de vente des biens produits.

Innovation : mise en œuvre par une entreprise de nouveaux produits ou prestations, de nouveaux procédés (de fabrication notamment), de nouvelles organisations (du travail part exemple).

Institution financière : institution chargée de mettre en rapport les agents à capacités et à besoins de financement. Les principales institutions financières sont les banques.

Intérêt : forme de revenus de la propriété perçus par les propriétaires de certains produits financiers (exemples : obligations).

Intermédiation financière : activité par laquelle des intermédiaires financiers mettent en rapport des agents à capacités et à besoins de financement – Voir financement indirect.

Investissement : dépense effectuée dans le but d'accroître ou d'améliorer la production. L'investissement en capital technique est appelé formation brute de capital fixe (FBCF).

L M

Liquidité (d'un titre) : caractéristique d'un titre échangeable à tout moment sans perte ni gain en capital.

Loi de l'offre et de la demande : principe selon lequel, sur un marché concurrentiel, l'offre et la demande varient de manière inverse en fonction des prix.

Marché : lieu de rencontre, physique ou virtuel, entre l'offre et la demande.

Marché concurrentiel : marché sur lequel la concurrence est effective (compte tenu notamment du nombre suffisant d'offreurs).

Marché primaire : marché sur lequel les titres financiers sont introduits pour la première fois.

Marché secondaire : marché sur lequel s'échangent des titres financiers émis au préalable.

Marchés financiers : lieux de rencontre entre les offreurs et les demandeurs de capitaux.

Ménage : occupant ou ensemble des occupants d'un même logement unis ou pas par des liens de parenté (en cas de cohabitation, par exemple).

Monopole : situation de marché dans laquelle un seul offreur est confronté à de nombreux acheteurs. Il y a quasi-monopole lorsqu'un offreur possède une part de marché très majoritaire.

N O

Niveau de vie : le niveau de vie est égal au revenu disponible du ménage divisé par le nombre d'unités de consommation (uc).

Obligation : part d'un emprunt contracté par une entreprise ou une collectivité publique auprès du public.

Offre (du marché) : ensemble des quantités offertes par les vendeurs sur un marché. L'offre est, en général, croissante en fonction du prix (un prix élevé incite à augmenter l'offre).

Oligopole : situation de marché caractérisée par la présence d'un petit nombre d'offreurs confrontés à de nombreux acheteurs.

P

Passager clandestin : agent économique qui profite d'un bien ou d'un service sans en payer le prix.

Pouvoir d'achat : quantité de biens et de services que l'on peut acheter avec une unité de salaire. Son évolution est liée à celles des prix et des salaires.

Pouvoir de marché : situation qui permet à une entreprise d'influencer la détermination du prix ou des quantités échangées sur un marché.

Preneur de prix : l'entreprise n'a pas suffisamment de pouvoir pour fixer le prix du marché.

Prix d'équilibre : sur un marché donné, il s'agit du prix pour lequel l'offre et la demande s'égalisent.

Production : activité ou résultat de l'activité d'un agent économique qui utilise des ressources en main-d'œuvre, biens et services pour fabriquer des biens ou fournir des services.

Productivité : rapport entre une production et les ressources en facteur travail et/ou capital utilisées pour l'obtenir.

Produits complémentaires : produits qui se consomment conjointement pour satisfaire un besoin.

Produit intérieur brut (PIB) : richesse créée dans une économie. Il est égal à la somme des valeurs ajoutées réalisées sur le territoire en une année.

Produit substituable : produit pouvant être consommé à la place d'un autre, pour satisfaire le besoin du consommateur.

Profit : part de la valeur ajoutée versée aux apporteurs de capitaux en contrepartie de leur apport.

Propension à consommer : part du revenu disponible des ménages consacrée aux dépenses de consommation.

R

Réserve de valeur : caractéristique d'une monnaie que les agents économiques peuvent conserver sans perte de pouvoir d'achat.

Revenu disponible : revenus primaires des ménages augmentés des revenus de transfert et diminués des impôts directs.

Revenu mixte : rémunération des entrepreneurs individuels intégrant la rémunération du travail effectué par le propriétaire et son profit en tant qu'entrepreneur.

Revenus de transfert : revenus perçus dans le cadre des opérations de redistribution (exemples : prestations familiales, pensions de retraite...).

Revenus primaires : revenus issus de la participation des agents économiques à l'activité de production. On distingue les revenus d'activité (salaires) et les revenus de la propriété (loyers, dividendes).

S

Salaire : rémunération versée au titulaire d'un contrat de travail.

Secteur institutionnel : regroupement des acteurs de la vie économique dans des ensembles considérés homogènes. On en compte cinq : les sociétés non financières, les sociétés financières, les administrations publiques, les ménages, les institutions sans but lucratif au service des ménages.

Service public : ensemble des missions générales assurées par l'État au bénéfice de tous les citoyens (appelés usagers), dans un but d'intérêt général.

Spécialisation : fait pour un agent économique d'exercer ses activités dans des domaines spécifiques dans lesquels il est le plus efficace.

T

Taux d'autofinancement : pour une entreprise, rapport entre son épargne et son investissement (mesuré par la FBCF).

Taux d'épargne : rapport entre l'épargne et le revenu disponible brut.

Taux d'équipement : part de la population possédant un produit donné (en %).

Taux d'intérêt : rémunération versée par un emprunteur à un prêteur. Le taux d'intérêt correspond à un pourcentage de la somme prêtée.

Taux directeur : taux d'intérêt auquel les banques commerciales peuvent emprunter de l'argent auprès de la banque centrale.

Titre financier : C'est un actif financier qui peut prendre la forme d'une action ou d'une obligation.

Travail : travail rémunéré utilisé dans la production des biens et services (facteur de production).

U V

Unité de compte : grandeur monétaire utilisée pour exprimer les prix en une unité commune et les rendre ainsi comparables.

Valeur ajoutée : richesse créée par une entreprise. Elle se mesure en retranchant à la production réalisée l'ensemble des consommations intermédiaires.

Crédits photographiques

Couverture : iStockphoto/Imaginima, Ingenui, kali9, Ljupco, narvikk, republica, six_Character, 4x6 - Arche de la Défense, Paris, 1989 – Architectes : J.Otto von Spreckelsen, Peter Rice – © ADP/Paul Andreu.

Pages : 9 hg : iStockphoto/journaltur, d : Réa/Zuma/Planet Mix, bg : Photononstop/Hervé de Gueltzl ; 10 : de haut en bas et de gauche à droite : iStockphoto/kadmy, Tashi-Detek,Gabriele Grassi, spukkato, Nuture, Wavebreakmedia, mediaphotos, GoodLifeStudio, iStockphoto/Delpixart ; 11 : iStockphoto/peled99 ; 12 : iStockphoto/Damir Khabirov ; 17 : © Région Ile de France ; 23 : Reuters/Stephen Lam ; 24 : de gauche à droite et de haut en bas : iStockphoto/eyewave, Tpopova, okskaz, vallo84si, Rawpixel, aluxum, bas : Collection Kharbine-Tapabor ; 26 : © Nous anti-gaspi ; 35 g : iStockphoto/Guillaume Louyot Onickz Artworks, d : Réa/Robert Kluba ; 40 : Cit'Images/Jeremy Rauwel ; 42 : iStockphoto/MarloGuti ; 45 : g : Olivier Ranson, d : © Thibaut ; 47 : iStockphoto/industryview ; 48 : de gauche à droite et de haut en bas : iStockphoto/Plainview, iStockphoto/deepblue4you, Réa/Alexandre Gelebart, Réa/Michel Gaillard ; Photononstop/Nathan Alliard, Réa/Silva Villerot ; 49 : iStockphoto/pixelfit ; 51 : Réa/Redux/The New York Times/Michel Gutierrez ; 53 : AFP/STR ; 54-55 : © CCI Normandie ; 57 : AFP/Charly Triballeau ; 61 : iStockphoto/shironosov ; 63 : AFP/Jean-Pierre Muller ; 67 : iStockphoto/sorbetto ; 69 : iStockphoto/martin-dm ; 72 : Sipa/Chamussy ; 73 : AFP/Charly Triballeau ; 75 : Réa/Zuma/Pacific Press/Prabhat Kumar Verma ; 77 : iStockphoto/urbancow ; 80 : iStockphoto/Cappan ; 84 : Iconovox/Soulcié ; 89 : iStockphoto/CalypsoArt ; 101 g : iStockphoto/siraanamwong, d : Réa/François Henry ; 102 : iStockphoto/gradyreese ; 104 : © Crédit Agricole ; 106 : Iconovox/Samson ; 111 g : Deligne, d : iStockphoto/sergyryshov ; 118 : Gérard Mathieu ; 123 : istockphoto/Image Source ; 125 : AFP/Sabrina Blanchard, Elia Vaissière ; 126 : iStockphoto/gilaxia ; 129 : iStockphoto/nidwlw ; 130 : AFP/Simon Malfatto, Jean Michel Cornu ; 135 : Photononstop/DPA/pa-picture alliance ; 137 : AFP/Sputnik/Ramil Sitdikov, © Direct Energie, iStockphoto/DlyanaDimitrova ; 138 : iStockphoto/rclassenlayout ; 139 : iStockphoto/Brasil2 ; 140 : iStockphoto/badmanproduction ; 141 : © E-Leclerc ; 143 : Jean-Jacques Beltaramo ; 144 : iStockphoto/Azemdega ; 147 g : Ysope, d : iStockphoto/Yamato1987 ; 148 : © Colgate Palmolive ; 153 : © Groupe Seb.

Achevé d'imprimer en Italie par Grafica Veneta
Dépôt légal : Avril 2019 - Collection 02 - édition 01 - 49/9574/3